덜미, 완전범죄는 없다 3

※ 이 도서의 국립중앙도서관 출판예정도서목록(CIP)은
서지정보유통지원시스템 홈페이지(http://seoji.nl.go.kr)와
국가자료공동목록시스템(http://www.nl.go.kr/kolisnet)에서 이용하실 수 있습니다.
(CIP제어번호: CIP2020037089)

덜미,

완전범죄는 없다 3

지능범죄, 당신을 노린다

—— **한국일보 경찰팀** 지음

북콤마

차례

연간 30만 건이나 발생하는 지능범죄,
그 '덫'을 조명합니다

우리나라는 세계적으로 유명한 '사기 공화국'이다. 경찰청에 따르면 2018년부터 2022년까지 검거된 사기 피의자는 149만 3천 명으로 한 해 평균 30만 명에 달했다. 또 같은 기간 사기 범죄에 따른 피해 규모도 126조 4천억 원에 이르렀다. 타인을 속여 금전적 이득을 취하는 사기는 가장 흔하면서 끊임없이 수많은 피해자를 양산하는 대표적인 지능범죄다.

정보·기술의 발달과 함께 지능범죄가 더욱 고도화되면서 피해가 확산되고 있다. 경찰청이 집계한 〈2017년 범죄통계〉에 따르면 살인이나 강도, 강간 등의 강력범죄는 연간 2만 7274건 발생한 데 비해 지능범죄는 열 배가 넘는 30만 2466건에 이른다.

폭력범죄(29만 3086건)보다도 많다. 교통사고를 포함한 교통범죄(50만 1161건)를 제외하면 국내에서 범죄를 분류하는 15개 항목 가운데 연간 발생 건수가 최다인 게 지능범죄다. 2021년에는 36만 건을 돌파하는 등 해를 거듭할수록 지능범죄 발생 건수는 가파르게 증가하고 있다.

지능범죄가 강력범죄에 비해 피해 강도가 작다고 할 수도 없다. 강력범죄가 예고도 없이 엄습해서 특정인의 생명과 삶의 터전을 앗아간다면, 불특정 다수의 주머니를 노리고 점차 고도화하는 지능범죄는 피해자 수를 가늠하기 힘들 정도로 피해 범위가 광범위한 탓이다. 원한과 보복, 치정에 얽힌 강력범죄와 달리 제 아무리 똑똑한 일반인이라도 피해가기 어려울 정도로 교묘한 범죄의 덫이 지능범죄인 셈이다.

타인의 재산을 노린 범죄가 단순히 돈 문제로 끝나지 않는 것도 문제다. 극단적인 선택을 하도록 만들고 많은 경우 피해자의 가정까지 파멸로 이끈다. 종종 살인 같은 강력범죄의 지렛대 역할도 한다.

지능범죄의 위험성이 커지자 경찰청은 2011년 1월 지능범죄수사대를 창설했다. 4년 뒤에는 지방경찰청들에 지능범죄수사대가 설치됐고, 이후 전국 경찰서 수사과의 수사2계들도 지능범죄수사팀으로 재편됐다. 그만큼 지능범죄 사건도 많아졌다. 경찰은 사기를 비롯해 사이버 범죄, 기업과 공공 기관 비리, 금융 범죄, 보건 위생 사범 등을 지능범죄로 분류한다. 사안에 따라 환경, 문화재 사범도 지능범죄가 된다.

강력범죄를 다룬 〈덜미, 완전범죄는 없다〉 1권, 2권을 출간한 한국일보가 후속으로 지능범죄를 연재한 것도 이런 이유들 때문이다. 2019년 2월 '성광 다단계 사건'을 시작으로 26회에 걸쳐 달려온 지능범죄 시리즈는 1년 4개월 만인 2020년 6월 막을 내렸다. 고전적인 지능범죄 수법인 보이스 피싱과 보험 사기를 비롯해 기획부동산, 여행, 입시, 전세 사기, 비교적 최신 수법인 로맨스 스캠과 기부 사기 등까지 가급적 많은 범죄의 이면을 조명하려 했다.

'대구 금호강 보험금 살인 사건'과 '남양주 니코틴 살인 사건', '진돗개 숭배 집단 살인 사건'처럼 지능범죄보다는 강력범죄에 가까운 사건도 다뤘다. 범죄의 결말은 살인이었지만 그 안에 지능범죄 요소가 다분했기 때문이다.

각각의 사건을 재구성하기 위해 당시 피해자와 수사관 등을 접촉하는 과정은 지난했다. 피해자의 취재 거부로 보도하지 못한 사건들이 적지 않았고, 아직도 꿈에서 깨지 못한 채 사기꾼이 피해를 복구해줄 것이라 믿는 일부 피해자들의 거센 항의를 받기도 했다.

기사화 과정에서는 최대한 당시 상황과 수사 과정을 구체적으로 묘사하려 했다. 다만 수사 기법 노출로 인해 범행 수법이 더욱 교묘해질 수 있다는 고민 끝에 다소 두루뭉술하게 넘어간 부분이 있다는 점을 이제야 밝힌다.

피해자에게는 떠올리는 것조차 힘겨운 과거 사건들을 다시 끄집어낸 이유는 범죄 피해 방지다. 이 책을 읽는 독자들이 지능범죄의 덫을 피해갈 수 있기 바란다.

2020년 8월
저자 대표 김창훈

1

성광 다단계 사기

"연수익 30퍼센트" 수천억 원 다단계,
7년간 아무도 신고하지 않았다

귀를 쫑긋 세웠다. 경기 파주에서 옷가게를 하던 강희영(53세)
씨는 김영미 씨의 '비법'이 늘 궁금하던 터였다. 그럴 만도 한 것
이 김씨는 강씨 가게의 큰손 단골이었다. 별일 아니라는 듯 툭툭
옷을 집어 가는데 이리저리 계산해보면 매달 100만 원어치씩 옷
을 사갔다. 무슨 괜찮은 벌이가 있기에 저럴까, 따로 하는 재테크
라도 있을까 싶어 친분이 깊어지자 슬쩍 떠봤다. 말할 듯 말 듯
망설이던 김씨가 입을 열었다. 그는 '성광'이라는 회사에 대해 말
했다.

"일본산 오락기 파친코라고 들어봤지? 우리나라에선 불법인
데 이게 미국에선 합법이거든. 미국이 땅덩어리가 좀 커? 이걸

사서 미국에 있는 오락실에다 쫙 까는 거지. 그렇게 나온 임대 수익을 투자자한테 도로 나눠주는데, 우리 남편은 18년 넘게 하던 중장비 사업도 접고 여기 투자한다니까."

게임기 한 대의 가격은 1100만 원이었다. 게임기를 사서 임대하면 3년 동안 매달 50만~60만 원의 수수료를 챙길 수 있다는 설명이 이어졌다. 설명을 듣고 반쯤 혹한 강씨를 옭아맨 결정타는 김씨가 보여준 통장이었다. 김씨는 여러 대를 사서 투자한 덕분에 2년 넘도록 매달 1000만 원대 수수료가 꼬박꼬박 들어왔다며 자랑하듯 통장을 내밀었다. 강씨는 통장을 보고 화들짝 놀랐다. 1100만 원을 투자해서 월 50만 원, 연 600만 원 정도를 3년간 챙길 수 있다면 대충 계산해봐도 연 수익률이 20~30퍼센트 수준이다. 저금리 시대에 그야말로 놀라운 수치였다.

몸이 달아오른 강씨는 김씨를 졸라 2014년 마침내 게임기 2대를 샀다. 강씨는 원래 4대를 신청했는데 회사는 강씨에게 2대만 배정했다. 그런 행동이 왠지 원칙에 철저한 것 같아서 더욱 믿음이 갔다. 이후에도 순탄했다. 별문제 없이 2년간 수수료를 착착 가져다줬다. 2016년엔 회사가 주관하는 시험도 치러서 정식 판매원이 됐다. 판매원이 되면 게임기 가격을 50만 원 정도 깎아줬기 때문이다. 판매원이 되고서는 더욱 열심히 투자했다. 주변에도 적극 권했다. 강씨의 설득에 노부모는 노후 자금을, 결혼을 앞둔 사촌 동생은 결혼 자금을, 삼촌은 퇴직금을 털어 넣었다. 이렇게 강씨 일가가 투자한 돈은 모두 15억 원에 달했다.

그런데 몇 달 가지 않아 일이 묘하게 틀어지기 시작했다. 2017년 1월 4일 성광의 이미영(54세) 대표가 경찰에 구속됐다는 소식이 전해졌다. 놀란 투자자들에게 회사 측은 "세금 문제로 경찰 조사를 받게 됐을 뿐이니 크게 신경 쓰지 않아도 된다"고 설명했다. 그런데 그달 말, 한 번도 빼놓지 않고 착착 들어오던 수수료가 딱 끊겼다. 부랴부랴 회사를 찾아갔더니 이미 회사 인근은 자신과 비슷한 처지의 투자자들로 넘쳐나고 있었다. 전세를 월세로 돌려서 투자한 사람, 돌아가신 부모님의 사망보험금을 투자한 사람 등 다들 저마다의 사연 또한 다양했다. 강씨 일가는 그나마 수수료 명목으로 3억 원을 받았으니 원금 15억 원 중 12억 원이 그렇게 허공에 뿌려졌다.

경찰 수사가 끝나고서야 이들은 성광이 실은 불법 다단계 회사에 불과했다는 사실을 알게 됐다. 게임기 임대업이라고 내세운 사업은 거짓말이었고 실상은 그저 돈 돌려막기일 뿐이었다. 성광은 7년 동안 4000여 명에게서 5100억 원의 투자금을 거둬들였다. 놀라운 건 7년의 세월 동안 경찰에 한 통의 신고 전화도 걸려 오지 않았다는 사실이다. 이 사건을 다룬 서울수서경찰서 신종선 수사관은 그래서 이들의 수법을 두고 "혀를 내두를 수준"이라 했다.

"보통 불법 다단계 회사는 금방 들통 날까 봐 치고 빠지는 방식으로 짧게 운영되지요. 그런데 이 회사는 7년간 유지했거든요. 그만큼 치밀하고 조직적이었다는 얘기입니다. 수조 원대 다단계 사기를 벌인 조희팔 사건이 떠올랐을 정도였습니다."

투자금을 떼인 이들은 3000여 명, 떼인 돈은 1800억여 원으로 추산된다. 피해자들 중엔 강씨 같은 자영업자뿐 아니라 군 장성, 고위 공무원, 증권사 애널리스트 등 사회 엘리트층도 수두룩했다. 도대체 성광은 어떻게 이런 범죄를 저지를 수 있었던 걸까.

성광, 더 정확히 성광테크노피아(중간에 '성광월드'로 변경)의 공동 운영자는 이미영 씨와 최민종(53세) 씨다. 다단계 사기라면 그렇고 그런 사람이 했을 것이라 짐작하기 쉽지만, 이씨와 최씨 둘은 형사처벌을 받은 전력이 없는 평범한 사람들이었다. 오히려 그 반대다. 1990년대 중반 서울 종로에서 보석 판매 일을 하다 서로 알게 된 사이인데, 이들 가운데 이씨는 한때 보석 다단계에 발을 디뎠다가 크게 손해를 보고 나온 경험이 있었다.

둘은 이후 연인 관계로 발전했고, 최씨는 2008년 보석 관련 가게를 접고 온라인을 통한 보석 사업을 구상했다. 사업에 필요한 컴퓨터 프로그램을 짜기 위해 지인이 운영하는 컴퓨터 회사를 찾았다가 사업 아이템을 '게임기 임대'로 바꾸었다. '미국에서 성인용 게임기를 사와서 임대를 놓으면 돈이 된다'는 컴퓨터 회사 대표의 말을 듣고 이씨가 사업 방향을 튼 것이다. 그것도 '극적인' 방향 전환이었다.

다단계 사기 피해자였던 이씨는 역설적으로 게임기 임대를 통한 다단계 사업을 구상했다. 2008년 당시 이씨가 최씨에게 보낸

메일을 보면 "다단계는 3명 정도만 있으면 라인을 깐다. 이런 일을 시작하게 해서 미안하다"는 내용이 담겨 있다. 2009년 서울 대치동에 회사를 차리면서 최씨가 대표, 이씨가 부대표를 맡았다. 직책은 대표와 부대표였지만 사실상 공동 운영자였다. 예전에 이씨가 보석 다단계를 했을 당시 함께 일했던 과거 동료 2명이 직원으로 합류했다. 성광 다단계는 그렇게 출발했다.

가장 절실한 건 '초반 흥행'이었다. 이씨는 보험사에서 잘나간다는 보험설계사들을 끌어들였다. 처음 시작할 때는 게임기 한 대 가격을 880만 원으로 제시했는데, 게임기 한 대를 팔 때마다 100만여 원의 수당을 준다고 꾀었다. 설계사들은 투자자 겸 판매자가 됐다. 현장 영업의 달인인 이들 덕에 처음부터 투자자 수를 쉽게 불릴 수 있었다.

성광은 이들 설계사들을 판매자 직책 중 가장 윗선인 본부장 자리에 앉혔다. 두터운 인맥을 발휘해 투자자를 여럿 데려온 군장성 등에게도 본부장직을 줬다. 본부장 아래로 부장, 과장, 대리, 주임으로 이어지는 다단계 조직을 만들었다. 본부장 소속의 본부에서 게임기를 팔 때마다 125만~140만 원의 수당이 직급별도 지급되는 구조였는데, 이들에겐 수당 외 월급도 따로 챙겨줬다. 사업을 시작한 지 1~2년 만에 투자자들이 괄목할 만한 속도로 늘어났다.

의심하는 투자자들이 아예 없었던 것은 아니다. 대표 최씨는 투자자들을 안심시키기 위해 2011년부터 1년에 한두 차례 투자자들을 잔뜩 모아 미국 게임장에 데려갔다. 이때 미국 사람들은 아시아인들이 드나드는 걸 내켜하지 않는다며 손님이 없어 한가한 낮에만 데려갔다. 최씨는 게임장을 가득 메운 수백, 수천 대의 게임기를 둘러보도록 했다. 또 미국에서 게임기를 구입했으며 그에 따른 세금을 정상적으로 지급했음을 증명하는 '납세필증'이 붙은 계약서도 보여줬다. 어쩌면 이 게임기들이 진짜 투자자의 돈으로 사들인 것인지를 좀 더 자세히 캐물었다면 상황이 달라졌을 텐데 아무도 그러지 않았다.

오히려 그들은 열렬한 성광의 증인이 됐다. 사업의 성공을 확신한 투자자들은 누가 권하지 않아도 친척과 친구를 끌어들였다. 성광은 급하게 굴지 않았다. 미국의 수요만큼만 게임기를 팔 수 있으니 기다리라고 하기 일쑤였다. 이런 '밀당'이 투자자들을 더욱 애타게 만들었고 투자자들 사이에 투자 경쟁을 붙였다. 급기야 어떤 이들은 게임기가 나오는 대로 바로 투자해달라며 투자금을 아예 회사에다 맡기고 가기도 했다. '연 수익률 30퍼센트'는 그렇게 사람들을 마비시켰다.

성광은 철저히 수표와 현금으로만 거래했다. 투자금을 받을 때도, 수수료를 내줄 때도 철저히 수표와 현금만 썼다. 예컨대 성광이 A씨에게 수당을 내줄 일이 있으면 A씨를 유치한 과장 등에게 수표를 건네고, 과장은 본인 돈으로 A씨에게 입금하거나 아니면 직접 찾아가 수수료를 주는 식이었다. 혹시 있을지 모를 수사 당국의 계좌 추적을 피하기 위해 가만히 놔둬도 자금 흐름이 복잡하게 꼬이도록 한 셈이다.

그런데 이런 복잡한 자금 흐름이 성광 스스로에게 독이 되기도 했다. 2015년부터 투자자들 사이에서 '뭔가 좀 이상하다'는 말이 흘러나오기 시작했다. 한 투자자가 성광에다 투자금으로 수표를 냈다가 나중에 똑같은 수표를 도로 수수료로 돌려받은 경우가 생긴 것이다. 분명히 미국으로 건너가 게임기를 사는 데 쓰였을 수표가 어떻게 다시 수중에 돌아올 수 있을까. 하지만 아무도 문제를 제기하지 않았다. "투자 기간이 3년으로 길다 보니 혹시라도 밉보여 투자금을 받지 못할까 봐 걱정했을 겁니다." 신종선 수사관은 그렇게 전했다.

성광과 관련된 사람들 모두가 쉬쉬하는 구조였던 터라 수사에도 어려움을 겪었다. 신고나 제보가 단 한 건도 없는 이상 경찰로선 성광이라는 회사의 존재조차 알지 못했다. 그러다 2016년 한 정보원에게서 첩보를 접했다. "100퍼센트 돌려막기 구조가 아니라면 투자자들에게 매달 50만~60만 원씩 일정하게 수익을 보전해줄 수가 없다"는 점에서 불법 다단계 사건임을 확신했다. 하지만 뚫고 들어갈 지점이 마땅치 않았다. 무엇보다 수수료를 받지 못할까 봐 두려워하는 투자자들이 진술을 꺼렸던 점이 컸다. 성광은 사업설명회 자리에도 미리 신원 조사를 실시해 이를 통과한 사람들만 참석하도록 했다.

성광 직원들이 일하는 모습. 성광은 월급을 받고 출근하는 직원과 월급을 받지 않는 부업 판매원으로 나뉜다. 과장급 이상은 회사의 실상을 알고 있었다. 사진 서울수서경찰서

증거를 모으기도 힘들었다. 신수사관은 초조했다. 사건 관련자의 진술이나 증거 같은 게 있어야 영장을 발부받아 수사에 나설 수 있는데 접촉한 사람들 모두가 협조를 거부하니 틈이 없었다.

이런 상황이 뒤집힌 건 성광 내부에서 분쟁이 생기고 나서부터였다. 한 본부장이 부대표 이씨와 다툰 뒤 검찰에다 회사의 실상을 제보한 것이다. 검찰은 이를 근거로 수사를 벌여 2017년 1월 곧바로 이씨를 구속했다. 경찰도 움직였다. 수사 과정에서 얻은 피해자 진술에 토대해 압수수색 영장 등 20여 개 영장을 발부받았고 성광의 회계 장부 등 수사에 필요한 모든 자료를 확보했다. 이씨가 구속되던 날 최씨는 회사에 보관돼 있던 돈 56억 원을 들고 도주했다. 최씨는 넉 달 동안 추적을 피해 숨어 지내다

결국 경찰에 자수했다. 도피하는 기간 그가 쓴 돈은 무려 15억 원에 달했다.

압수한 성광의 장부는 예상대로 불법 다단계의 장부 그대로였다. 투자자들로부터 들어온 투자금만 기록되어 있을 뿐, 이 돈이 투자 명목으로 미국으로 건너갔다거나 투자의 대가로 미국에서 넘어온 수익금이 있다거나 한 흔적은 전혀 없었다. 오직 신규 투자자의 투자금만으로 기존 투자자들의 수당을 돌려 막고 있었다. 성광이 투자자에게서 받은 5100억 원대 투자금 가운데 진짜 미국으로 건너가 게임기를 사는 데 쓰인 돈은 10억 원 남짓에 불과했다. 투자자들에게 자랑스럽게 내보인 계약서와 거기에 붙어 있는 납세필증은 그때 얻은 몇 가지를 복사하고 변조해 여러 차례 돌려 쓴 것에 지나지 않았다. 이 사실을 아는 이들은 성광의 최고위 판매원 60명 정도였다. 신 수사관은 검거 시점이 늦어진 점을 아쉬워했다.

"다단계는 기하급수적으로 불어나는 사업 구조를 갖고 있기 때문에, 한 달만 일찍 체포영장을 받았어도 피해 규모를 1000억 원 정도 낮출 수 있었을 겁니다. 결과적으로 그렇게 하지 못했습니다."

성광의 공동 운영자인 최씨와 이씨는 2018년 1월 1심 재판에서 투자금 4000억여 원을 가로챈 혐의(특정경제범죄법상 사기 등)로 각각 징역 16년과 14년 형을 선고받았다. 수원지방법원 재판

성광이 게임기 임대 사업이 잘되고 있다며 한국 투자자들을 데리고 가 보여준 미국 텍사스주의 한 게임장 풍경. 성광은 미국 사람들은 아시아인들이 드나드는 걸 내켜하지 않는다며 손님이 없어 한가한 낮에만 투자자들을 데려갔다. 사진 한국일보

부는 "이 사건 주범으로서 최초부터 다단계 금융 사기를 공동 기획 및 지휘하며 오랜 기간 수많은 투자자들을 기망했다"고 판단했다. 또 "아무 관련이 없는 미국의 게임장 운영을 내세우는 등 조직적이고 치밀한 방법을 사용해 피해자들을 속였다"고 지적했다. 항소심에서도 형량이 유지되어, 이들은 2018년 10월 대법원에서 원심 그대로 형을 확정받았다. 성광의 이사와 본부장 등 상위 직급 4명도 2019년 3월 각각 4년 6월에서 7년 6월에 이르는 징역형을 확정받았다.

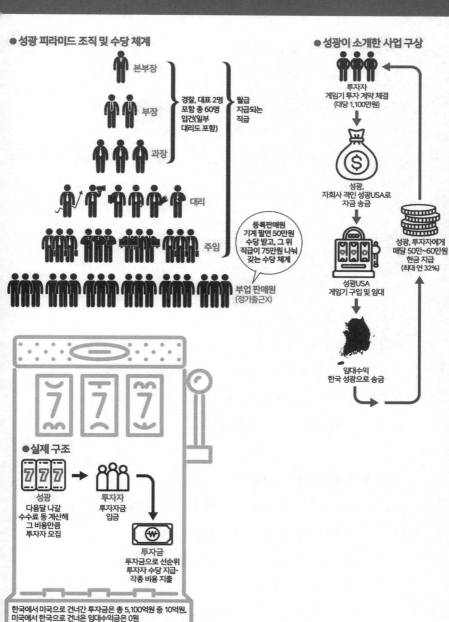

● 성광 피라미드 조직 및 수당 체계

본부장

부장

과장

대리

주임

부업 판매원
(정기출근X)

경찰, 대표 2명
포함 총 60명
입건(일부
대리도 포함)

월급
지급되는
직급

등록판매원
기계 팔면 50만원
수당 받고, 그 위
직급이 75만원 나눠
갖는 수당 체계

● 성광이 소개한 사업 구상

투자자
게임기 투자 계약 체결
(대당 1,100만원)

성광,
자회사 격인 성광USA로
자금 송금

성광USA
게임기 구입 및 임대

임대수익
한국 성광으로 송금

성광, 투자자에게
매달 50만~60만원
현금 지급
(최대 연 32%)

●실제 구조

777

성광
다음달 나갈
수수료 등 계산해
그 비용만큼
투자자 모집

투자자
투자자금
입금

투자금
투자금으로 선순위
투자자 수당 지급·
각종 비용 지출

한국에서 미국으로 건너간 투자금은 총 5,100억원 중 10억원,
미국에서 한국으로 건너온 임대수익금은 0원

성광 피라미드 조직 및 수당 체계

경찰은 대표 2명을 비롯해 본부장과 부장, 과장 등 간부급 총 60명을 입건했다(대리도 일부 포함됨). 성광은 본부장부터 주임 직급까지 월급을 지급했다. 정기 출근을 하지 않는 등록 판매원들의 경우 기계를 팔면 50만 원씩 수당을 지급하고 그 위 직급에도 75만 원을 나눠주었다.

실제 구조

성광: 다음 달에 나갈 수수료 등을 계산해 그 비용만큼 투자자를 모집했다.

투자자: 투자 자금을 성광 측에 입금한다.

투자금: 성광은 투자금으로 선순위에 있는 투자자에게 먼저 수당을 지급하고 각종 비용에 지출했다. 이때 한국에서 미국으로 건너간 투자금은 총 5100억 원 중 10억 원에 불과했다. 미국에서 한국으로 건너온 임대 수익금은 전무했다.

성광이 투자자들에게 소개한 사업 구상

1. 투자자와 게임기 투자 계약을 체결한다(대당 1100만 원).

2. 성광은 자회사 격인 성광USA로 자금을 보낸다.

3. 성광USA는 게임기를 구입한 뒤 임대한다.

4. 성광USA는 임대 수익을 한국 성광으로 보낸다.

5. 성광은 투자자에게 매달 수수료 50만~60만 원(최대 연 수익률

32퍼센트)을 현금으로 지급한다.

사건 일지

2008년 이미영 씨가 최민종 씨에게 동업을 제안한다.

2009년 서울 강남 대치동에 성광테크노피아를 설립한다(대표 이사 최씨, 부대표 이씨).

2011년 대표 최씨는 미국 게임장을 보여주겠다며 투자자들과 함께 현지 견학을 간다.

2015년 하반기 성광월드로 상호를 바꾼다.

2016년 10월 경찰이 정보원의 첩보를 받고 내사에 착수한다(비슷한 시기에 검찰도 내사에 들어간다).

2017년 1월 4일 경찰은 성광 부대표 이씨를 구속한다. 최씨는 현금 56억 원을 들고 도주했다가 5월에 자수한다.

2018년 10월 대법원은 특정경제범죄법상 사기 혐의로 이씨에게 징역 14년, 최씨에게 징역 16년을 선고한 원심을 확정한다.

성광 다단계 사기

다단계 사기

5000억 원대 사기, 성광 관계자들의 말로는 줄줄이 실형

복역 중이던 최씨와 이씨는 2019년 8월 인허가 없이 투자금을 모집한 협의(유사수신행위법 위반)로 또다시 기소돼 각각 징역 10월이 추가됐다. 이때 그간 불구속 상태에서 재판을 받아오던 간부 53명 중 투자금 모집책(하위 판매원 관리 업무) 20명은 징역 1년 6월에서 5년의 실형을 선고받고 무더기로 법정 구속됐고, 23명은 징역형 집행유예를, 8명은 공소 기각 판결을 선고받았다. 서울중앙지방법원 재판부는 "확인된 피해자가 3000여 명이고 피해액이 수천억 원에 달하는 대규모 다단계 사기 범행이다. 불특정 다수를 겨냥해 범죄를 저질렀고 시간이 갈수록 피해가 늘어났다"고 밝혔다.

유사수신행위 사건 항소심 재판에서 2020년 1월 대표 최씨에

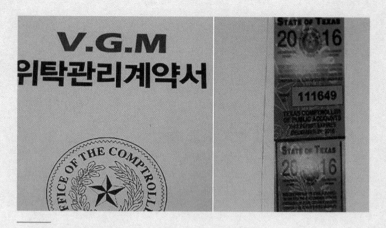

성광이 투자자에 건넨 계약서 첫 장과 마지막 장에 첨부된 납세필증.
그럴싸해 보이지만 모두 가짜다. 사진 서울수서경찰서

대해선 1심과 같이 징역 10월이 유지됐다. 함께 재판에 넘겨진
부대표 이씨는 징역 8월로 감형됐다. 이로써 최씨와 이씨가 게임
기 다단계 사기에 뛰어든 지 10년, 수사가 시작된 지 3년여 만에
주범들에 대한 법적 처벌이 일단락됐다. 일부는 상급심이 남았
지만 공범들도 법의 심판을 피하기는 어렵게 됐다.

그래도 다단계 사기에 속아 전 재산을 잃은 이들에 대한 피
해 회복은 거의 이뤄지지 않았다. 5000억 원대의 투자금을 굴린
성광이었지만, 판결이 나온 후 이들이 피해자 보상을 위해 내놓
은 돈은 정작 30억 원밖에 되지 않았다. 최근 2020년 8월 피해자
83명이 최씨와 이씨를 상대로 낸 손해배상 청구소송에서 법원은
피해자들의 손을 들어주었다. 서울중앙지방법원 재판부는 피해
자 개개인에게 적게는 1017만 원에서 많게는 2억 1938만 원까지

손해액을 인정했다.

성광 사건 이후에도 고수익을 바라는 이들을 노린 다단계 사기는 끊이지 않는다. 인공지능을 이용한 비트코인 거래로 높은 수익을 보장하거나 연예인이나 스포츠 스타 등 유명 인사를 거짓으로 내세우며, '깡통 주식'으로 유혹하는 방식이다. 이에 넘어가 피눈물을 흘리는 악순환은 여전히 계속되고 있다.

2

'도나도나' 돼지 분양 사건

"돼지 한 마리 사면 연수익 48퍼센트"
황금돼지 재테크에 강남 아파트 한 채 날아갔다

"황금알을 낳는 오리가 아냐. 요즘은 '황금돼지 한 마리'라니깐. 그게 훨씬 더 나아."

이숙자(66세) 씨는 2010년 서울 강남의 단골 찜질방 직원이던 박미선(66세) 씨에게서 '대박' 투자처가 있다는 은밀한 정보를 들었다. 시중 은행의 정기예금 금리가 3퍼센트대였던 시절이었는데 그보다 열 배나 높은 연간 48퍼센트의 수익률을 보장한다고 했다. 귀가 번쩍 뜨이는 소리였다. 뭔가 했더니 부동산도, 주식도, 외환도, 금도 아닌 '살아 움직이는 돼지'라 했다. 황금알을 낳는 오리 말고, 황금돼지를 아십니까?

박씨의 설명은 이랬다. 보통 어미 돼지는 한 번에 10마리씩

1년에 두 번 꼬박꼬박 새끼를 낳는데, 500만 원으로 어미 돼지 한 마리를 사두기만 하면 양돈 법인이 대신 돼지를 기르고 연간 20마리씩 낳는 돼지 새끼들을 팔아주기까지 한다는 것이다. 새끼 돼지는 반년이 지나 몸무게가 110킬로그램이 돼야 출하할 수 있지만, 돼지를 살 사람과 미리 선물 매매 계약을 맺어두기 때문에 투자자는 어미 돼지를 사들인 시점부터 다달이 수익금을 챙길 수 있다고 했다. 쉽게 말해 돼지 밑에다 투자금을 묻어두면 매달 수익을 챙겨주고 계약이 만료되는 14개월 뒤엔 원금도 돌려준다는 얘기였다.

이씨는 우선 시험 삼아 어미 돼지 다섯 마리(2500만 원)를 사기 위해 투자금을 냈다. 그랬더니 몇 달간 월 100만 원씩 꼬박꼬박 통장에 들어왔다. 이게 과연 가능한 일일까 싶었던 궁금증과 의심은 계좌에 똑똑히 찍혀 나오는 숫자에 떠밀려 사라졌다. 이씨는 곧바로 강남 아파트 등 재산을 처분해 12억 원을 투자했다.

해가 바뀐 2011년, 직장인 오선재(41세) 씨도 고교 동창들과 만난 자리에서 이 황금돼지 소식을 접했다. 동창인 김상현 씨가 어미 돼지의 사육을 위탁하면 새끼 돼지를 선물 거래함으로써 수익을 내고 그 대금을 받는 구조에 대해 설명했다. 대규모로 사육하면서 사료비도 절감할 수 있어 수익이 크다고 했다.

이미 동창들 사이에선 김씨의 소개를 받고 투자했다가 연 60퍼센트의 수익을 얻고 원금까지 돌려받았다는 얘기가 널리 퍼져 있었다. 오씨는 마음이 크게 동했다. 월급만 바라보고 사는 평범한 샐러리맨에서 벗어나는 길이 여기에 있는 듯했다. 양돈 법인 사무실을 찾아 구체적인 사업 설명을 들은 오씨는 상속받은 농지 등을 정리한 돈 2억 4000만 원을 투자했다.

다만 수익률은 전년의 48퍼센트에서 24퍼센트로 줄어들었다. 2009년 60퍼센트에 달했던 수익률은 2010년 48퍼센트, 2011년 24퍼센트로 내려가고 있었다. 어미 돼지의 가격도 시세에 맞춰 600만 원으로 100만 원이 올랐다. 하지만 투자자들은 이를 긍정적인 신호로 받아들였다. 초기의 모험적 투자자들이 고수익을 맛봤고, 이후 사업이 안정적인 단계로 접어들면서 수익이 점차 합리적 수준으로 수렴해 들어간다고 이해했다. 수익률이 점차 줄어들기는 하지만 여전히 고수익이기는 매한가지였다. 기회를 보면서 더 지체하다간 이 수익률마저 보장되지 않을지 모른다. 황금돼지 재테크 열풍은 그렇게 힘을 얻어나갔다.

이렇게 투자자를 끌어모은 양돈 법인의 이름은 주식회사 '도나도나'였다. 도나도나는 홍보에도 열심히 나섰다. 도축에서 가공·유통을 거쳐 판매에 이르기까지 수직 계열화를 이뤄 생산 단가를 낮춘 주목받는 양돈 기업이라 했다. '국내 최초 양돈 위탁 시스템 도입' '제주 프리미엄 흑돼지 브랜드 출시' '프랜차이즈 사업 추진' 같은 광고 문구로 양돈업계에서 보기 드물게 새바람을 일으키고 '이슈 몰이'를 했다. 최덕수(72세) 대표는 '자유무역

도나도나가 2011년 4월 경기 광주 안성농장에서 열었던 돼지 입식 행사. 사진 독자 제공

협정(FTA) 극복을 위한 글로벌 경쟁력 강화'를 구호로 내세우더니 공격적 사업 계획을 강조했다. 투자자들이 도나도나와 최대표에 대해 궁금해하면 도나도나 측은 "국내 최대 닭고기 전문 업체 '하림'이 병아리 10마리를 키운 것에서 시작한 것처럼 양돈업계의 '하림'이 되는 게 최대표의 목표"라고 설명했다.

도나도나의 가장 큰 장점은 실물 투자, 즉 돼지라는 믿음직한 실물이 바로 눈앞에 있다는 점이었다. 2011년 4월 회사는 경기 광주에서 어미 돼지 850여 마리를 한꺼번에 농장에 들이는 '입식 행사'를 열었다. 커다란 돼지들이 한꺼번에 축사로 몰려 들어가는 장면은 투자자들에게 흡사 자신들의 주머니에 돈이 몰려오는 것 같은 환상을 심어주었다. 사업설명회도 농장이나 도축장, 직영 식당 등에서 열었다. 피해자 이씨는 당시를 이렇게 떠올렸다.

"흔히 '돼지우리'라고 하면 불결한 축사를 떠올리기 마련인데 도나도나가 데려간 곳은 시설이 깔끔했다. 심지어 내가 투자한 어미 돼지에는 내 이름이 적힌 꼬리표가 달려 있었다." 투자자 명단이 적힌 현황판도 한쪽에 설치돼 있었다. 하다못해 뭔가 잘못된다 해도 이 농장과 돼지는 내게 남겠지, 하고 투자자들은 생각하며 안심했다.

도나도나에 대한 검찰 수사가 가시화된 때는 2013년이다. 서울중앙지방검찰청 서민침해사범 합동수사부는 2013년 11월 최대표 등 도나도나 관계자 13명을 유사수신행위법 위반 혐의로 기소한다고 발표했다. 법은 허가나 신고 없이 불특정 다수에게서 출자금 전액 또는 이를 넘어서는 돈을 지급할 것처럼 약속하고 출자금을 받는 행위를 금지하고 있다. 검찰은 도나도나가 2009년 4월부터 연 24~60퍼센트의 확정 수익금과 원금을 보장한다면서 1만여 명에게서 2429억 원을 투자받은 게 위법하다고 봤다.

사건이 언론을 통해 보도되자 투자자들은 들끓었지만 도나도나 측은 설명회를 열어 안심시켰다. 검찰에서 조사를 받은 건 맞지만 혐의점이 없어 그냥 끝날 것 같다고 둘러댔다. 그러나 이때부터 매달 통장에 들어오던 수익금이 딱 끊겼다.

하지만 투자자들은 미련을 떨칠 수 없었다. 법원이 1심과 2심에서 최대표 등에게 적용된 유사수신행위법 위반 혐의에 대해 무죄를 선고했기 때문이다. 2014년 8월 1심은 도나도나라는 사업 모델의 토대가 양돈업이라는 점을 인정했다. 즉 돼지라는 실물 상품이 있으니 금융 기법을 쓰는 일반적인 유사수신행위와는 다르다고 판단한 것이다. 투자자에 비해 위탁 사육하는 돼지의 수가 적다는 부분도 당시 유행한 구제역 등으로 인한 일시적 상황으로 간주했다. 도나도나의 연간 순이익이 증가세에 있다는 점도 참작 사유가 됐다. 결국 최대표 등은 업무상 횡령과 위조사문서 행사 등의 혐의만 인정돼 집행유예 선고를 받았다. 항소심에서도 유사수신행위법 위반 혐의에 대해서는 무죄 판결이 유지됐다.

양돈업계는 법원이 무죄 판결을 내려 최씨 등에 면죄부를 준 것은 양돈업의 특성을 이해하지 못한 결과라고 봤다. 지금도 일부 양돈 농가들은 돼지를 맡겨 기른다. 보통 양돈 농가는 어미 돼지를 키워 새끼 돼지를 생산하는 '모돈 농가'와 새끼 돼지를 출하할 수 있는 단계까지 살찌우는 '비육 농가'로 구분된다. 모돈 농가는 태어난 새끼 돼지가 30킬로그램이 될 때까지 키워 비육 농가에 넘긴다. 이때 사료비 등 비용은 모돈 농가가 다 부담하되 비육 농가는 새끼 한 마리당 3만~5만 원의 위탁 사육 비용을 받는다. 이렇게 키운 돼지가 시장에서 판매되면 그 수익은 모돈 농가가 가져간다.

이는 시설 비용을 줄이고 전문화하기 위한 일종의 분업 구조라 할 수 있다. 언뜻 보면 '돼지 소유자'와 '돼지 사육자'가 분리된 이 시스템을 도나도나가 고스란히 따라한 것 같지만 실상은 달랐다. 새끼 돼지를 출하하기도 전에 선물 매매해 수익을 낸다거나, 1년에 무조건 20마리의 새끼 돼지가 태어나는 것을 전제로 한다는 점 등은 양돈업의 속성을 몰라서 하는 소리라는 얘기다. 키우는 과정에서 돼지가 죽는 경우도 많고 구제역 같은 질병이 일어나는 등 변수도 다양하다. 투자자에게 고수익이나 원금을 보장한다고 함부로 얘기하기엔 위험 부담이 너무 크다는 얘기다.

대한한돈협회 관계자는 양돈업의 현실을 이렇게 진단했다. "새끼 돼지를 연간 '30마리'씩 생산해내던 모범 농가도 질병이 발생하면 한순간에 '0마리'로 성적이 떨어진다. 양돈업은 단순한 숫자 놀음으로 수익을 창출할 수 있는 산업이 아니다." 한 축산업계 관계자도 비슷한 얘기를 했다. "닭고기를 생산하는 육계 농가의 경우에도 닭 소유주의 90퍼센트 이상이 닭 사육을 농가에 위탁하고 있다. 위탁 사육을 하다가 닭이 죽을 경우 손실은 원래 소유주가 부담하는 게 일반적이다." 한마디로 도나도나의 수익 구조는 상식을 벗어난 것이라는 말이었다.

또 돼지 한 마리가 1년에 20마리씩 낳는다는 법칙은 실제와 다르다. 도나도나 또한 여기에서 벗어나지 못했다. 양돈업계에선 어미 돼지 한 마리가 새끼 돼지를 생산해 출하 체중(110킬로그램)까지 자라는 개체 수의 비율을 'MSY'(모돈두당 연간출하두수)라고 부르는데, 대한한돈협회에 따르면 국내 양돈 농가들의 평균적인 MSY는 17마리와 18마리 사이다. 어미 돼지가 연간 2.2회를 임신해 회당 10마리의 새끼 돼지를 낳는 것은 맞지만, 출하하기 전까지 10~20퍼센트가 폐사하기 때문이다. 도나도나는 'MSY=20마리'를 지킬 수 있다고 주장한 셈이지만, 실제 도나도나가 운영하는 농장들의 평균 MSY는 10마리 정도에 불과했다.

이렇게 해선 유지가 안 되니 도나도나는 편법을 썼다. 2012년 4월부터 별도로 세운 특수목적법인에다 돼지 소유권을 이전한 뒤 이를 담보로 은행에서 660억 원을 대출받았다. 이 과정에서도 소유한 돼지의 마릿수를 부풀리거나 서류상 사육 규모와 출하 대금을 뻥튀기하는 수법을 썼다. 양돈업계에선 이게 도나도나의 원래 목적이 아니었느냐는 주장도 나온다. 운영하다 보니 부족한 자금을 융통하기 위해 특수목적법인을 세운 게 아니라, 특수목적법인을 세워 돈을 융자받기 위해 위탁 양돈 시스템을 악용한 게 아니냐는 얘기다.

결국 대법원은 2016년 9월 도나도나의 유사수신행위법 위반 혐의에 대해 무죄를 내린 원심을 파기하고 유죄 취지로 사건을 서울고등법원으로 되돌려 보냈다. 도나도나가 투자자에게 실제로 돼지를 주는 것이 아니라 돈을 주기로 약속한 것이므로 투자자를 모집한 방식이 사실상 금전 거래라고 본 것이다. 실물 거래를 가장해 불법으로 투자금을 모았다는 판단이다. 이후 서울고

"실물 거래 가장해
불법 투자금 모았다"

대법원

대법원은 2016년 9월 도나도나 최덕수 대표에 대해 "실물 거래를 가장해 불법으로
투자금을 모았다"며 유죄 취지로 원심을 파기하고 사건을 돌려보냈다. 사진 KBS뉴스 화면 캡처

등법원은 2017년 8월 유사수신행위법 위반 등에 대해 유죄를 선고하면서 최대표에게 징역 9년의 중형을 선고했다. 이 판결은 2018년 1월 대법원에서 확정됐다.

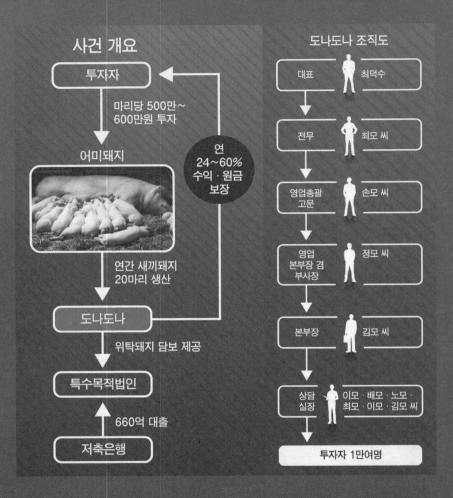

사건 개요

투자자

마리당 500만~
600만원 투자

어미돼지

연
24~60%
수익 · 원금
보장

연간 새끼돼지
20마리 생산

도나도나

위탁돼지 담보 제공

특수목적법인

660억 대출

저축은행

도나도나 조직도

대표	최덕수
전무	최모 씨
영업총괄 고문	손모 씨
영업 본부장 겸 부사장	정모 씨
본부장	김모 씨
상담 실장	이모 · 배모 · 노모 · 최모 · 이모 · 김모 씨

투자자 1만여명

사건 일지 _____

2009년 4월   도나도나가 위탁 양돈 사업을 시작한다.

2013년 11월   서울중앙지방검찰청이 1만여 명에게서 투자금 명목으로 2400억여 원을 받은 것은 유사수신행위라며 도나도나 대표를 불구속 기소한다.

2014년 7월   검찰이 사기 혐의로 최대표를 추가 기소한다.

2014년 8월   서울중앙지방법원이 최대표의 유사수신행위법 위반 혐의에 대해 무죄로 판단해 집행유예를 선고한다. 2015년 8월 항소심을 맡은 서울고등법원도 이에 대해 무죄로 판단하고 집행유예를 선고한다.

2016년 7월   홍만표, 우병우 변호사가 도나도나 사건을 수임한 것을 두고 논란이 벌어진다.

9월   대법원은 최대표의 유사수신행위법 위반 혐의에 대해 무죄로 판단한 원심을 파기하고 유죄 취지로 사건을 서울고등법원으로 돌려보낸다.

2017년 2월   서울중앙지방법원은 최대표의 사기 혐의를 인정해 징역 8년을 선고하고 법정 구속한다.

2017년 3월   또 다른 피해자들이 고소하면서 검찰이 1600억 원대 사기 혐의로 최대표를 불구속 기소한다.

2017년 8월   서울고등법원이 최대표의 유사수신행위법 위반과 사기 혐의를 인정해 징역 9년을 선고한다.

'도나도나' 돼지 분양 사건

| 2018년 1월 | 대법원이 최대표에게 징역 9년을 선고한 원심 판결을 확정한다. |
| 2019년 9월 | 서울중앙지방법원은 1600억 원대 사기 혐의로 추가 기소된 최대표에게 징역 6년을 선고했다. |

돼지 분양 사기

유사수신행위 유죄 판결에 이어, 사기죄로 중형을 선고받아

도나도나 사건이 세간의 관심을 받게 된 건 우병우 전 청와대 민정수석과 홍만표 전 검사장이 변호사 시절 이 사건의 변호를 맡았다는 사실이 알려지면서다. 굵직한 사건을 처리한 경험이 많은 검찰의 특수수사 전문가였다는 점에서 1심과 2심의 무죄는 '슈퍼 전관의 힘'이었다는 뒷말이 돌았다.

2017년 8월 파기환송심에서 최대표에게 내려진 징역 9년에는 사실 사기죄에 대한 처벌도 포함된 것이다. 2014년 7월 검찰이 최대표에 대해 사기 혐의로 추가로 기소했는데, 2017년 2월 서울중앙지방법원이 사기 혐의 등으로 최대표에게 징역 8년을 선고한 별도의 재판이 이때 합쳐진 것이다. 2018년 1월 대법원은 원심 판결을 확정했다.

새끼 돼지를 출하하기도 전에 선물 매매해 수익을 낸다는 것은
양돈업의 속성을 몰라서 하는 소리였다.

이 판결로 도나도나 사건이 완전히 마무리된 것은 아니다. 울분에 찬 일부 피해자들이 다시 나서서 2017년 3월 최대표를 또 한 번 사기 혐의로 고소한 것이다. 검찰은 1600억 원대 사기 혐의로 또다시 최대표를 기소했다. 이번에도 유죄 판결이 나오면 기존 확정 판결된 형기에다 형량이 더해질 운명이었다. 재판부에 엄중히 처벌할 것을 촉구하는 진정서를 10차례 이상 제출했다는 피해자 윤건형 씨는 "이번에는 대한민국의 법이 가해자가 아닌 피해자를 위해 존재한다는 걸 보여주기를 바란다"고 힘줘 말했다. 예상대로 2019년 9월 서울중앙지방법원은 1600억 원대 사기 혐의로 추가 기소된 최대표에게 징역 6년을 선고했다.

사건이 수년에 걸쳐 계속되는 동안 피해자들은 금전 피해 이상의 고통에 시달려야 했다. 투자자 모집책으로 활동했던 친구나 동창에 대한 신뢰가 깨진 게 제일 뼈아팠다. 거기다 전관예우 논란을 보면서 법조계에 대한 신뢰가 떨어졌다. 특히 '힘의 불균형'은 뼈에 사무치게 아팠다. 2억 4000만 원을 투자했다가 2억원 이상을 돌려받지 못한 오씨는 그간의 고통을 이렇게 털어놨다.

"가해자들은 피해자들에게 받은 투자금으로 천문학적인 변호사 비용을 들여 전관을 사서 소송에 대응하는데, 피해자들은 법률 지식이 모자라 전전긍긍하다시피 했다. 투자금은 돌려받지 못하더라도 도나도나 관계자들을 제대로 처벌하거나, 피해자들의 돈으로 이익을 본 금액을 전액 몰수할 방법이 있었으면 좋겠다." 결국 전관 출신 변호사들에게 들인 변호사비는 피해자들에게서 나온 돈이었다.

3

범죄의 필수품 '대포폰'

"선불 유심 한 개당 5만 원 드려요"
알뜰폰이 대포폰 공장으로

'급전이 필요하신가요? 선불폰 개통시 현금 지급합니다. 신용불량자, 회생자, 미납자, 연체자 누구나 가능!'

발길에 차이는 전단지 같은 데서 흔히 보는 광고다. 온라인 시대에 트위터나 페이스북 등 SNS에서도 이런 광고는 흔하다. 선불 유심(정보·통신 가입자의 개인정보를 저장하는 모듈)을 가져다주면 그 자리에서 현찰 5만 원을 주겠다는 제안이다.

선불폰은 쓸 만큼만 미리 돈을 내고 해당 금액에 맞춰 서비스를 이용하는 휴대폰을 말한다. 알뜰폰(MVNO) 통신사를 이용하면 일인당 최대 번호 4개까지 개통할 수 있다. 알뜰폰 통신사가 70여 곳이 넘는 요즘 한 사람 명의로 수십, 수백 개의 번호를 손쉽게 개통할 수 있다는 말이다. 전단지의 말대로 선불 유심을 가져다준 대가로 그만한 돈을 받는다면 큰 힘 들이지 않고 요긴한 목돈을 손에 쥘 수 있는 일종의 '현금자판기'인 셈이다. 지불한 금액만큼만 쓸 수 있으니 나중에 '요금 폭탄'을 맞을 걱정도 없다. 다만 그렇게 명의를 넘겨준 번호가 어디에 쓰일지에 대해선 눈을 감아야 한다.

신용불량자인 정금자 씨도 그랬다. 광고 전단지에 적힌 연락처로 전화해서 만난 김 모(41세) 씨는 능수능란하게 방법을 설명했다. 선불폰을 찾는 손님에게 별 의심 없이 잘 내놓는, 흔히 '잘 뚫린다'고 하는 대리점 몇 곳을 딱 찍어줬다. 김씨 스스로가 통신사 대리점을 운영하다 보니 선불폰을 개통하는 절차나 방법에 정통했다. 김씨가 찍어준 대리점에 가서 선불폰 4개 번호를 개통하고 그 유심들을 김씨에게 넘겨주자, 김씨가 개통을 확인하는 절차를 마치는 즉시 '유심 한 개당 5만 원씩, 총 20만 원'을 정산해주었다. 정씨는 그 뒤에도 몇 번 더 급전이 필요할 때면 김씨를 찾았다.

액수가 적어도 돈이 급한 사람에겐 돈 자체가 기쁨이다. 몇 번 대리점을 다녀갔을 뿐인데 어느샌가 정씨 명의의 선불폰은 무려 200개에 육박하고 있었다. 선불폰의 특성상 개통할 때 알림이 오거나, 월말에 요금고지서가 오는 것도 아니었다. 그렇게 만들어진 정씨 명의의 선불폰은 일명 대포폰이 돼 조직폭력배나 불법 대부업자, 인터넷 도박업체 운영자 등의 손에 넘어갔다.

김씨는 대구에 근거지를 둔 대포폰 사업가, 대포 유심계의 '큰 손'으로 군림했다. 김씨는 광고를 보고 찾아온 이들을 차근차근 안내했다. 한 대리점에서 3~4개씩, 모두 9~10개의 선불 유심을 만들어오면 김씨는 개당 5만~6만 원을 주고 사들였다. 사람들로서는 한나절 대리점을 돌면 50만 원 정도 벌게 되는 셈이니 큰 저항은 없었다. 말하자면 도매상인 김씨는 이를 갖고 대포 유심 한 개당 15만 원씩, 중고 휴대폰에 유심까지 끼운 소위 풀세트는 30만 원까지 가격을 올려 중개업자들에게 되팔았다. 수입은 짭짤했으나 관계 기관의 감시를 피하는 일도 만만치 않았다. 자신의 대리점을 활용하는 한편, 내연녀나 다른 사람들의 명의로 새 대리점을 차리거나 뜻이 통하는(?) 대리점주와 연결하는 등의 수법을 쓰기도 했다.

김씨 뒤에는 범죄 조직과 연결된 중개업자 박 모(40세) 씨가 있었다. 박씨는 대포폰 중개업계에서 명성이 자자했다. '그 집 대포폰이 잘 안 막힌다' '한 번도 안 잡혔다더라' 같은 풍문이 나돌았다. 그러니 단골 고객도 많았다. 박씨는 한 달에 두 번씩 대포 유심과 대포폰을 김씨에게서 넘겨받아 자신의 고객들에게 팔았다. SNS를 통해 비밀리에 접촉한 구매자들이 주 고객이었다. 배달도 오토바이 퀵서비스를 이용함으로써 수사기관의 눈을 피했다. 김씨는 박씨와 손을 잡고 사업의 몸집을 불려나갔다. 근거지인 대구를 넘어 청주와 대전, 파주 등 전국으로 영업 지역을 확장해갔다.

이런 불법 거래를 알아챈 알뜰폰 통신사도 가만있었던 건 아니다. 신분 확인을 강화하기 위해 영업 직원들에게 "신분증의 발급일자를 불러달라"는 식으로 본인 여부를 재확인하도록 했다. 그러자 김씨와 박씨는 선불폰을 개통할 때 명의자의 주민등록증을 찍은 '컬러 사본'까지 추가로 받아둠으로써, 되팔면서 오히려 가격을 올려 받았다. 대포폰에 명의까지 빌려줄 사람이라면 자신의 신분증을 노출하는 것쯤이야 큰 거부감이 없었다.

대포폰이란 수사기관의 추적을 피하기 위해 범죄자들이 다른 사람의 명의를 빌려다 개통한 휴대폰을 말한다. 휴대폰이 대중화된 2000년대 초반에 등장한 대포폰은 스마트폰 시대를 맞아 '대포 유심'으로 진화했다. 그 가운데 개통도 쉽고 요금만 충전하면 명의자도 모르게 계속 유지할 수 있는 '선불 유심'은 더 인기를 끌었다.

2012년 본격적으로 범행에 나선 김씨와 박씨는 2017년 경찰에 검거될 때까지 이런 방식으로 1만 680대의 대포 유심과 대포폰을 만들어 전국에 유통했다. 그렇게 얻은 수익은 무려 89억 원에 달했다. 재판에 넘겨진 김씨와 박씨는 1심에서 각각 징역 8월, 징역 1년 2월을 선고받았다. 하지만 경찰이 밝혀낸 이들의 범행 전모 또한 빙산의 일각이라는 지적이 나온다. 거래 대금을 '대포통장'으로 받은 영업 방식상 전체 규모를 파악하기 어려워서다.

"수사는, 2016년 말에 시작했다. 국정 농단 사건이 터지면서 연일 관련 보도가 나왔는데, 그중에 박근혜 정부의 핵심 인사들이 대포폰을 쓴다는 보도가 있었다. 정부 인사들도 쓴다는 이 대포폰을 대체 누가 만들어내는지 궁금했다."

당시 충북지방경찰청 광역수사대 소속이었던 안현민 경위가 가진 궁금증이었다. 그러다가 '모든 범죄의 시작과 끝에 대포폰이 있다면, 대포폰을 막아버리자'는 데 생각이 이르렀다. 마침 믿을 만한 정보원에게서 '전국 단위의 대포폰 큰손이 있다'는 첩보가 들어오기도 했다.

수사는 길었다. 구매자에서 시작해 소매상으로, 다시 도매상으로 역추적해 올라가는 데만도 다섯 달이 걸렸다. 그렇게 쫓은 끝에 김씨의 대구 본거지를 찾아냈고, 일주일간 잠복 수사를 하며 지켜보다가 급습했다. 하지만 김씨가 한발 빨랐다. 따라붙은 경찰이 있다는 낌새를 눈치 채고는 모든 흔적을 지우고 잠적해버렸다.

빈자리를 확인한 순간 안경위는 하늘이 노랗게 보였다. 명의를 빌려준 수천 명의 가입신청서를 받아 분석한 것은 물론이거니와, 전화번호 10만여 개를 비교 대조한 작업 끝에 대포폰으로 의심되는 번호까지 뽑아둔 상태였다. 안경위는 다시 각오를 다졌다. "데이터 양이 엄청나서 프로그램을 돌리던 컴퓨터가 몇 번이고 멈출 정도였다. 그 자료들이 아까워서라도 포기할 수 없었다."

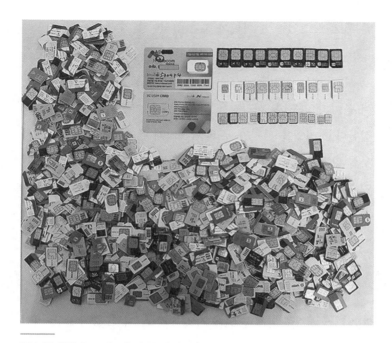

부산지방경찰청이 2017년 10월 대포폰 집중 단속 중에 압수한 선불 유심. 사진 부산지방경찰청

또다시 수사가 이어졌다. 잠적한 줄 알았던 김씨는 시치미를 뚝 뗀 채 새 대리점을 열어 다시 영업하고 있었다. 이번엔 놓칠 수 없어서 확증이 있을 때까지 기다려보기로 했다. 팀원 15명이 2인 1조로 짝을 지어 일주일에 세 번씩 청주에서 대구로 출근했다. 꽤 오랜 시간 지켜보다 보니 뭔가 이상한 그림이 눈에 띄었다. 대리점엔 사람보다 퀵서비스 오토바이가 더 자주 드나들었다. 유동인구가 많아 장사에 한창 열을 올려야 할 주말엔 정작 가게 문을 닫았다. 혹시 멀쩡한 대리점을 겁도 없이 '대포폰 거래

본부'로 쓰고 있는 게 아닐까 하는 의심이 들었다.

압수수색 영장을 발부받아 대리점을 수색한 결과 의심이 사실로 드러났다. 수천여 대의 대포 유심과 대포폰이 사무실 곳곳에서 쏟아져 나왔다. 대리점을 정식으로 열어두고 나름대로는 조심한다고 영업을 했지만 부랴부랴 거래 본부를 옮겨 오느라 사무실 한쪽에다 예전에 만들어둔 대포폰들을 잔뜩 쟁여두고 있었던 것이다. 안경위는 일망타진하지 못한 것을 아쉬워했다. "원래 본거지를 처음에 압수수색하는 데 성공했다면, 신분증 같은 피해자들의 개인정보 자료도 훨씬 빨리 얻을 수 있었을 것이다."

알뜰폰 업계에서 선불폰 신규 가입자는 가파르게 늘고 있다. 2019년 5월 기준 알뜰폰 전체 가입자 800만여 명 중 선불폰 가입자는 374만여 명에 이른다. 전체 가입자 수의 절반에 가까운 규모다. 미리 일정한 요금을 지불하고 쓰는 선불폰은 원래 국내에 단기간 머무는 외국인들을 주 대상으로 기획된 상품이었다. 하지만 후불폰에 비해 개통이 훨씬 쉽다는 점을 노린 이들이 범죄에 악용하는 경우가 많아졌다.

알뜰폰 업계의 허술함도 이를 부추긴다. 업체들 입장에서는 가입 회선을 최대한 늘리는 게 유리하다. 일인당 최대 4개 회선을 뽑아낼 수 있도록 한 것도 이 때문이다. 통신 3사 SKT와 KT, LG유플러스의 경우 일인당 최대 회선을 2개로 제한해둔 데다 통신사 간에 번호 조회가 가능해 개통하는 즉시 같은 명의자의 다른 휴대폰으로 안내 문자메시지 등이 전송된다. 그러나 통신 3사의 통신망을 빌려 쓰는 구조상 알뜰폰 통신사들은 통신사 간에 번호 개통 현황을 조회할 수 없다. 현재 시중에 유통되는 선불폰의 90퍼센트 이상이 알뜰폰 업계에 쏠려 있게 된 것도 이런 허술한 가입 절차에서 기인한다. 특히 선불 유심은 손톱만 한 칩 형태라서 사고팔기 쉽고 그만큼 범죄에 악용될 소지 또한 높다.

안경위는 끝으로 이렇게 당부했다. "선불폰의 유심이 대중들 사이에서 유통되면서 대포폰을 만들기가 이전보다 쉬워진 것은 사실이다. 과학기술정보통신부나 방송통신위원회 등 관계 당국이 나서서 불법 선불폰 유통에 대한 단속을 더욱 강화해야 한다. 명의만 넘긴 선불폰이 대포폰으로 둔갑해 범죄에 쓰여도 정작 명의자는 이런 사실을 알 수 없는 이상 최대한 가담하지 않는 것이 좋다."

대포유심, 대포폰 유통 조직 거래 흐름도

명의대리자

자신명의로 개설한
대포유심,
신분증 사본제공

유심 1개당 5~6만원
현금 지급

도매상 김모(41)씨
대포 유심대량 제작 및 유통

대포 유심+신분증+
공기계가 한 세트로
구성된 상품 제공

유심 1개당 15만원~
세트 1개당 30만원씩
현금 지급

중개업자·소매상 박모(40)씨
수요 파악, 고객 직접 응대

김씨 상품
퀵으로 배송

유심 1개당 20만원~
세트 1개당 40만원씩
현금 지급

성매매업자

조직
폭력배

불법
대부업자

보이스피싱
조직

명의대리자

158
NFCN-SO

N-SO

4,346,618
(54)
후불폰

알뜰폰·선불폰
가입자 수 현황
(단위 : 명, 괄호 안은 비율 %)
8,089,435
전체

3,742,817
(46)
선불폰

알뜰폰 선불유심 명의 대리자 모집 광고

"급전이 필요하신가요? 선불폰 개통 시 현금 지급합니다.
신용불량자, 회생자, 미납자, 연체자 누구나 가능!"

자료 : 한국알뜰통신사업자협회 2019년 5월 기준

대포 유심, 대포폰 유통 조직 거래 흐름도

명의 대리자: 자신의 명의로 선불폰을 개통한 뒤 그 유심과 신분증 사본을 도매상에게 제공한다.

도매상 김씨(대포 유심 대량 제작 및 유통): 명의 대리자에게 유심 한 개당 5만~6만 원을 지급하고 구입한다. 대포 유심과 신분증 사본, 공기계를 세트로 구성한 상품을 소매상에게 제공한다.

중개업자이자 소매상 박씨(수요 파악, 고객 직접 응대): 도매상에게 유심 한 개당 15만 원, 한 세트당 30만 원씩을 지급하고 구입한다. 소매상은 이것을 범죄 조직(불법 대부업자, 성매매업자, 조직폭력배, 보이스 피싱 조직 등)에게 유심 한 개당 20만 원, 한 세트당 40만 원씩에 되판다. 이때 상품은 퀵서비스를 통해 배송한다.

알뜰폰 선불 유심 명의 대리자 모집 광고

"급전이 필요하신가요? 선불폰 개통시 현금 지급합니다. 신용불량자, 회생자, 미납자, 연체자 누구나 가능!"

진화하는 대포폰

개통 프로그램을 가져와 자체적으로
대포 유심을 만들어내는 신종 수법

충북지방경찰청 광역수사대 안현민 경위의 수사 기법을 배운 후임들은 2019년 4월 수백여 대의 대포폰을 성매매업자들에게 유통한 A씨 등 일당을 검거했다. 이들은 신종 수법을 써서 수사망을 교묘히 피하고 있었다. 알뜰폰 통신사의 개통 프로그램을 대리점주에게 사들여서 대포 유심을 자체적으로 만들어낸 것이다. 명의 대리자들의 인적 사항과 신분증, 가입등록확인서 등을 업로드하기만 하면 자동으로 승인하는 방식이었다.

A씨 일당은 알뜰폰 통신사들 중 영세한 업체의 경우 개통 프로그램 관리가 허술하다는 점을 파악하고 프로그램 자체를 빼돌려 자신들의 손으로 개통해왔다. 대포폰 사기 일당들은 통신사의 맹점을 노리며 하루가 다르게 범행 수법을 발전시키고 있다.

선불폰의 유심칩을 불법 거래할 경우 산 사람도 판 사람도 처벌받는다. 사진 JTBC 뉴스 화면 캡처

　　중요한 건 대포폰 업자에게 명의를 빌려줘서는 안 된다는 점이다. 전기통신사업법은 '누구든 전기통신사업자가 제공하는 전기통신역무를 이용해 타인의 통신을 매개하거나 이를 타인의 통신용으로 제공해서는 안 된다'고 명시하고 있다. 휴대폰이나 유심을 자신이 쓸 용도가 아닌 다른 용도로 개통해 다른 사람에게 양도하거나 판매했다가는 불법거래로 간주돼 1년 이하 징역이나 5000만 원 이하의 벌금형에 처해질 수 있다.

　　그간에는 이 부분에 대한 처벌이 미약한 편이었다. 명의 대리자가 명의를 빌려줄 정도로 곤궁하다는 점, 대포폰에 대해 잘 몰랐다는 점, 어떻게 보면 피해자인 측면도 있다는 점 등이 고려됐다. 하지만 대포폰의 위험성이 커질수록 결국 이들 또한 처벌 대상이 될 수밖에 없다. 안경위도 명의 대리자 또한 처벌 대상이 될 것이라고 봤다. "지금까지는 선의의 피해자를 걸러내기 위해 고의성 여부를 따지기도 했지만, 엄밀히 따지자면 명의 제공자들도 처벌 대상에 해당된다. 당장 현금이 급하다고 해서 이러한 불법행위에 손을 대서는 안 된다."

4

남양주 니코틴 살인 사건

담배도 안 피우는 남편 '니코틴 중독사',
아내는 장례만 서둘렀다

'3일장 발인.' 2016년 4월 22일 밤 11시 15분. 송 모(50세) 씨는 휴대폰 검색창에 다섯 글자를 입력했다. 화들짝 놀라 주변에 급히 도움을 청하는 일도 없었다. 송씨의 곁에는 더 이상 숨을 쉬지 않는 남편 오 모(53세) 씨가 누워 있었는데도….

그러고 보면 남편의 죽음을 맞닥뜨린 송씨의 태도는 기이했다. 남편이 죽었는데도 112에 신고하거나 119에 구조 요청을 하지 않고 상조회사에 먼저 연락한 것이다. 상담원에게 단도직입적으로 "남편이 사망해 장례를 치러야 하니 A팀장을 연결해달라"고 용건을 밝혔다. 6분 뒤 송씨에게 전화한 상조회사 장례지도사는 "그래도 사람이 죽었는데 112에 신고부터 하라"고 말했다. 112 신고를 받은 경찰은 "119부터 부르라"고 했다. 그제야 송씨는 119에 전화를 걸었다. 자정이 얼마 남지 않은 밤 11시 53분, 휴대폰으로 '3일장 발인'을 검색한 지 38분이 지난 시간이었다.

자택에는 외부에서 침입한 흔적이 없고, 오씨의 몸에도 외상이나 저항의 흔적이 없었다. 송씨는 "남편이 외식하고 돌아와서 맥주 한 잔 마시고 누웠다"고만 진술했다. 송씨는 부검을 거부했다. 사체가 훼손될 것을 우려하는 유족들이 가끔 부검을 거부하는 경우가 있기는 하다. 하지만 남편의 갑작스러운 죽음에 대해 의아해하는 기색이 도무지 없는 송씨의 태도는 이상했다. 경찰은 송씨를 설득하는 한편 검찰에 따로 부검영장을 신청했다.

그 때문에 사망하고 이틀이 지나서야 부검이 진행됐다. 부검의는 장기에서 울혈(몰려 있는 피) 등이 관찰된다는 이유로 사망 원인을 '관상동맥 경화에 의한 허혈성 심장질환'으로 추정하면서도, 독극물로 의해서도 나타날 수 있는 증상이니 "독극물 검사를 시행해야 한다"고 소견을 붙였다.

오씨의 혈액에서 니코틴이 1리터당 1.95밀리그램, 수면제인 졸피뎀이 1리터당 0.41밀리그램씩 검출됐다. 혈중 졸피뎀 농도는 중독 농도였고, 니코틴 농도는 그 정도면 충분히 사람을 죽일 수 있는 치사량 수준이었다. 당시 부검 자문을 맡은 이정빈 가천대 법의학과 교수는 다음과 같은 분석을 내놓았다. "송씨가 부검을 거부하면서 오씨가 사망하고 58시간이 지나서야 부검이 진행된 점을 감안하면 오씨의 사망 당시 혈중 니코틴 농도는 1리터당 7.58밀리그램에 달했을 것이다."

5월 중순 마침내 국립과학수사연구원은 사인을 '니코틴 중독에 의한 사망'으로 판정했다. 하지만 니코틴 중독이라는 결과를 낳은 방법을 부검을 통해 확인할 수는 없었다. 시신에는 주삿바늘 자국이 발견되지 않았고 니코틴 패치를 붙인 흔적도 보이지 않았다.

오씨 사망 사건은 이제 변사를 다루는 형사팀에서 살인을 다루는 강력팀으로 넘어갔다. 4월 22일 오씨가 사망한 당일, 오씨 부부와 송씨의 딸이 귀가한 저녁 7시 28분 이후 오씨 집을 드나든 사람은 없었다. 자살이라면 니코틴과 관련된 도구나 투여한 흔적이 남아 있었어야 했지만 아무것도 없었다. 오씨의 몸에다 니코틴을 들이부은 범인을 잡아내야 했다.

경찰은 오씨의 주변 사람들부터 훑기 시작했다. 직장 동료들은 한결같이 오씨의 죽음이 황당하다고 했다. 한겨울에도 반팔 티를 입을 정도로 건강했고, 주말에는 남양주에서 춘천까지 자전거 라이딩을 즐기던 오씨였다. 또 평소 담배는 입에도 대지 않는 비흡연자였다. 오씨의 3년치 건강검진 결과를 뽑아 확인해보니 니코틴 검사는 모두 음성이었다.

오씨의 마지막 가는 길은 더욱 황당했다. 수사기관이 최종 부검 결과를 기다리는 사이 송씨는 시신을 인도받은 당일인 4월

25일 바로 남편을 화장했다. 그러면서 남편의 회사에 부고를 보내지도 않았다. 친인척에게도 알리지 않았다. 화장 당일에야 퇴직금 정산 문제로 회사에 전화를 해서 그제야 오씨의 죽음이 회사에 알려졌다. 친분이 깊었던 직장 동료들은 부랴부랴 화장터로 달려갔다. 화장터에 도착했을 땐 이미 화장이 끝난 뒤였는데 빈소도 마련돼 있지 않아서 동료들은 소주 한 병을 사와 자기들끼리 제사상을 차리고 절을 했다. 동료들의 증언에 따르면 그 후 사십구재도 지내지 않았을 때 송씨는 어떤 남자와 함께 퇴직금을 청구하러 오씨의 회사를 찾았다.

오씨의 유산도 급히 처분했다. 부모 형제가 오래전 사망했기 때문에 오씨의 상속자는 부인 송씨뿐이었다. 송씨는 오씨가 사망하고 보름여가 지난 5월 9일 오씨의 계좌에서 2억 2000만 원가량을 빼냈고, 5월 10일에는 오씨의 직장으로 찾아가 퇴직금 4700만 원을 받아 갔다. 상속 이전한 아파트는 그 직후 3억 4500만 원에 팔았고, 5월 11일부터 13일까지는 오씨 명의로 가입된 보험을 해지하고 환급금을 신청했다. 장례와 화장, 상속에 이르기까지 일사천리로 진행한 것이다.

다량의 니코틴 검출을 수상히 여긴 경찰은 사건 초기부터 부인을 의심했다. 수사를 맡았던 경기 남양주경찰서 강력2팀의 이종훈 형사는 이전에 맡았던 '포천 농약 살인 사건'을 떠올렸다. 포천 농약 살인 사건은 노 모 씨가 2011년부터 2014년까지 3년

여에 걸쳐 제초제를 이용해 첫 남편과 재혼한 남편, 재혼한 남편의 시어머니까지 3명을 살해한 사건이다. 범인은 농약을 음료와 음식에 섞어 범행을 벌인 후 10억 원에 달하는 보험금을 타냈다. 보험 사기를 의심한 경찰이 매장된 피해자의 시신에서 독극물을 검출하는 등 우여곡절 끝에 범인을 검거할 수 있었다. 이형사의 머릿속에서 남편의 죽음을 보고도 무덤덤한 표정을 짓던 두 여자의 얼굴이 겹쳤던 것이다. "보험금을 노리고 농약을 음식에 타 남편과 시어머니를 죽인 포천 사건의 범인도 사건 직후 112나 119보다 보험회사에 먼저 전화했다. 두 사건이 비슷하다는 느낌이 들었다."

하지만 아무런 단서도 없이 송씨를 압박했다가는 증거를 인멸하거나 혹시 있을지 모를 공범이 도주할 가능성만 높아질 뿐이었다. 그러던 중 결정타가 하나 나왔다. 오씨 직장의 주차장에 설치된 CCTV를 살펴보던 중 오씨 회사에 들렀던 송씨의 자동차가 포착된 것이다. 송씨는 조수석에서 내렸는데, 운전석에 앉은 이는 수사팀도 처음 보는 남성이었다. 인물을 추적해보니 황 모 (49세) 씨였다.

이후 경찰 수사는 빨라졌다. 모든 곳에 황씨가 있었다. 오씨가 사망한 당일 송씨에게 상조회사의 연락처를 알려준 사람이 황씨였다. 오씨가 죽은 뒤 5월 2일 이삿짐센터에 연락해 아파트 내 가구들을 모두 폐기 처분한 사람도 황씨였다. 송씨는 정리한 오씨 재산 8억여 원 가운데 1억 500만 원을 황씨에게 줬다. 황씨는

범행하기 나흘 전인 2016년 4월 18일 경기 남양주 아파트의 엘리베이터에 타고 있는 송씨(오른쪽 위)와 황씨(오른쪽 아래)의 모습이 CCTV에 찍혔다. 사진 남양주경찰서

그 돈으로 그간의 빚을 갚았다.

심지어 오씨 부부가 낸 혼인신고서에 등장하는 '혼인의 증인'도 황씨였다. 혼인신고서를 분석한 결과 서류에 적힌 오씨의 필체는 오씨의 것이 아니었고, 인감도 오씨가 자주 쓰던 인감이 아니었다. 송씨와 황씨가 혼인신고서를 위조해서 남양주시청에다 제출한 것이다. 그 시점은 오씨가 사망하기 두 달여 전인 2월 29일이었다.

결정적으로 황씨에게서 니코틴 원액을 인터넷을 통해 구매한 기록이 나왔다. 그것도 오씨가 사망하기 일주일 전이었다. 나중에 검거된 황씨는 "전자담배 액상을 만들려고 샀다"고 둘러댔으나 정작 니코틴 액상을 가공하는 방법에 대해서는 제대로 알지 못했다. 니코틴 원액을 어떻게 가공했느냐는 수사관의 물음에 황씨는 "원액을 물에 희석해서 피웠다"고 답변했다. 하지만 전자담배용 액상을 만들려면 니코틴 원액에 희석액과 향료를 일정 비율로 넣어 섞어야 하고, 이 작업을 위해 고글과 스포이드, 장갑 등 보호 장비와 보조 도구를 갖춰야 한다. 황씨는 이런 과정에 대해 전혀 알지 못하면서 물에 희석한다는 식으로 거짓 진술을 한 것이다. 여기에다 황씨의 휴대폰에서 '살인 방법' '니코틴 원액 구매처' '상조회사 연락처' '치사량' 등의 키워드로 검색한 기록이 나왔다.

송씨와 오씨는 2010년 결혼정보업체를 통해 만났다. 이듬해 오씨의 남양주 아파트에서 함께 살기 시작했다. 그즈음 송씨의 사정은 절박했다. 2000년 이혼했으나 뚜렷한 직업을 구하지 못한 채 두 딸을 키우다 보니 대출금 등 떠안고 있는 빚만 7000만원에 달했다. 다행히 오씨는 송씨에 대한 경제적 지원을 피하지 않았다. 돈도 빌려주고 대신 대출금을 내주기도 했다.

하지만 송씨는 곧 황씨와 딴살림을 차렸다. 오씨는 직장이 천안에 있었던 관계로 주중엔 회사 기숙사에 머물다가 주말에 남양주 아파트를 오갔다. 주말에 오씨와 지낸 송씨는 주중에는 남양주 시내에 별도로 빌린 아파트에서 황씨와 함께 살았다. 오씨는 송씨가 두 집 살림을 한다는 사실을 전혀 모른 채 매달 생활비와 양육비를 건네줬다.

범행 전체가 들통 나자 송씨는 필리핀으로 도주하려고 계획했으나 이미 출국 금지된 상태였다. 2016년 8월 17일 집에 찾아온 경찰이 자신을 체포하려 하자 방문을 닫고 버티면서 문자메시지로 황씨에게 경찰 수사 대응법에 대해 묻기도 했다. 하지만 때는 이미 늦었다. 송씨에 이어 황씨도 체포됐다.

　법정에서도 황씨와 송씨는 버텼다. 살인의 직접증거가 없다는 점을 노렸다. 앞서 말했듯이 시신에는 주삿바늘이나 니코틴 패치 자국이 없었으므로, 수사팀은 이 두 방법을 제외하고 '음용'을 수단으로 살인을 했을 거라고 판단하고 사건을 검찰에 송치했다. 사망 당시 오씨의 주변과 현장에서 니코틴이나 졸피뎀이 담긴 용기가 발견되지는 않았지만, 니코틴 원액을 몰래 먹였을 가능성이 가장 높다고 본 것이다. 나중에 검찰은 기소한 이후 공소장 변경을 통해 '불상의 방법'을 사용했다고 고쳤다. 피해자의 몸에 니코틴이 어떻게 주입됐는지 명확히 알 수 없다는 판단이다. 피의자 측은 이 지점을 고리 삼아 집중적으로 방어했지만 법원은 수사기관의 손을 들어주었다.

　또 자신들은 내연 관계가 아니라 국내외 도박장 인근에서 환전 사업을 하는 동업자 관계라고 주장했다. 송씨가 황씨에게 준 현금 1억 500만 원도 "홍콩달러를 매입할 자금"이라 주장했다. 송씨는 오씨가 자살했다고도 주장했다. 2015년에 오씨가 등산하다가 눈을 다치자 "사람 일은 알 수 없으니 내가 죽으면 아무도 부르지 말고 화장하라"고 말했다는 것이다.

하지만 법원은 이들의 주장을 받아들이지 않았다. 송씨가 황씨에게 건넨 돈이 황씨가 갚아야 할 빚과 정확히 일치하는 액수인 데다, 숨진 오씨의 휴대폰 검색이나 신용카드 사용 내역 중에 니코틴이나 자살과 관련된 내용이 전혀 없고, 고농도의 수면제 졸피뎀이 검출된 상태에서 오씨가 니코틴 중독으로 사망하려면 제3의 인물이 사건 현장에 있었다고 봐야 한다고 판단했다. 의정부지방법원은 2017년 9월 살인과 사문서위조 등으로 기소된 두 사람에게 각각 무기징역을 선고했다.

2심도 1심의 무기징역을 유지했고, 2018년 11월 대법원은 무기징역 형을 확정했다. 그럼에도 혐의를 전면 부인하던 황씨와 송씨는 판결이 잘못됐다며 재심을 청구했다. 이 또한 2019년 4월 기각됐다. 국내에서 사람을 살해하는 데 니코틴 원액을 사용한 것은 이때가 처음이었다.

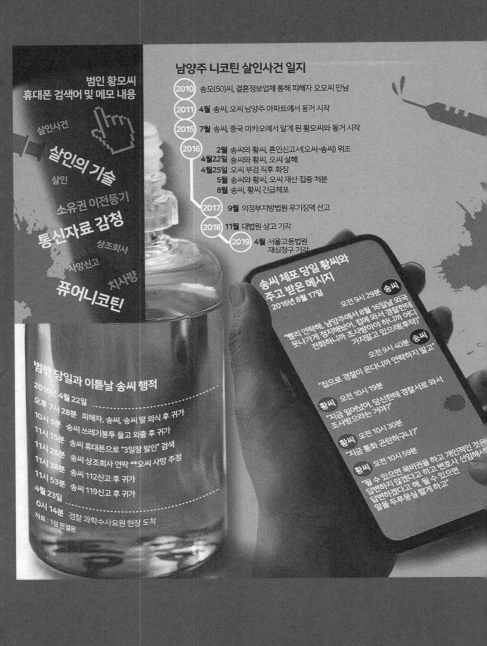

범인 황모씨 휴대폰 검색어 및 메모 내용

살인사건

살인의 기술

살인

소유권 이전등기

통신자료 감청

상조회사

사망신고

치사량

퓨어니코틴

남양주 니코틴 살인사건 일지

2010 송모(50)씨, 결혼정보업체 통해 피해자 오모씨 만남

2011 4월 송씨, 오씨 남양주 아파트에서 동거 시작

2015 7월 송씨, 중국 마카오에서 알게 된 황모씨와 동거 시작

2016 2월 송씨와 황씨, 혼인신고서(오씨-송씨) 위조
4월22일 송씨와 황씨, 오씨 살해
4월25일 오씨 부검 직후 화장
5월 송씨와 황씨, 오씨 재산 집중 처분
8월 송씨, 황씨 긴급체포

2017 9월 의정부지방법원 무기징역 선고

2018 11월 대법원 상고 기각

2019 4월 서울고등법원 재심청구 기각

송씨 체포 당일 황씨와 주고 받은 메시지
2016년 8월 17일

오전 9시 29분 **송씨**
"빨리 연락해. 남양주에서 8월 16일날 경찰이 외국 못나가게 정지해놨어. 집에 와서 핸드폰하테 전화하니까 조사받으야 하니까 어디 가지말고 있으래(협박)"

오전 9시 40분 **송씨**
"집으로 경찰이 온다니까 연락하지 말고"

황씨 오전 10시 19분
"지금 일어났어, 당신한테 경찰서로 와서 조사받으라는 거야?"

황씨 오전 10시 30분
"지금 통화 곤란하구나?"

황씨 오전 10시 59분
"될 수 있으면 묵비권을 하고 개인적인 거엔 답변하지 않겠다고 하고 변호사 선임해서 답변하겠다고 해 될 수 있으면 말을 두루뭉술 짧게 하고"

범행 당일과 이튿날 송씨 행적
2016년 4월 22일

오후 7시 28분 ········ 피해자, 송씨, 송씨 딸 외식 후 귀가

10시 5분 ········ 송씨 쓰레기봉투 들고 외출 후 귀가

11시 15분 ········ 송씨 휴대폰으로 "3일장 발인" 검색

11시 26분 ········ 송씨 상조회사 연락 **오씨 사망 추정

11시 38분 ········ 송씨 112신고 후 귀가

11시 53분 ········ 송씨 119신고 후 귀가

4월 23일

0시 14분 ········ 경찰 과학수사요원 현장 도착

자료: 1심 판결문

사건 일지

2010년	송씨는 결혼정보업체를 통해 오씨를 만나게 된다.
2011년 4월	송씨는 오씨의 남양주 아파트에서 동거를 시작한다.
2015년 7월	송씨는 중국 마카오에서 황씨를 알게 된 뒤 그와도 다른 남양주 아파트에서 동거를 시작한다.
2016년 2월	송씨와 황씨가 합작해, 송씨와 오씨 간의 혼인신고서를 위조하고 이를 갖고 혼인신고를 한다.
4월 22일	송씨와 황씨 두 사람이 오씨를 살해한다.
4월 25일	오씨에 대한 부검이 끝난 직후 바로 화장한다.
5월	두 사람은 오씨의 재산을 집중 처분하기 시작한다.
8월	경찰이 두 사람을 긴급 체포한다.
2017년 9월	의정부지방법원이 살인죄 등을 인정해 두 사람에게 무기징역을 선고한다.
2018년 11월	대법원이 두 사람의 상고를 기각함으로써 무기징역형을 확정한다.
2019년 4월	서울고등법원이 두 사람이 낸 재심 청구를 기각한다.

송씨가 체포된 당일(2016년 8월 17일) 황씨와 주고받은 메시지

오전 9시 29분 송씨: "빨리 연락해. 남양주에서 8월 16일 날 외국 못 나가게 정지해놨어. 집에 와서 경찰에 전화하니까 조사받아야 하니까 어디 가지 말고 집에 있으래…."

오전 9시 40분 송씨: "집으로 경찰이 온다니까 연락하지 말고."

오전 10시 19분 황씨: "지금 일어났어. 당신한테 경찰서로 와서 조사받으라는 거야?"

오전 10시 30분 황씨: "지금 통화 곤란하구나?"

오전 10시 59분 황씨: "될 수 있으면 묵비권을 하고, 개인적인 것은 답변하지 않겠다고 하고, 변호사 선임해서 답변하겠다고 해. 될 수 있으면 말을 두루뭉술하게 짧게 하고."

범인 황씨의 휴대폰에서 나온 검색어와 메모 내용

'살인 사건' '살인' '소유권 이전 등기' '통신자료 감청' '상조회사' '살인의 기술' '사망 신고' '치사량' '퓨어 니코틴'

범행 당일과 이튿날 송씨 행적

2016년 4월 22일 저녁 7시 28분: 오씨와 송씨, 송씨의 딸 셋이 외식하고 집으로 돌아온다.

밤 10시 5분: 송씨가 쓰레기봉투를 들고 나갔다가 다시 집에 들어온다.

밤 11시 15분: 송씨가 휴대폰으로 '3일장 발인'을 검색한다.

밤 11시 26분: 송씨가 상조회사에 연락한다. 이때 오씨가 사망한 것으로 추정된다.

밤 11시 38분: 송씨가 112에 신고하고 귀가한다.

밤 11시 53분: 송씨가 119에 신고하고 귀가한다.

4월 23일 오전 0시 14분: 경찰 과학수사 요원들이 현장에 도착한다.

니코틴 원액 살인

'고농도 니코틴은 구토 증상 없어도 즉사 가능' 입증

2016년에 발생한 '남양주 니코틴 살인 사건'은 무척 까다로운 사건이었다. 국립과학수사연구원이 사망 원인을 니코틴 중독이라 밝혔지만, 니코틴과 관련된 직접증거는 나온 게 없었다. 법조계에선 '무죄가 나올 확률이 50퍼센트'라는 말이 나돌았다. 여기에다 피고인 측 변호인의 주장대로 피해자가 그 역한 니코틴을 원액 그대로 들이마셨다면 곧바로 토해냈을 텐데 현장에 그런 흔적도 없었다.

이때 수사기관이 이 사건의 입증을 도와달라고 부탁한 사람이 이정빈 교수였다. 이한열 사건과 광주민주화운동 사망자 사건 등에 참여했던 이교수는 대한법의학회장을 역임한 1세대 법의학자다. 니코틴이니까 몸에 해롭지 않겠느냐는 막연한 얘기를

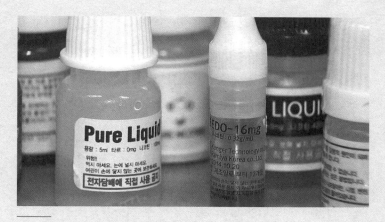

고농도의 니코틴을 먹었을 경우 구토 증상이 나타나지 않고 바로 사망할 수 있다.
사진 YTN 뉴스 화면 캡처

하는 수준이 아니라, 니코틴 원액이 정말 살인 도구로 쓰였는지
를 밝혀야 했다.

이교수는 서울대 동물실험윤리위원회의 승인을 받아 개를 대
상으로 니코틴의 유독성을 검증했다. 저농도의 니코틴을 먹었을
때는 개도 단지 구토 증세만 보였다. 하지만 고농도의 니코틴을
투입하자 개는 2~3분 새 경련을 일으키다가 바로 사망했다. 고
농도의 니코틴을 먹였을 경우 구토 같은 거부 증상 없이도 바로
사망할 수 있음을 증명한 것이다.

이어 사망 후 시간이 지남에 따라 체내의 니코틴 농도가 달라
진다는 '재분포 현상'을 관찰했다. 이를 근거로 역산해보면 사망
당시 피해자의 혈중 니코틴 농도가 1리터당 7.58밀리그램에 이
르렀을 것이라는 분석을 제시했다. 학계에 따르면 혈중 니코틴

농도가 1리터당 3.7밀리그램 이상이면 치사량이라고 한다. 2심 재판부는 이러한 이교수의 분석을 받아들여 "부검감정서상 부검의의 판단이 합리적인 것으로 보인다"고 판단했다.

이교수는 이 과정에서 스스로를 실험 대상으로 삼기도 했다. 니코틴 원액이 정말 구토를 유발할 정도인지 확인해보기 위해 물 1리터에다 니코틴 원액 13밀리리터를 탄 뒤 이쑤시개 끝에 '콕' 찍어서 혀에 갖다 댔다. 살짝 갖다 댔을 뿐인데도 강한 자극이 느껴졌다. 니코틴에 닿은 혀는 불에 타는 듯했고 침이 줄줄 흐르며 구역질이 나기 시작했다.

이교수는 자신의 감정 결과에 대해 "니코틴 원액은 구토 현상 때문에 살인 도구가 될 수 없다는 통념을 바꿨다는 점에서 보람을 느낀다"고 말했다.

5

KT ENS 매출채권 대출 사기 사건

대기업의 인감 서류만 믿고,
은행들이 앞다퉈 1조 8000억 원 대출

"그때만 해도 은행들끼리 서로 대출해준다고 난리가 났었죠.
지금 와서 다시 생각해보면 제 발로 사기당하려고 나선 셈이 된
거지만요." 사기 피해액은 2008년부터 2014년까지 6년간 1조
7900억 원, 피해자는 제1금융권을 비롯한 16개 은행이었다. 피해
액 규모로 보면 역대 초대형 금융 사기였지만 언제나 그렇듯 원
인은 간단했다. 대기업이라는 간판만 보고 서류를 제대로 살펴
보지 않은 부실 심사, 그리고 허술한 인감 관리. KT ENS 대출
사기는 그렇게 시작됐다.

2007년 한 업체의 영업이사였던 전 모 씨에게 기막힌 생각이

떠올랐다. 이 회사는 KT ENS에 휴대폰 액세서리를 납품하는 업체였다. KT ENS에서 받은 매출채권을 담보 삼아 은행 대출을 신청하곤 했는데, 평소 은행이 이 대출에 대해 까다롭게 심사하지 않는 점을 눈여겨봤다. KT ENS는 KT그룹 내 시스템과 네트워크 등을 담당하는 회사라, 은행 입장에선 대기업의 담보력을 확보할 수 있다는 점에서 돈을 떼일 염려가 줄어든 것이다.

매출채권 담보대출은 납품 업체가 물품을 기업에 외상으로 납품하고 그 채권(혹은 세금계산서 같은 근거 자료)을 바탕으로 은행 등에서 대출을 받는 제도다. 채권의 만기가 돌아오면 은행은 구매 기업에서 대출금을 상환받는다. 보통 매출채권 대출은 채권 표시액의 90퍼센트 정도가 이뤄지고, 만기도 대체로 6개월을 벗어나지 않는 단기다.

전씨는 따로 회사를 차려 대표를 맡았고, 곧이어 평소 잘 알고 지내던 KT ENS의 영업부장 김 모 씨를 꾀어냈다. 김부장은 납품 업체와 물품 등을 선정하고 대금 결제 업무 등을 맡아 처리하는, 그야말로 납품 업체에 대해선 전권을 행사하는 사람이었다. 전대표는 김부장의 손에다 회사 명의의 법인카드와 현금 2억 원을 쥐어줬다.

2008년 5월 범죄는 그렇게 내부자와의 공모로 시작됐다. 김부장이 전대표에게 각종 물품을 납품받았다며 허위로 매출채권을 발급해주면, 전대표 측이 그 채권을 갖고 은행 대출을 받는 식이었다. 처음에는 그래도 상대적으로 대출 심사가 허술한 제2금융권을 찾았다. 제2금융권과의 거래를 뚫고 나서부터는 일이 일사천리로 진행됐다. KT ENS라는 듬직한 회사가 보증하는, 그것도 제법 규모가 큰 액수의 대출이 발생하자 이번에는 은행들이 먼저 전대표를 찾아와 자기네 돈을 써달라고 부탁할 정도가 됐다.

길이 한번 열리자 전대표와 김부장은 더욱 대담해졌다. 일단 빌린 돈의 상환은 돌려막기로 때웠다. 상환 일정을 조정해, A은행에서 빌린 돈은 B은행에서 대출받아 갚고, B은행의 대출 만기가 다가오면 C은행에서 다시 빌리는 방식이었다. 정교하고 완벽했다. 범행을 벌이던 6년간 단 한 번도 들키지 않았다. 그 어느 은행도 눈치 채지 못했다.

전대표와 김부장은 한 걸음 더 나아가 회사 규모를 불리기 시작했다. 매출 규모가 크고 운영하는 회사 수가 많아야 더 큰 액수의 매출채권을, 그리고 은행 대출을 받아낼 수 있기 때문이다. 전대표는 회사 7개를 새로 만든 다음 후배들을 '바지사장'으로 앉혔다. 이렇게 작업해 빼돌린 돈으로 외제차를 사고 이런저런 사업도 벌였다. 해외 원정 도박으로 한순간에 수십억 원을 날리기도 했다.

이들의 범행은 우연히 들통 났다. 2014년 KT ENS 내부의 감찰과에서 김부장 주위의 자금 흐름이 예사롭지 않음을 감지하고 움직이기 시작한 것이다. 하지만 유심히 지켜보면서도 그가 대체 무슨 일을 하고 있는지는 정확히 알지 못했다. 고민하던 차에

은행의 중소기업 대출 창구에서 대출 서류를 작성하는 모습. 사진 KBS 뉴스 화면 캡처

김부장이 해외로 도피할지 모른다는 제보를 받고 바로 그를 잡아다 경찰서에 넘겨버렸다.

상황은 급박하게 돌아갔다. 이미 비행기 표를 끊어뒀던 김부장은 어떻게든 그 순간만 모면하려 했다. 경찰로서는 회사 감찰과 직원의 의심스럽다는 말만 믿고 김부장을 계속 붙잡아둘 수는 없었다. 마주 앉아 이야기하던 그때 강성운 서울지방경찰청 지능범죄수사대 팀장의 눈에 들어온 것은 김부장이 손에 꽉 쥐고 있던 노트북이었다.

"당신이 떳떳하면 보여주면 될 것 아니냐"고 김부장을 압박한 끝에 노트북을 열어볼 수 있었다. 그렇게 꼭 쥐고 있어야 할 이유가 있었다. 노트북엔 대출 자금 흐름을 정리한 한 장짜리 엑셀 파일이 들어 있었다. 은행 상환 일자별로 자금을 돌려 막아야 할 처지라 이를 일목요연하게 정리해둘 필요가 있었던 것이다. 그 파일 자료만 보더라도 대출 규모가 2000억 원 이상에 달했다. 강팀장은 곧바로 김부장과의 '면담'을 '수사'로 전환했다.

행운도 뒤따랐다. 사기 사건 수사는 정보가 외부로 새어나가는 순간 망한다. 돈푼깨나 만지는 동업자들이 소식을 전해 듣는 즉시 해외로 도주해버리는 것이다. 강팀장은 당시 일이 척척 맞아떨어졌다고 했다. "급히 체포영장을 받아 수사를 진행하려고 보니 그날 마침 당직 검사가 금융조사부 소속이었다. 또 하루 전날 몇몇 은행이 이상한 대출이 있다는 내용의 진정서를 금융조사부에 넣어둔 상태였다."

구체적인 정황이 드러나면서 수사에 속도가 붙었다. 은행들이 낸 진정서엔 전대표와 김부장을 비롯한 일당 8명의 인적 사항이 들어 있었다. 곧바로 공범들에 대해 출국 금지 조치를 내리고 체포에 들어갔다. 지능범죄수사대 2개 팀이 이 사건에 달라붙었다. 김부장이 갖고 있던 회계 자료를 분석해 사건 전모와 관련자들을 파악한 다음 모두 체포해 구속했다. 두 달간 수사를 진행한 끝에 1조 7900억 원에 달하는 대출금을 가로챈 대형 대출 사기임을 밝혀냈다.

수사 중간에 이들의 대담한 범행 배경 중 하나가 더 드러났다. 금융감독원 직원을 매수한 것. 전씨 등과 어울려 다니며 해외 골프 접대 등 수억 원에 이르는 이권을 받아 챙긴 사실이 밝혀졌다. 사실 금융감독원은 전부터 KT ENS 주변의 수상한 대출 거

래를 확인하고 내사에 착수한 상태였다. 이를 알아챈 전씨 일당
은 금융감독원 팀장 김 모 씨가 자신들 중 한 명의 고향 선배인
점을 이용해 그를 끌어들이기로 했다. 김팀장에게 자신들이 투
자한 땅을 주겠다고 회유하면서 금융감독원의 내사 정보를 얻어
냈다. 내사 정보뿐 아니라, 대출 사기 작업을 할 때 중간에 특수
목적법인(SPC) 같은 걸 끼워 넣으면 경찰이나 금융 당국이 자금
을 추적하기 어려워진다는 '범행 팁'까지 받았다. 매출채권 담보
대출이 수천억 원대 금융 사기로 부풀어진 것은 중간에 특정 대
기업 납품 업체들이 공동으로 SPC를 설립하는 복잡한 구조 때
문에 가능했다. 2014년 1월 금융감독원이 이번 대출 사기 사건을
조사하자 전씨에게 알려 해외로 도피할 수 있게 한 인물도 바로
김팀장이었다.

이후 KT ENS 김부장이 만든 허위 매출채권을 이들 SPC에 넘
기고 SPC가 이를 담보 삼아 은행에서 대출을 받았고, 다시 그 대
출금을 중앙티앤씨에 넘겨주는 형식이 만들어졌다. 이때도 하나
의 SPC에 대출이 집중되지 않았고 만기가 발생하면 다른 SPC를
통해 대출받는 돌려막기로 막아 연체도 없었다. 은행들은 수년간
KT 자회사가 외상을 갚지 않을 것이라는 의심은 전혀 하지 않았
다.

주범인 전대표는 2014년 2월 해외로 도주했다. 홍콩과 마카오
를 거쳐 남태평양에 위치한 바누아투 공화국으로 넘어갔다. 우

리나라와 사법 공조가 되어 있지 않은 나라라서 더 이상 추적하기 어려웠다. 경찰로서는 인터폴에 적색수배를 신청하고 기다릴 수밖에 없었다. 전대표는 2015년 11월 불법체류자 신세가 돼 돌아다니다가 현지 수사 당국에 의해 체포됐고, 곧바로 국내로 송환됐다. 전대표는 사기 친 돈으로 해외에서 고급 단독주택에서 거주하는 등 호화 생활을 한다고 알려졌었다. 하지만 알고 보니 도피 자금이 떨어져 부랑자 생활을 하다가 내쫓긴 것이었다.

대법원은 2017년 6월 특정경제범죄법상 사기 등의 혐의로 기소된 전씨에게 징역 25년을 선고한 원심을 확정했다. '단군 이래 최대 사기 사건'이라 불렸던 1982년 '장영자·이철희 어음 사기 사건'(15년)이나 다단계 회원 9만 명에게 2조 원대 사기 행각을 벌인 2007년 'JU그룹 주수도 회장 다단계 사기 사건'(12년)보다도 형량이 높았다. 사기죄로는 역대 최고의 중형이고, 극악 범죄자에 대한 형량과 맞먹는다. 1심 재판부는 2016년 9월 전씨에게 징역 25년을 선고할 당시, 중소기업 대표들이 직접 범행에 참여했고 일부 대출금을 도박과 호화 생활에 사용했다는 점에서 사회적으로 용인할 수 없다고 판단했다.

대출 사기로는 역대 최대 규모의 사건이 일어났는데도 이후 대책은 마련되지 않았고, 금융권 대출 사기 사건은 여전하다. 2015년 전자업체 M사는 서류를 조작해 7년 동안 3조 4000억 원의 불법대출을 받은 사실이 적발됐다. 또 이들은 대출을 알선받기 위해 국책 금융기관과 세무 당국, 거래 업체 등에 8억 원이 넘는 로비 자금을 뿌린 것으로 밝혀졌다.

강성운 팀장은 대출 사기 사건이 줄지 않는 배경으로 피해 은행들의 부실한 대출 심사 체계를 꼽았다. 똑같이 대출 의뢰를 받았어도 다른 은행들은 내부 통제 시스템을 작동해 대출을 거절하거나, 사후 관리 과정에서 부실 대출을 걸러냈다.

"KT ENS 사건만 해도 대출 서류를 제출한 업체가 위치해 있다는 공장 한 곳만 실제 방문해봤어도 대출에 문제가 있다는 걸 바로 알 수 있었을 것이다. 그런데 피해 은행들은 KT라는 대기업의 인감도장이 찍힌 서류만 보고 바로 대출을 해줬다."

대출 과정이 엉터리였다는 건 상대측에서도 뼈아프게 지적했다. KT ENS 김부장 측 변호인은 사기 대출에는 은행의 과실도 있다는 점을 강조하기 위해 재판 과정에서 자료를 면밀히 제시했다. "은행들은 2010년부터 전자 세금계산서를 발급하도록 한 규정을 어기고 종이 세금계산서 사본을 증빙한 후 대출을 내줬다. 상환 기간을 3개월로 짧게 잡은 단기 대출로 1조 8000억 원대 대출을 진행해 거액의 이자와 수수료를 챙겼다." 김부장은 1심에서 사기 대출 혐의로 징역 17년을 선고받았다.

은행이 마냥 피해자인 것만은 아니라는 얘기인데, 그렇다면 진짜 피해자는 누구일까. 은행들은 경찰 수사가 시작될 때까지만 해도 자신들이 사기를 당했다는 사실조차 인지하지 못했다. 그러다 사기를 당한 사실이 알려지자 발 빠르게 움직였다. 전대표 등 일당이 소유한 공장과 땅, 차량, 예금 등을 압류했다. 그럼에도 대출액 가운데 2900억 원 정도는 메우지 못한 것으로 전해진다. 강팀장은 대출 사기의 피해자는 일반 국민에게까지 뻗친다고 했다. "은행들이야 이런 상황을 가정하고 보험을 가입해뒀기 때문에 상당액을 보전받았을 것이다. 결국 피해는 금융사를 이용하는 사람들의 몫이다."

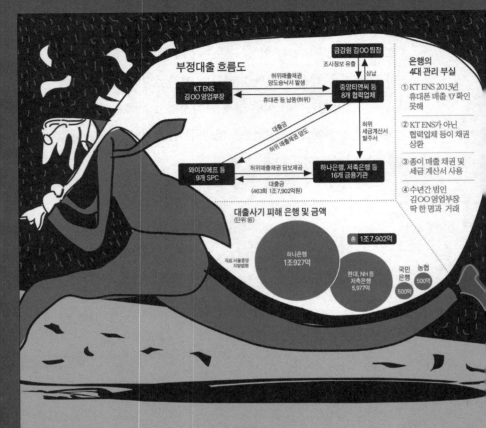

부정대출 흐름도

금감원 김OO 팀장
조사정보 유출 상납

KT ENS 김OO 영업부장
허위매출채권 양도승낙서 발생
중앙티엔씨 등 8개 협력업체
휴대폰 등 납품 (허위)

허위 세금계산서 발주서

대출금
허위 매출채권 양도
와이지에프 등 9개 SPC
허위매출채권 담보제공
하나은행, 저축은행 등 16개 금융기관
대출금 (463회 1조7,902억원)

은행의 4대 관리 부실

① KT ENS 2013년 휴대폰 매출 '0' 확인 못해

② KT ENS가 아닌 협력업체 등이 채권 상환

③ 종이 매출 채권 및 세금 계산서 사용

④ 수년간 범인 김OO 영업부장 딱 한 명과 거래

대출사기 피해 은행 및 금액
(단위·원)

자료:서울중앙 지방법원

하나은행 1조927억

현대, NH 등 저축은행 5,977억

총 1조7,902억

국민 은행 500억

농협 500억

역대 초대형 대출사기 사고
(미 환수액 기준)

2,684억원
2014년
KT ENS 대출 사기

3,786억원
2013년
국민은행 동경지점
부당대출

4,462억원
2016~2017년
육류담보대출 사기

6,232억원
2015~2016년
모뉴엘 대출 사기

자료·금융감독원

부정 대출 흐름도

1. KT ENS 영업부장 김씨가 허위로 매출채권 양도승낙서를 낸
   다. 이때 중앙티앤씨(전씨 회사) 등이 휴대폰 액세서리를 KT
   ENS에 허위로 납품한 것으로 처리한다.
2. 중앙티앤씨 등 8개 협력 업체는 허위 세금계산서를 은행 측에
   제시한다.
3. 중앙티앤씨 등이 와이지에프 등 9개 SPC에 허위로 만든 매출
   채권을 양도하면, SPC는 이를 은행에 담보로 제공한다.
4. 16개 금융기관은 SPC가 준 담보를 잡고 SPC에 대출금(463회에
   걸쳐 1조 7902억 원)을 내준다.
5. SPC는 은행에서 받은 대출금을 중앙티앤씨 등에 넘겨준다.
6. 중앙티앤씨는 금융감독원 김팀장에게서 조사 정보를 빼낸 대
   가로 상납한다.

은행의 4대 관리 부실

1. KT ENS의 2013년도 휴대폰 관련 매출이 0원이라는 점을 확인
   하지 못했다.
2. KT ENS가 아닌 협력 업체가 매출채권을 상환해왔다는 점을
   놓쳤다.
3. 전자문서 양식으로 진행하는 대신 종이 매출채권 및 세금계산
   서를 받아주었다.
4. 수년간 KT ENS 김부장 한 명하고만 거래했다.

KT ENS 대출 사기 사건에서 서울지방경찰청 지능범죄수사대가 주범 전씨를 체포한 때는 2015년 11월, 즉 수사를 개시한 지 1년 9개월 만이었다. 낌새를 눈치 챈 전씨가 남태평양의 섬나라 바누아투 공화국으로 도주하면서 시간이 걸렸다. 그러다 비자가 만료돼 불법체류자 신세가 된 이후에야 한국으로 송환될 수 있었다. 강성운 서울지방경찰청 지능범죄수사대 팀장의 말처럼 전씨에게 자금이 남아 있고 조력자가 있었다면 해외 도피 생활은 계속 유지됐을 것이다.

전씨의 경우처럼 해외로 도주하는 범죄자가 늘고 있다. 법무부와 대검찰청에 따르면 2018년 해외 도피 사범은 1200명이다. 5년 전인 2014년 647명에 비해 두 배 가까이 늘었다. 이에 반해

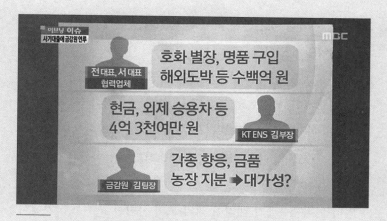

초대형 금융 사기의 원인은 간단했다. 대기업 자회사라는 간판만 보고
서류를 제대로 살펴보지 않은 부실 대출 심사였다. 사진 MBC 뉴스 화면 캡처

2018년 해외 도피 사범 가운데 송환된 사람은 70명에 그쳤다. 그
만큼 해외로 도피한 범죄자의 송환은 무척 어렵다는 말이다. 자
금을 갖고 도피한 경우는 더욱 그렇다. 고 정태수 전 한보그룹 회
장의 4남의 경우 1998년 횡령 혐의로 수사를 받던 도중 해외로
도주했다가 2019년 6월이 돼서야 붙잡혀 송환됐다. 무려 21년간
도피 생활을 한 셈이다.

가장 큰 걸림돌은 해외 수사 당국과의 공조 문제다. 경찰의 수
사권이 국내에 제한되는 만큼 해외 경찰과의 긴밀한 협업이 필
요하지만, 해외 경찰 역시 자국 사건을 우선시한다. 인터폴 적
색수배도 제한적이다. 인터폴에 가입해 있는 190여 개 국가들
은 '범죄인 인도 조약'에 따라 적색경보가 내려진 범죄자를 검거
하면 해당 국가로 송환한다. 하지만 이런 절차는 '강제'라기보다

'약속'에 가깝다. 강팀장은 국가 간 범죄자 송환에 시간이 걸리는 사정을 이렇게 말한다.

"영화를 보면 인터폴 직원과 우리 경찰이 함께 범인을 잡는 것처럼 나오지만, 사실 인터폴은 눈에 보이는 조직이 아니라 일종의 공조 체계라 할 수 있다. 적색수배 자체도 나라별로 경찰이나 법무부, 외교부 등의 판단을 거쳐 내려지기 때문에 실행에 오랜 시간이 걸린다."

인터폴 적색수배가 내려진 해외 도피 사범이 도주한 국가에서 다른 일로 문제를 일으켰다가 붙잡혀 송환되는 것도 그 때문이다. 사기 등 혐의로 조사받다 도주한 조양은이 2013년 필리핀에서 강제 송환된 것도 현지 경찰에 의해 다른 혐의로 붙잡히면서 비로소 송환이 이뤄진 것이다.

6

새희망씨앗 기부 사기

"불우 어린이 일대일 후원" 덫에 5만 명이,
기부 불신 싹 틔운 새희망씨앗

"고향이 충남이세요? 그럼, 충남 쪽 아이를 지정해서 일대일로
후원해보세요."

2015년 대전의 한 지하철역 대합실. 휠체어를 타고 가던 최창
구(56세) 씨는 귀가 솔깃했다. 최씨 본인이 사고를 당해 하반신이
마비된 장애인이라서 그런지 요양병원을 들렀다 가는 길에 '불
우아동 돕기'라 적힌 플래카드를 보고 그냥 지나치지 못했다. '새
희망씨앗'이라는 단체에서 앞으로 자라날 꿈나무들을 돕는다고
했다.

망설이지 않았다. 2015년 10월부터 매달 1만 원씩 기부금을 자
동이체로 내기로 했다. 그를 위해 얼마 안 되는 장애인연금을 쪼

개 기부하고 병원비와 생활비를 아꼈다. 있는 사람들에게야 푼돈에 불과하겠지만 최씨에겐 뿌듯함을 느끼기에 부족함이 없는 금액이었다. 자신이 후원하는 아이가 누구인지 알 수 있다는 점도 믿음직스러웠다. 새희망씨앗에서 '나눔교육카드'라는 걸 줬다. 석 달 뒤 카드에 적힌 회원번호를 인터넷 홈페이지에 입력하니 충남 보령에서 중학교를 다니는 한 아이의 이름이 떴다. 이름 밑에는 부모 없이 할머니 밑에서 자랐다는 설명이 붙어 있었다.

최씨는 이듬해 6월엔 2만 원, 10월엔 3만 원으로 기부금 액수를 늘렸다. 어려운 형편이지만 월 5만 원까지 올릴 생각도 했다. 그러던 어느 날 최씨는 지인이 보여준 신문 기사를 읽었다. 사기 혐의로 수사받고 있는 기부 단체가 있는데 그게 새희망씨앗이라는 내용이었다. 맥이 탁 풀렸다. 최씨는 지금도 고개를 내젓는다. "아이들을 갖고 장난을 치리라곤 상상도 하지 못했다. 기부금을 내면서 털끝만큼도 의심할 여지가 없었다."

3년간 새희망씨앗에 기부금을 낸 후원자는 4만 9750명, 후원금은 127억 원에 달했다. 이 가운데 새희망씨앗이 복지시설에 전달한 건 고작 2억 원 상당의 태블릿 피시 등이 전부였다. 전체 후원금의 1.7퍼센트 수준이다. 후원자들이 깜빡 속은 건 새희망씨앗 측이 내세운 '정부가 인정한 비영리 사단법인'이라는 타이틀 때문이기도 했다.

사기범 일당은 새희망씨앗이라는 사단법인을 설립하기 전에

2014년 2월 같은 이름의 주식회사를 먼저 만들었다. 한글과 외국어 관련 교육 콘텐츠를 유통하는 회사다. 주식회사를 설립하고 아홉 달쯤 지나 같은 이름의 사단법인을 또 하나 만들었다. 같은 직원이 같은 사무실에서 근무하는 사실상 한 회사나 다를 바 없었다.

이는 사단법인 새희망씨앗의 회장 윤 모(56세) 씨와 주식회사 새희망씨앗의 대표 김 모(39세) 씨가 벌인 합동 작전이었다. 기부금을 받을 수 있는 사단법인을 앞세워 기부금을 받은 뒤 이걸 교묘히 주식회사의 영업 활동으로 둔갑시킨다는 계획이었다. 서울, 인천, 대전 등지에 21개 지점과 콜센터를 세웠다. 주식회사의 존재는 철저히 숨기고 사단법인만 내세웠다. 인터넷 홈페이지에도 사단법인인지 주식회사인지를 표기하지 않고 '새희망씨앗'이라고만 적었다.

콜센터 직원을 대상으로 한 전화 요령 교육은 전문적인 텔레마케팅을 방불케 했다. 우선 "일대일 후원 정보를 제공하는 나눔교육카드와 회원증, 기부금 영수증을 제공하겠다"며 후원금을 요청한다. "안정적인 지원이 필요하다"는 명목하에 지로 같은 납부 방식 대신 신용카드로 할부 결제를 하도록 유도한다. 이런 식으로, 의심 섞인 질문을 받았을 때 대답하는 요령 등 상세하고 표준화된 질의응답 매뉴얼을 만들어 대응했다.

후원금이 모여가면서 새희망씨앗은 대담해졌다. 기부 단체라는 이미지를 굳히기 위해 월드컵 4강 신화의 주역인 거스 히딩크

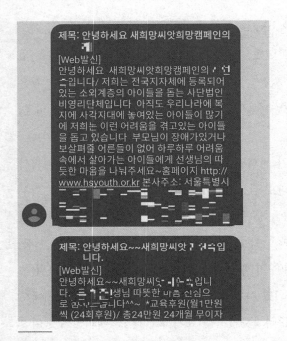

제목: 안녕하세요 새희망씨앗희망캠페인의

[Web발신]
안녕하세요 새희망씨앗희망캠페인의 ▄ ▄
▄입니다/ 저희는 전국지자체에 등록되어
있는 소외계층의 아이들을 돕는 사단법인
비영리단체입니다 아직도 우리나라에 복
지에 사각지대에 놓여있는 아이들이 많기
에 저희는 이런 어려움을 겪고있는 아이들
을 돕고 있습니다 부모님이 장애가있거나
보살펴줄 어른들이 없어 하루하루 어려움
속에서 살아가는 아이들에게 선생님의 따
듯한 마음을 나눠주세요~홈페이지 http://
www.hsyouth.or.kr 본사주소: 서울특별시

제목: 안녕하세요~~새희망씨앗 ▄ ▄▄입
니다.

[Web발신]
안녕하세요~~새희망씨앗▄ ▄▄▄입니
다. ▄ ▄▄생님 따뜻한 마음 신심으
로 ▄▄▄▄▄▄니다^^~ *교육후원(월1만원
씩 (24회후원)/ 총24만원 24개월 무이자

새희망씨앗 지점에서 한 피해자에게 보낸 홍보 문자메시지. 이들은 홍보를 할 땐 자신들을
비영리 사단법인이라고 소개하곤 했다. 사진 새희망씨앗 피해자모임

감독 등이 주최하는 공익 행사에 참가하고, 연예인 홍보대사도
위촉했다. 2015년 12월에는 서울시 추천을 받아 정부의 '지정기
부금단체'로 승격되기도 했다. 기부금 영수증을 직접 발행할 수
있게 된 것이다. 또 전국 규모의 기부 단체가 되기 위해 주무 관
청을 서울시에서 여성가족부로 바꿔달라고 요청한 끝에 2016년
8월 승낙을 받아냈다.

2017년 서울지방경찰청 지능범죄수사대의 김순명 경위는 한

제보를 받았다. '새희망씨앗에 기부했는데 기부가 아니라 실제는 교육 콘텐츠 구입이라고 한다'는 내용이었다. 수사팀이 가동됐다. 새희망씨앗에서 후원을 받는 아이들이 있다던 복지시설부터 접촉했다. 역시나 "그런 후원은 받아본 적이 없다"는 대답만 돌아왔다. 게다가 복지시설 관계자들은 '일대일 지정 후원'이라는 말을 듣고 그런 방식은 개인정보 보호 문제상 아예 성립되지 않는다고 덧붙였다.

경찰은 기부금의 흐름을 따라갔다. 후원자들이 기부금으로 낸 돈은 사단법인 새희망씨앗과 주식회사 새희망씨앗 명의의 통장에 번갈아 입금됐다. 애초에 약속한 일대일 후원 대상에겐 아예 전달되지 않았다. 2억 원 정도가 쓰이기는 했다. 회장 윤씨의 친척이 운영하는 업체에서 태블릿 피시 등을 단체로 주문해 복지시설에 전달했다.

이들 복지시설에는 태블릿 피시와 함께 후원자들이 받은 나눔 교육카드를 주고 기부 금액을 '뻥튀기한' 기부금 영수증을 받아 갔다. 이 영수증은 후원자들을 속이는 데 쓰였다. 나머지 돈은 당연히 윤씨와 김씨, 직원들의 주머니로 들어갔다. 지점 60퍼센트, 본사 40퍼센트 비율로 분배됐다. 3년 새 후원금 127억 원을 꿀꺽했다. 윤씨와 김씨는 이 돈으로 집과 차를 사고 일부는 요트 파티를 여는 데 썼다.

김순명 경위는 첫 압수수색을 나갔을 당시를 잊을 수 없다. 한순간 돌변한 윤씨와 김씨는 이제 당당한 태도로 나왔다. "우리는 모금을 한 적이 없다"고 주장했다. 후원자들은 주식회사 새희망씨앗의 교육 콘텐츠를 이용할 수 있는 나눔교육카드를 구매한 것이고, 사단법인 새희망씨앗은 그 수익금의 일부를 자선사업에 썼는데 무슨 문제냐는 논리였다.

처음엔 수사팀이 오히려 보이스 피싱 조직으로 몰리기도 했다. 피해자 진술이 필요해 기부금을 낸 사람들을 접촉했더니 '일대일 지정 후원'이라는 마법에 걸린 피해자들이 오히려 전화를 걸어 생뚱맞은 소리를 하는 경찰을 의심했던 것이다. 하지만 진술과 증거가 차곡차곡 쌓이면서 2017년 8월 윤씨와 김씨를 구속할 수 있었다. 그제야 피해자들의 전화가 경찰서에 빗발쳤다. 김경위는 당시의 어수선한 상황을 돌아봤다. "외근을 한번 갔다 오면 1000통이 넘는 전화가 와 있었다. 피해자들은 대학교수를 비롯해 자영업자와 학생 등 직업군이 다양했고, 모두 좋은 뜻에서 소액 기부한 것이라 별 의심을 하지 않았던 것 같다."

상습사기와 업무상횡령 등 혐의로 기소된 윤씨와 김씨는 1심에서 각각 징역 8년과 징역 2년을 선고받았다. 2심 재판부는 윤씨와 김씨가 후원금으로 산 자신들 명의의 아파트와 토지 등에 근저당권을 설정해주는 등 피해금 회복을 위해 노력한 점을 참작해 각각 징역 6년과 징역 1년 6월로 감형했다. 2019년 5월 대법원은 원심을 따라 형을 확정했다.

소액 기부이다 보니 대법원에서 확정판결이 났다는 소식을 전

새희망씨앗이 나눠준 나눔교육카드. 실제로는 피해자들이 '주식회사' 새희망씨앗의 교육 콘텐츠를 이용할 수 있는 나눔교육카드를 구매하는 형식이었지만, 새희망씨앗은 나눔교육카드를 통해 일대일 후원 정보를 확인할 수 있다고 속였다. 사진 새희망씨앗 피해자모임

해 듣고서야 사건의 자초지종을 알게 된 피해자도 많았다. 생활고에 치여 평소 뉴스를 챙겨 보지는 못하더라도 생계비에서 몇만 원이라도 쪼개 뭔가 남에게 도움을 주고 싶어 한 서민들이다. 노 모(45세) 씨가 그런 경우였다. 노씨는 피해 사실을 알고 좌절감에 빠졌다.

"2017년 4월부터 3만 원씩 24개월 할부로 기부 신청을 해두고 잊고 지내다가 최근에야 (사기 소식을 듣고) 그게 새희망씨앗이라는 걸 알게 됐다. 솔직히 '다시 기부를 할 수 있을까' 하는 생각마저 든다."

이런 불신을 남겼다는 점에서 이 사건의 심각성을 고려해야 한다는 지적이 나온다. 피해 금액이야 일인당 적게는 5000원에서 많게는 1600만 원에 달하는 수준이다. 사기 사건의 피해액치고는 적은 편이다. 하지만 노씨에게서 보듯 신뢰의 붕괴에서 오는 마음의 상처는 어떤 사기 사건에서보다 깊다. 새희망씨앗 사건을 겪은 뒤 다른 단체에 내던 정기 후원금까지 끊었다는 얘기도 많이 전해졌다. 1심 재판부도 "피해자들은 금전적 손실뿐 아니라 마음에 큰 상처를 입었고, 일반인들도 기부 문화를 불신하게 됐다"고 지적했다.

피해자들은 '새희망씨앗피해자모임'을 만들어 손해배상 소송을 냈다. 현재 607명이 소송에 참여해 있다. 새희망씨앗의 지점장 21명에 대한 1심 재판도 진행 중이다. 기부금의 60퍼센트를 받아 챙긴 이들이었으니 범죄 수익금을 환수할 가능성은 더 커졌다. 그러나 피해자들이 궁극적으로 원하는 것은 기부금을 돌려받는 게 아니다. 피해자모임의 소송을 맡은 법무법인 위공의 박병언 변호사에 따르면 "피해자 분들이 생각하는 피해 보상은 사기범들의 수중에 있는 자신들의 기부금이, 어떻게든 원래 의도대로 좋은 곳에 쓰이도록 해달라는 것"이다.

이들의 소원은 이뤄질 수 있을까. 윤씨는 재판 과정에서 "이렇게 하는 곳이 여러 곳인데 왜 새희망씨앗만 갖고 그러느냐"고 항변했다. 재판을 받는 사람이 자신의 죗값을 덜기 위해 '나만 그러는 게 아니다'라고 주장하는 건 흔한 일이지만, 윤씨의 주장은 그냥 흘려 넘길 만한 것은 아니다. 윤씨와 김씨는 새희망씨앗 이전에 이와 비슷하게 운영된 한 교육 콘텐츠 관련 업체 A사에서 함께 일했던 적이 있기에 이런 현실을 인지하고 있었다. 아끼고 아껴 1만~2만 원씩 짜낸 그 귀한 돈을 받아 가로채는 제2, 제3의 새희망씨앗이 있을 수 있다.

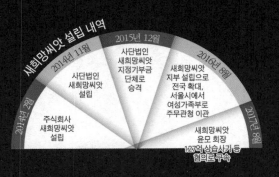

새희망씨앗 설립 내역

2014년 2월
주식회사 새희망씨앗 설립

2014년 11월
사단법인 새희망씨앗 설립

2015년 12월
사단법인 새희망씨앗 지정기부금 단체로 승격

2016년 8월
새희망씨앗 지부 설립으로 전국 확대, 서울시에서 여성가족부로 주무관청 이관

2017년 8월
새희망씨앗 윤모 회장 127억 상습사기 등 혐의로 구속

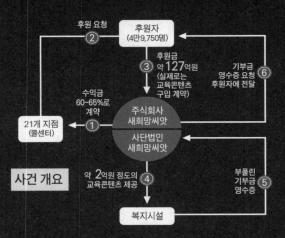

사건 개요

후원 요청 ②

후원자 (4만9,750명)

후원금 ③ 약 127억원 (실제로는 교육콘텐츠 구입 계약)

기부금 ⑥ 영수증 요청 후원자에 전달

수익금 60~65%로 계약

21개 지점 (콜센터) ①

주식회사 새희망씨앗 / 사단법인 새희망씨앗

약 2억원 정도의 ④ 교육콘텐츠 제공

부풀린 ⑤ 기부금 영수증

복지시설

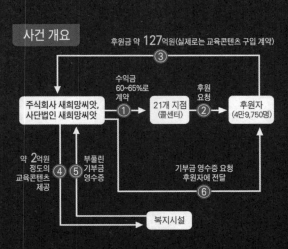

사건 개요

후원금 약 127억원(실제로는 교육콘텐츠 구입 계약) ③

주식회사 새희망씨앗, 사단법인 새희망씨앗

수익금 60~65%로 계약 ①

21개 지점 (콜센터)

후원 요청 ②

후원자 (4만9,750명)

약 2억원 정도의 ④ 교육콘텐츠 제공

부풀린 ⑤ 기부금 영수증

기부금 영수증 요청 후원자에 전달 ⑥

복지시설

사건 개요

1. 주식회사 새희망씨앗과 사단법인 새희망씨앗이 수익금 60~65퍼센트 조건으로 21개 지점(콜센터)과 계약한다.

2. 지점은 후원자에게 후원을 요청한다.

3. 후원자는 3년 5개월 동안 4만 9750명, 후원금은 127억 원에 달했다. 하지만 실제로는 기부가 아니라 교육 콘텐츠를 구입한다는 계약이었다.

4. 새희망씨앗이 후원금으로 2억 원 상당의 교육 콘텐츠를 구입해 이를 복지시설에 제공한다.

5. 이때 새희망씨앗이 복지시설에서 기부 금액이 부풀린 기부금 영수증을 받아 간다.

6. 기부금 영수증은 요청하는 후원자에게 전달한다.

새희망씨앗 설립 내역

2014년 2월   주식회사 새희망씨앗을 설립한다.

11월   사단법인 새희망씨앗을 설립한다.

2015년 12월   사단법인 새희망씨앗이 지정기부금단체로 승격된다.

2016년 8월   새희망씨앗 지점을 설립하고 전국으로 확대한다. 주무 관청이 서울시에서 여성가족부로 이관된다.

2017년 8월   새희망씨앗의 회장 윤씨가 127억 원의 후원금을 가로챈 것에 대해 상습사기 등 혐의로 구속된다.

2019년 5월   대법원에서 윤씨에 대해 징역 6년 형이 확정된다.

새희망씨앗 텔레마케터 스크립트

"어린이 후원 단체 새희망씨앗 복지사입니다. 저희가 사시는 지역에 소외 계층이나 결손가정 아이들을 위한 일촌 맺기 캠페인을 하고 있습니다. 형편이 어려운 아이들이 기본적인 교육이라도 마칠 수 있도록 나눔교육 후원을 해주시는 것입니다. 돕고 있는 아이가 어느 지역에 누구인지 어떤 도움을 받고 있는지 확인하실 수 있는 나눔카드 회원증을 보내드려서 선생님께서 직접 돕는 아이의 정보를 보실 수 있습니다. 그리고 도움 주신 만큼 기부금 영수증을 통해서 소득공제 혜택도 받을 수 있는데요."

상황별 응대 스크립트

거기 비영리법인 아니냐?: 소외 계층 청소년들이 자립하도록 돕고 사회 공헌 캠페인을 진행하는 평생교육원이다. 지방자치단체나 사단법인에 등록된 어려운 처지의 청소년들에게 장학금과 학습 물품, 교육 콘텐츠를 지원한다. 후원자는 연말에 기부금 영수증도 받을 수 있다.

그러니까 영리 법인이라는 건가?: 영리나 비영리 기준으로 말하자면, 교육 사업을 하고 있는 영리 법인이다. 하지만 선생님께서 지원하신 모든 내용은 비영리 사회 공헌 사업으로 진행되기에 기부금 영수증도 받을 수 있다.

후원인데 꼭 신용카드로만 해야 하나?: 매달 자동이체를 하면 잔고가 부족한 경우가 생겨 교육 지원이 원활하지 않게 된다. 이 점을 보완하고자 신용카드로 받고 있다. 불편하시면 월별 지원 방식으로 안내를 도와드리겠다.

새희망씨앗의 후원 홍보 내용

- **정기후원**: 바쁜 일상 속에서 놓치지 않고 아이들에게 꿈을 후원하실 수 있습니다
- **일시후원**: 특별한 날을 기념하고, 의미를 남기고 싶은 날 후원자님께서 원하실 때 언제든 후원해주실 수 있습니다.
- **물품후원**: 후원자님의 관심과 정성을 담은 물품을 후원해 사랑을 전하실 수 있습니다. 물품후원은 물품의 적당한 지원을 위해 담당자와 먼저 상담을 진행해야 합니다. 문의하기나 유선으로 연락을 주시면 조속히 상담을 진행하겠습니다.

기부 사기

**기부 단체에 대한 현장검증 등
진위 여부를 가릴 방안이 시급하다**

　새희망씨앗 사건은 선의의 기부자들 사이에 불신을 퍼트렸다. 불신은 기부 문화의 가장 큰 적이다. 새희망씨앗이 손쉽게 사람들을 속일 수 있었던 데는 서울시와 기획재정부, 여성가족부 등 정부 기관의 인정이 큰 몫을 했다. 이들 기관 중 그 어떤 곳도 사단법인 설립, 지정기부금단체 지정, 활동 범위 확대에 따른 주무 관청 이관 등으로 이어지는 일련의 과정에서 새희망씨앗을 걸러내지 못했다. 이 때문에 현장검증의 필요성이 강하게 제기됐다.

　이에 대한 대책이 2019년 7월 25일 기획재정부가 내놓은 세법개정안에 반영됐다. 우선 지정기부금단체 추천과 사후 관리 검증의 업무를 국세청으로 일원화하기로 했다. 신청, 추천, 사후 관리 업무가 각각 주무 관청, 기획재정부, 국세청으로 나뉘어 있어

새희망씨앗이 기부 활동을 홍보하는 일환으로 올린 태블릿 피시 사진. 128억여 원의 후원금 중 실제 태블릿 피시 등으로 전달된 후원금은 2억여 원에 불과했다. 사진 새희망씨앗 블로그 캡처

책임 소재가 모호해지는 상황을 막기 위해서다. 또 기부금 사용 내역에 대한 공시가 부실할 경우 세부 내역을 요구할 권한을 국세청에 부여하고, 공익 법인 의무 공시와 외부 감사 제도 적용 대상을 확대하며, 공익 법인에 대한 감사·회계감리 제도를 도입한다는 내용 등이 포함됐다.

그럼에도 전문가들은 허점은 여전히 존재한다고 지적한다. 박훈 서울시립대 세무학과 교수는 좀 더 적극적인 대책을 요구했다. "새희망씨앗은 관계 기관들이 제출된 서류만 봤기 때문에 발생한 사건이다. 전수조사까지는 아니더라도 제출한 서류의 진위여부를 들여다볼 수 있는 구체적 조치가 필요하다."

정부 기관이 관리·감독을 강화한다고 나섰다가 자칫 공익 법인의 활동을 위축시키는 결과로 이어지는 악영향도 경계해야 한다. 이때 공익 법인이 자정 능력을 갖추도록 유도하는 방안 또한 병행해야 한다. 박교수는 이렇게 제안했다.

"새희망씨앗 사건 이후 정부 차원의 관리·감독이 강화되면서 운영이 어려운 기부 단체들 사이에서는 '좀 과한 것 아니냐'는 얘기들이 실제로 흘러나온다. 모든 단체에 일률적인 부담을 안기는 관리·감독 강화보다 공익 제보자 보호 등을 통해 내부 고발을 유도하는 것도 한 방법이 될 수 있다. 덧붙이자면, 국세청의 일부 자료를 받아 공시하는 '한국가이드스타'의 결산 자료 외엔 기부 단체의 회계 정보를 확인할 방법이 없다는 점도 문제다. 기부자 스스로가 기부 단체의 건전성을 꼼꼼히 따져볼 수 있는 플랫폼이 나와야 한다."

7

농아인 사기단 '행복팀' 사건

'농아인 사회의 조희팔' 행복팀이
내 남편과 행복을 앗아갔다

정미씨는 일을 마치면 멍한 상태로 어두운 집에 들어선다. 귀
가 들리지 않은 탓도 있지만 남편 없는 집은 더 고요하게 느껴진
다. 주방은 쓰지 않은 지 오래됐다. 생전에 남편이 정미씨와 두
아들을 위해 따뜻한 밥상을 차려주었다. 같은 농아인으로 서로
의지하며 살아온 남편이었다.

그랬던 남편이 세상을 떠난 건 2017년 6월 15일 새벽 4시쯤.
시댁 제사를 앞두고 온 가족이 모인 자리에서 시동생은 남편 앞
으로 날아온 이자 독촉장을 꺼냈다. 남편은 그제야 사기를 당한
사실을 털어놓았다. 수화로 그저 미안하다는 말만 되풀이했다.
그다음 날 새벽, 남편은 아파트에서 몸을 던졌다.

장례식장에 남편에게서 투자금을 받았다는 사람들이 10여 명 찾아왔다. 자신들을 '행복팀' 사람이라고 소개했다. 기껏 찾아와서 수화로 한다는 얘기가 "우리는 잘못이 없다" "왜 죽었는지 모르겠다" "피해자 코스프레(피해자가 아닌 사람이 오히려 피해자인 척 하는 것)를 하는 게 아니냐" 같은 소리였다. 그날 정미씨는 페이스북 등을 뒤져본 뒤에야 행복팀이 '농아인 사회의 조희팔'이라 불린다는 사실을 알게 됐다.

비극의 시작은 2013년으로 거슬러 올라간다. 농아인 후배가 남편을 찾아와 "투자금을 내면 안정적인 일자리를 얻을 수 있다"며 농아인들로 구성된 행복팀을 소개했다. 마침 남편의 사정이 절박했다. 치매를 앓는 어머니를 돌봐야 하는데 장애와 나이 때문에 점점 일자리를 구하기가 어려워졌다. 행복팀은 자신들이 대출 이자를 대신 갚아줄 테니 대출금을 투자하면 "일자리와 함께 투자금을 돌려받을 수 있다"면서 회유했다. 남편은 같은 농아인 처지라는 것을 믿고 은행에서 2억 원의 주택 담보대출과 자동차 대출을 받는 서류에 사인했다. 그렇게 남편은 가족들에게 4년 동안 투자 사실을 숨겨왔다.

그러다 2017년 1월 행복팀의 총책과 대표 8명이 구속됐다. 남편은 대출금을 돌려받기는커녕 대출 이자도 낼 형편이 안 됐다. 그제야 정미씨는 몇 달 전 남편이 초조한 눈빛으로 작은방에 들어가 영상통화를 하던 모습이 떠올랐다. 남편은 몸을 던지기 전날 밤에도 가족들 앞에서 "믿었던 농아인 후배 때문에 가족이 풍비박산 났다. 더 이상 아무도 믿지 못하겠다"며 눈물을 흘렸다.

행복팀이 제물로 삼은 이들은 정미씨 남편만이 아니었다. 2010년 1월부터 2016년 11월까지 500명 이상에게서 280억 원 넘는 투자금을 받아 가로챘다고 경찰은 추산했다. 아파트 담보대출 등을 받아 행복팀에 4억 원을 투자한 민식씨는 '가장 높으신 분' 이야기를 꺼냈다. 행복팀 조직원들은 "90대 나이의 청인(비농아인)인 '가장 높으신 분'이 길가에 쓰러졌다가 한 농아인에게서 도움을 받은 적이 있는데 이번에 은혜를 갚는 취지에서 농아인을 위한 사업을 준비하는 중"이라며 접근했다.

차별 구조에 익숙한 농아인들에게 '농아인을 위한다'는 말은 귀에 쏙 들어와 박혔다. 아파트와 공장 등을 짓는 데 투자하면 일자리와 투자 수익을, 나중엔 아파트를 보장해준다고 했다. "농아인이 투자한 몫은 전체 투자금의 1퍼센트이고 청인의 투자금은 99퍼센트이지만 혜택은 똑같이 받는다"고도 했다. 투자할 돈이 없어도 된다. 대부업체로 데려가 집과 자동차, 보험 등의 담보대출도 알선해줬다.

행복팀은 총괄대표 한 모(45세) 씨 아래 하얀팀(대전), 보라팀(경기), 노랑팀(경남), 파랑팀(서울) 등 지역별 팀으로 운영됐다. 2000만 원 이상을 낸 투자자들은 '팀원'으로 받아들여져 주홍색 단체복을 입을 수 있었다. 이들은 '밴드'와 '카톡방'에서 별도의 단체대화방을 만들어 관리했고, 한 달에 두세 차례 따로 모여 단합대회를 열었다.

단합대회는 '가장 높으신 분'을 신격화하는 자리였다. '수화, 마음(행복팀 내에서 투자금을 의미), 행동, 생각, 예의 확실히!'라는 구호 아래 그분의 사업 성공을 위해 청인 사회의 격조를 높이자고 했다. 실제론 충성을 강조하는 이야기에 불과했으나 많은 농아인은 진지하게 받아들였다. 기본적으로 교육받을 기회가 부족하고 사회에서 배제된 처지 때문이었다.

저항의 싹은 미리미리 잘랐다. 더는 투자금을 낼 수 없다는 사람이 나오면 우선 밴드와 카톡방에서 차단했다. 회원이 탈퇴하려는 움직임을 보이면 팀장 네다섯 명이 출동해 그 사람의 휴대폰을 빼앗아 검사하면서 회유와 협박을 병행했다. 함께 가입한 부부 중 한 사람이 탈퇴하고자 하면 이혼 각서를 쓰게 했다. 행복팀의 내부 정보를 누설했을 경우 잘못을 인정하고 다시는 그러지 않겠다는 내용의 수화 동영상을 찍도록 했다. 좁고 폐쇄적인 농아인 사회에서 피해자들은 도망칠 곳이 없었다.

경찰도 이런 농아인 사회의 폐쇄성을 알고 수사를 망설였다. 2016년 11월 한 농아인의 피해 신고를 접수하고 수사에 뛰어든 경남 창원중부경찰서 수사과장 김대규 경정은 당시 상황을 이렇게 기억했다. "신고자는 앞서 여러 경찰서에 신고를 했는데 그때마다 '민사사건이라 수사가 어렵다'는 답을 들었다고 했다." 김

농아인 상대 투자사기단 '행복팀'의 교육 장면. 행복팀은 다섯 가지 표어 아래 농아인들이 '가장 높으신 분'의 수준에 맞춰야 한다며 세뇌 교육을 시켰다. 사진 행복팀피해대책위원회

경정은 우선 피해신고접수센터를 열어 피해자들을 모으고 접촉하는 일에 나섰다. 그리고 끈질기게 설득한 끝에 피해자 15명의 진술을 통해 증거 자료를 확보할 수 있었다. 다음 해 1월 총괄팀장과 각 지역 팀장들, 전 총책 홍 모(51세) 씨, 현 총책 김 모(47세) 씨와 이 모(49세) 씨 등 총 36명을 검거해 구속했다. 총책 김씨는 형법상 범죄단체조직 혐의, 특정경제범죄법상 사기 등의 혐의가 인정돼 2018년 11월 징역 23년의 확정판결을 받았다.

바로 총책 김씨가 신격화의 대상이었던 '가장 높으신 분'의 정체였다. 그는 청인도 사업가도 아니었다. 원래 농아인인 김씨는 전 총책 홍씨와 함께 농아인들을 상대로 사기를 벌여왔다. 그러

행복팀의 교육 자료. '가장 높으신 분'이 농아인들을 위한 사업을 하면서 행복팀을 최우선으로 생각한다며 세뇌시켰다. 사진 행복팀피해대책위원회

다가 홍씨가 구속되자 그 조직을 이어받아 좀 더 보강한 뒤 또 한 번 큰 사기판을 벌였다. 그것이 행복팀이었다. 피해자들이 투자금 때문에 고통스러워할 때 김씨는 그 돈으로 구입한 고급 전원주택에서 포르셰 등 고급 외제 승용차 20여 대를 수시로 바꿔 타가며 생활하고 있었다.

가해자를 처벌하는 일은 일단락됐지만 피해자들은 그 후폭풍을 견뎌내야 했다. 사람을, 돈을, 신뢰를 잃었다. 열심히 일해도 빚은 여전하다. 정미씨는 매달 110만 원씩, 민식씨는 매달 330만 원씩 대출 원금과 이자를 갚아야 한다. 자신이 피해자라는 사실을 받아들이지 못하는 피해자도 있다. 미선씨만 해도 아들네가 진 빚 2억 원을 떠안아야 했다. 여전히 행복팀을 굳게 믿고 있는 아들 내외가 원망스럽지만 심장 부정맥 환자로 위독한 상황인 며느리와 가스레인지도 없는 집에 남겨진 손자를 외면할 수 없어서다. 경찰은 이번 사건의 피해자를 500명으로 추산했지만 접수된 신고는 153명에 지나지 않았고, 계좌를 추적해 파악한 피해액도 280억여 원이었지만 그중 96억 원 정도밖에 접수되지 않았다.

농아인 사회도 무너졌다. 농아인은 오랜 차별 등을 겪으면서 '청인 가족'보다 '농아인 선후배들'과 더 가까이 지내왔다. 행복팀 사건은 이 점을 악용해, 상대적으로 장애가 덜하고 사회 경험이 있는 사람들이 그렇지 못한 사람들을 상대로 저지른 범죄라할 수 있다. 실제 행복팀은 입술 모양이나 소리 등으로 의사소통이 가능한 구화 능력자들로 '의사소통팀'을 만들어 대출 당시 동행시키거나 은행에 전화를 걸어 본인 확인을 하는 일을 대신 해주게 했다. 반면 피해자들 대부분은 금융 지식이 거의 없다시피하고 글자를 읽고 쓰는 데도 서투른 이들이었다. 농아인 선후배 사이에서 사기 사건이 벌어지면서 농아인들로선 비빌 언덕이라곤 찾을 수 없게 됐다. 박영진 행복팀피해대책위원회 부위원장(피해소송인단 대표)은 "행복팀 사건으로 인해 농아인 사회 안에 불신과 갈등, 혼란이 고착화됐다"고 한숨을 내쉬었다.

2019년 3월 21일 창원지방법원에서 행복팀에 대한 손해배상 청구소송 첫 재판이 열렸다. 소송에 참여한 이들은 100명으로 피해액 71억여 원은 대부분 은행 등에서 대출받아 투자한 돈이었다. 피해자들은 농아인이라는 불리한 조건을 견디는 한편 원금과 이자에 대한 상환 압박에 시달리다 보니 생활고가 이만저만한 것이 아니었다. 하지만 경찰이 확보한 범죄 수익은 압수수색할 당시 찾아낸 현금 7억 원과 고급 외제 차량 13대, 이후 가압류한 '가장 높으신 분' 김씨의 집 등 20억 원 남짓에 불과하다.

피해자들은 김씨가 주변에 돈을 숨겨뒀으리라고 보고 있다. 아직 피해 신고를 하지 않은 이들은 "우리가 풀려나면 숨겨둔 돈을 주겠다"는 감언이설이 담긴 편지를 수감자들에게서 받고 있다. 누군가 행복팀 재건을 위해 뛰고 있다는 풍문도 나온다. 박부위원장은 지금도 살해 위협에 시달리고 있다. 이대로라면 또 언제, 어떻게 수많은 농아인들이 피해를 입을지 모른다. 피해자들이 간절히 원하는 것은 단 하나, 행복팀의 완전한 해체다. 행복팀 사건은 아직 끝나지 않았다.

농아인 상대 투자사기 '행복팀'

'행복팀'을 탈퇴하려는 피해자가 쓴 이혼 각서

> NOTE
>
> **각 서**
>
> 2015년 2월 28일까지 □□□ 집(아파트) 담보해지하고 □□□과 합의 이혼한다
>
> X 만약에 2월 28일까지 집(아파트) 담보해지가 안될경우에 3월 달안에 현재 아파트(집) 공동명의를 □□□에게로 명의 이전해주고 □□□과 합의 이혼한다
>
> 2014년 12월 14일

'행복팀' 교육자료. '가장 높으신 분'이 농아인들을 위한 사업을 하고 있으며 99%의 비장애인 투자자가 있지만 행복팀(농아인팀)을 가장 최우선으로 생각한다며 세뇌시켰다

행복팀 조직도

총책
김모(47)씨('가장 높으신 분' 이름으로 배후에서 지시)

총책
이모(49)씨
(김씨 지시를 총괄대표 한씨에게 전달, 한씨가 모은 투자금 김씨에게 전달)

전 총책
홍모(51)씨
(김씨, 이씨와 함께 행복팀의 전신 '행복의 빛' 운영)

총괄대표 한모(45)씨

하얀팀·대전	보라팀·경기	노랑팀·경남	파랑팀·서울	지역대표
전모(45)씨	최모(46)씨	이모(40)씨	김모(43)씨	

5명	4명	11명	6명	지역팀장

행복팀 조직 강령과 행동 지침

- 팀장을 보면 90도로 인사한다
- 거짓말, 스파이 짓 하면 안 된다
- 대표들과 조직에 대하여 이름을 말하고 배신하면 안 된다
- 이를 거역하면 끝까지 찾아내 죽이고 3대까지 거지로 만든다
- 동반 가입한 부부 중 한 명이 탈퇴하려면 이혼을 해야 한다
- 종교 활동 금지

경찰 추산 및 신고 피해자·피해금액
■ 경찰 추산 | ■ 신고 현황

피해자(명)
500 이상
153

피해금액(원)
280억 이상
약 96억

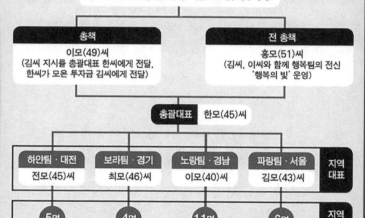

사건 일지 _____

2010년   홍씨와 김씨, 이씨가 농아인 상대로 투자 사기를 하기 위한 조직 '행복의 빛'을 결성한다.

2012년   총책인 홍씨가 사기 혐의로 구속되자, 김씨는 이씨와 한씨 등을 끌어들이고 홍씨에게서 조직을 넘겨받아 '행복팀'을 결성한다.

2016년 11월 13일   창원중부경찰서에 행복팀과 관련한 범죄 첩보가 들어온다.

2017년 1월 6일부터 31일까지   창원중부경찰서는 행복팀의 총책인 김씨와 이씨, 홍씨, 대표 5명 등 8명을 체포해 구속한다.

2018년 1월 25일   1심을 맡은 창원지방법원은 총책 김씨에게 징역 20년 형을 선고하고, 조직원 36명 중 35명에게도 유죄를 인정한다.

7월 6일   부산고등법원은 김씨에게 형량을 더해 징역 23년 형을 선고한다.

11월 2일   대법원은 원심을 인정해 김씨에 대한 징역 23년 형을 확정한다.

2019년 3월 21일   창원지방법원은 행복팀에 대한 손해배상 청구소송 첫 재판을 연다.

행복팀의 조직 강령과 행동 지침

1. 팀장을 보면 90도로 인사한다.

2. 거짓말과 스파이 짓을 하면 안 된다.

3. 대표들과 조직의 이름을 말하거나 배신하면 안 된다.

4. 이를 거역하면 끝까지 찾아내 죽이고 삼대까지 거지로 만든다.

5. 동반 가입한 부부 중 한 명이 탈퇴하려면 이혼을 해야 한다.

6. 종교 활동은 금지한다.

농아인 사기단 '행복팀' 사건

농아인 상대 투자 사기

제2의 행복팀을 막으려면 '장애 감수성' 키워야

행복팀 사건은 요약하면 농아인 500명(경찰 추산)을 상대로 한 280억 원의 투자금 사기 행각이었다. 제2의 행복팀은 언제든 반복될 수 있다. 농아인 사회의 폐쇄성이 여전하고 농아인을 둘러싼 열악한 환경도 좀처럼 달라지지 않기 때문이다.

열악한 환경 중에 가장 손꼽히는 요인은 언어다. 국립국어원이 2017년 농아인 500명을 상대로 조사한 결과에 따르면 다른 사람의 필담에 대해 '전혀 이해하지 못한다'거나 '거의 이해하지 못한다'고 응답한 이들이 26.9퍼센트에 이른다. 한국어를 제대로 배우지 못한 데다 농아인을 위한 언어 교육도 부족하다 보니 농아인들의 문해율은 자연스레 떨어질 수밖에 없다.

그런데도 사회가 이런 농아인의 특성을 충분히 고려하는 경우

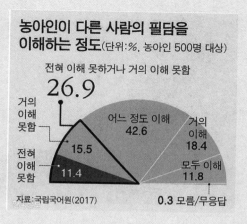

**농아인이 다른 사람의 필담을
이해하는 정도**(단위:%, 농아인 500명 대상)

전혀 이해 못하거나 거의 이해 못함
26.9

거의
이해
못함
15.5

어느 정도 이해
42.6

거의
이해
18.4

전혀
이해
못함
11.4

모두 이해
11.8

자료:국립국어원(2017)

0.3 모름/무응답

는 드물다. 행복팀 피해자들 중에는 팀원의 지시에 따라 자신이 서명한 서류가 대출 서류인지 몰랐던 이도 있었다. 심지어 구화가 가능한 난청인 팀원이 피해자를 대신해 전화상으로 비대면 대출을 신청한 사례도 있었지만 모두 차질 없이 대출이 이뤄졌다.

행복팀 사건이 터지자 금융감독원은 대출 심사 과정을 확인하겠다며 거래가 이뤄진 업체들을 대상으로 전수조사를 했지만, 돌아온 것은 모두 '규정상 아무 문제가 없었다'는 답변뿐이었다. 업체 몇 곳이 자체적으로 대출 심사에서 본인 확인 절차를 강화했을 뿐 감독 기관은 제도적 정비나 권고 등을 담은 개선 사항을 내놓지 않았다. 금융감독원 측은 "농아인 입장에서 대출 절차가 까다로워지는 역효과가 있을 수 있다"며 일률적인 제도 개선이 어려운 이유를 설명했다. 그러나 행복팀 피해자들을 대리해 소송을 진행했던 임지웅 법무법인 P&K 변호사는 제도의 허점을

행복팀 사건을 수사했던 김대규 경정이 2017년 12월 2일 농아인들을 상대로
금융 사기 범죄 예방 강연을 하고 있다. 사진 창원중부경찰서

지적했다. "대출 심사 기준 자체를 높이자는 것이 아니라, 어떤
장애 유형을 가진 사람들이 대출을 받을 경우 적어도 그 사람들
이 할 수 있는 일, 할 수 없는 일이 무엇인지를 확인하는 프로세
스는 있었으면 좋겠다."

　수사 과정에서도 농아인들은 배제된다. 피해자와의 의사소통
이 어려운 탓에 수사 기간이 계속 지연되고, 농아인들의 특성을
이해하는 수사관 역시 거의 없다. 법정에서도 농아인은 차별받
는다. 사법 분야에서 일하는 수화 통역사가 태부족해 재판 과정
에서 도움을 받지 못한다. 행복팀 사건을 담당했던 김대규 경정
은 농아인 사건 수사의 특수성을 지적했다. "농아인들에겐 문서
로 설명할 때도 하나하나 짚어주며 확인하는 절차를 거쳐야 하
고, 이들이 눈에 보이지 않는 것은 믿지 않는 경향이 있으므로 피

해 예방 교육을 나갈 때도 경찰 정복을 입고 나가야 한다. 작은 일에도 세심한 배려가 필요했다." 김경정은 2019년에도 농아인들을 대상으로 한 범죄 예방 교육에 나서면서 직접 수화 강의를 듣기 시작했다.

또 김경정은 "실질적 보호를 위해서는 농아인을 비롯한 장애인의 특성을 수사관들에게 교육할 필요가 있다"고 지적했다. 임변호사도 "제2의 행복팀 사건을 막기 위해서라도 국가기관을 비롯한 우리 모두가 '장애 감수성'을 키울 필요가 있다"고 강조했다.

8

대구 금호강 보험금 살인 사건

서로를 수익자로 지정해 가입한 사망보험,
15년 죽마고우가 놓은 살인의 덫

2015년 4월 23일 오전 11시 58분. 대구 북구 서변동 금호1교 아래 둔치에 20대 남성으로 보이는 시신이 있다는 신고가 112에 접수됐다. 금호강 동화천변 콘크리트 벽 아래, 전신주와 큰 하수관 사이, 이제는 고통도 잊은 듯 시체가 축 늘어져 있었다.

죽은 지 보름쯤 만에 발견된 시신의 상태는 처참했다. 머리와 배, 가슴 일부는 부패됐다. 머리는 모난 둔기로 여러 번 두들겨 맞은 듯 피멍투성이였다. 이마의 4군데를 포함해 앞뒤 양옆 할 것 없이 머리에만 17군데 맞은 흔적이 남아 있었다. 부검한 결과 사인은 다발성 두부 손상으로 나왔다. 혹독한 폭행을 당한 모습이지만 맞서 싸우거나 저항한 흔적은 없었다. 범인이 방어할 틈도 주지 않고 일격에 쓰러뜨린 뒤 다시 달려들어 무자비하게 가격한 것이다.

이 사건의 수사를 지휘했던 강영우 당시 대구지방경찰청 강력계장(현 경북 의성경찰서장)은 잔혹한 범행 수법으로 봤을 때 '원한 범죄'를 떠올릴 수밖에 없었다. 대구강북경찰서는 형사 36명으로 구성된 6개 팀의 특별수사반을 꾸렸다.

경찰은 피해자 윤 모(29세) 씨의 주변을 탐문하기 시작했다. 윤 씨는 인근 A공장에서 야간조로 일하던 노동자였다. 일찍 어머니를 여의고 치매에 걸린 아버지를 요양병원에 모셔두었다. 대구에서 자취하며 수당을 더 얹어주는 야근조에 자원할 정도로 열심히 일하던 착실한 청년이었다. 기록을 살펴보니 시신이 발견되기 열하루 전인 4월 12일, 이미 윤씨에 대한 실종 신고가 접수되어 있었다. 4월 5일 "부산에 잔치가 있어 아버지를 모시고 가야 한다"며 평소 퇴근 시간보다 3시간 이른 새벽 5시쯤 조퇴한 뒤 연락이 끊겼다는 것이다. 그러고 보니 사체로 발견될 당시 윤씨의 모습은 퇴근할 때의 차림 그대로였다. A공장에서 입던 작업복과 티셔츠를 그대로 입고 있었다. 가방에는 공장에서 간식으로 나눠준 빵과 우유가 썩은 채 남아 있었다. 조퇴한 직후 사건이 발생했다는 얘기다.

수사팀은 공장과 다리 부근의 CCTV를 확보한 뒤 4월 5일 새벽 5시를 전후해 찍힌 화면을 확인해나갔다. 이른 시간인 만큼

대구 금호강 보험금 살인 사건

인적이 드물었다. 화면에 윤씨가 어떤 사람과 나란히 걸어가는 모습이 보였다. 유력 용의자인 그 사람은 170센티미터 정도의 키에 마른 체형이었다. 비가 제법 내린 날씨에 후드 점퍼까지 뒤집어써서 얼굴을 알아보기는 어려웠다. 하지만 서로의 얼굴을 쳐다보며 편안히 이야기를 나누는 모습으로 미뤄보건대 둘은 아는 사이가 분명했다. 즉 면식범의 소행이었다.

경찰은 용의자의 특이한 걸음걸이에 주목했다. 휜 다리(오다리, 양측 내반슬)에다 팔자걸음(양측 외족지 보행), 동시에 왼쪽 발을 바깥으로 차면서 걷는 원회전 보행 등 세 가지 특징이 있었다. 경찰은 윤씨의 친구 5명을 불러다 일절 다른 설명은 하지 않고 용의자가 걸어가는 영상만 보여줬다. 친구 5명은 이구동성으로 윤씨의 친구인 박 모(33세) 씨를 지목했다. "아무리 마스크를 끼고 변장을 해도 걸음걸이만으로 알아볼 수 있다" "어디에 섞어놔도 저 걷는 폼만 보면 바로 알아볼 수 있다"고 입을 모았다. 박씨는 윤씨가 실종되자 윤씨의 사촌 형을 찾아가 실종 신고라도 하라고 권했던 바로 그 죽마고우였다.

박씨와 윤씨는 경남 거창에서 같은 중학교를 다니면서 '절친'이 됐다. 둘만 단짝으로 지낸 게 아니었다. 서로의 부모님을 자신의 부모님인 양 깍듯이 챙겼고, 삼촌이나 사촌 등 친척들과도 자주 연락을 주고받았다. 어른이 돼서도 서로 고민을 털어놓으며 술잔을 기울이는 사이가 됐고, 함께 일한 돈을 모아 여행을 가기도 했다. 사업을 하자고 의기투합한 둘은 대구에 올라와 동고동락하며 인터넷 쇼핑몰을 열기도 했다. 사업이야 신통치 않아 석 달 만에 접어야 했지만 우정은 더욱 굳건해졌다.

그러던 어느 날 박씨는 계약서 한 장을 내밀었다. 보험 계약서였다. 서로를 수익자로 하는 사망보험이었다. "친구야, 만약에 우리 둘 중에 누구 하나 먼저 죽으면 남은 사람이 다른 부모님까지 다 모시자. 우리 어렵지만 열심히 살고 있잖아, 맞제? 나한테 무슨 일 생기면 우리 부모님 잘 부탁한데이~."

어릴 적 어머니를 잃었던 윤씨에게 박씨 부모님도 친부모님 같았다. 보험설계사인 박씨의 사촌 형을 통해 2015년 1월 31일 두 사람은 서로를 수익자로 하는 보험에 가입했다. 보험 수익자를 가족이나 상속인이 아니라 친구로 지정하는 것 자체가 이례적인 일이다. 박씨의 사촌 형도 "이런 계약은 처음 본다"고 말할 정도였다. 일반 상해 사망은 4억 원, 질병 사망은 2억 원을 지급한다는 내용이었다. 매달 28만 5000원을 내야 했다. 중소 규모의 공장에서 일하는 노동자에겐 적지 않은 금액이었지만 15년간 생사고락을 함께 해왔고, 또 앞으로 해나갈 친구와 맺은 '우정의 징표'라 생각했다. 멋진 친구의 멋진 아이디어라고만 여겼다.

멋진 아이디어는 알고 보니 정교한 범죄 계획이었다. 당시 박씨는 위기에 몰려 있었다. 어려운 형편이라 해도 공장 야근조에서 열심히 일하던 윤씨와 달리, 박씨는 일정한 직업을 갖지 않고 빚만 지고 있었다. 한 여자친구에게 6300만 원, 또 다른 여자친구에게도 800만 원 정도를 빌린 뒤 빚 독촉에 시달렸다. 교통사고도 내는 바람에 보험사에 물어야 할 원금과 지연손해금 등 구상금도 3000만 원가량 있었다. 인터넷 사용 요금조차 체납할 정도로 경제적 어려움에 부딪혔다. 거창에서 작은 식당을 운영하던 부모님도 장사가 여의치 않아 도움을 주기 어려웠다.

형편이 이러하니 보험에 가입했다 해도 매월 보험금을 내기 어려웠다. 박씨는 계약 직후부터 보험금을 연체하다 결국 계약 자체가 실효됐다. 보험을 우정으로 여긴 윤씨만 착실히 보험금을 냈다. 심지어 윤씨가 보험금 납입을 버거워할 때면 박씨가 어떻게든 도와주기도 했다. 박씨 입장에선 윤씨의 보험을 유지시키는 게 가장 중요한 목표였다. 윤씨는 이 또한 깊은 우정이라 생각했다. 박씨에겐 이제 결행의 순간만이 다가오고 있었다. 여기에도 나름대로 정교한 계획이 필요했다.

사건 당일인 4월 5일 오전 2시. 박씨는 거창에서 택시를 타고 대구로 출발했다. 나중에 택시기사가 경찰에 진술한 바에 따르면, 박씨는 후드 점퍼를 푹 뒤집어쓴 채 택시를 타기 전에 '목 수술을 해서 말을 못 합니다. 대구 본리동 네거리까지 얼마입니까?'라고 적힌 메모지만 보여줬다. 택시를 이용하면서 기사에게 말을 하지 않고 메모지로 목적지를 설명하고 택시비를 물은 것은 자신의 행적을 숨기려는 계산이었다. 부슬부슬 내리는 봄비 사이로 택시는 1시간여 동안 그렇게 침묵 속에서 달렸다.

박씨가 사전에 치밀히 계획한 정황도 드러났다. 사람들 눈에 띄지 않는 한밤중에 거창을 떠났을 뿐 아니라 대구 본리동 네거리에 내려 다시 택시를 갈아타고 범행 장소로 이동했다. 알리바이도 구성했다. 거창에서 대구행 택시를 타기 직전인 오전 1시 50분, 그리고 범행을 마치고 거창 집으로 돌아온 아침 8시 50분에 여자친구에게 한 번씩 전화를 걸었다. 나중에 경찰이 통신사 기지국을 통해 통신자료를 조회해볼 것에 대비해 자신은 그날 밤 거창에서 잠을 자고 일어났다는 척 통신 사실을 증거로 남기기 위해서였다.

박씨를 용의자로 체포했지만 경찰은 곤혹스러웠다. CCTV 자료와 친구들의 증언이 있었다. 범행 당일 이른 시간에 대구로 들어간 택시 580여 대를 모두 추적하고 그 가운데 거창에서 대구로 간 택시 딱 한 대를 추려낸 뒤 "키 170센티미터에 마른 체형의 남성을 태웠다"는 택시기사의 진술도 받아냈다. 윤씨의 시체가 발견된 날인 4월 23일 박씨가 휴대폰으로 보험금 청구에 대해 문의한 기록도 찾았다. 범행을 저지르고 일주일 뒤, 그러니까 아직 윤씨의 시체가 발견되기 전에 박씨가 쓴 휴대폰 메모장엔 이런 글귀도 있었다. "여긴 지옥이다. 여기서 살아남으면 곧 천국이다."

하지만 이 모든 건 정황증거일 뿐이고 살인의 직접증거가 아니었다. 법보행 분석 전문가들은 피해자와 함께 걸어가는 모습이 담긴 CCTV 영상과 경찰에 출석할 당시 찍은 박씨의 걸음걸이를 비교 분석한 결과, 영상 속 인물과 박씨가 동일인이라는 의견을 냈다. 그래도 CCTV 영상에 찍힌 것은 그냥 둘이서 걸어가는 장면일 뿐이었다. 범행 도구도 찾지 못했다. 그 때문에 처음에 경찰은 검찰에서 구속영장 청구를 받아주려 하지 않는 통에 진땀을 뺐다. 뾰족한 둔기로 추정되는 범행 도구와 범행 당시 윤씨가 입고 있던 옷을 찾기 위해 15미터 폭의 강을 막고 대형 펌프를 동원해 물을 다 빼낸 뒤 수색 작업을 했으나 아무것도 찾지 못하고 허탕을 쳤다. 박씨는 "강물에 버렸다"고 했다가 나중엔 "밭에다가 숨겼다"며 계속 진술을 뒤집었다.

박씨는 혐의를 극구 부인했다. 처음 체포됐을 땐 다 인정하는 듯하더니 이내 "대구에는 갔지만 나중 일은 모른다"고 발뺌했다. "평소에 우울증이 있던 윤씨가 자살하고 싶다는 이야기를 자주 했다"고도 했다. 윤씨의 죽음을 자살로 몰아가려는 허위 진술이었다. 법원에 구속영장 실질심사를 받으러 가서는 "대구에 간 적도 없는데 경찰의 가혹 행위에 못 이겨 거짓 자백을 했다"고 하더니 화장실에서 자해 소동까지 벌였다. 나중에는 말다툼 끝에 우발적으로 범행을 저질렀다며 상해치사를 주장하기도 했다.

법정에서 박씨는 끝까지 자신은 무죄라는 주장을 고집했다. 살인의 직접증거가 없는 이상 재판은 자신에게 유리하다는 걸 간파한 것이다. 아니면 보험금을 타내기 위해 죽마고우를 꼬여

범인 박씨의 걸음걸이

내 죽였다는 사실을 인정하기엔 죄책감이 너무 컸는지도 모른다. 박씨는 거듭 자신의 무죄를 주장했다. "사건 당시 거창 집에서 자고 있었고 범행이 일어난 대구에는 가지 않았다. 부모님이 거창에서 식당을 하고 있는데 보험금을 노리고 가장 친한 친구를 살해할 이유가 없다."

하지만 대구지방법원은 2015년 11월 박씨의 살인 혐의를 인정해 무기징역을 선고했다. CCTV 화면 속 걸음걸이를 보고 박씨라고 추정한 '법보행 분석 결과'를 증거로 채택한 것이다. 그 시간대에 주위에 두 사람 말고는 길을 걷던 이들이 없었으니 제3의 인물이 나타날 가능성도 드물었다. 무엇보다 사건이 발생하기

두 달 전 박씨와 윤씨가 체결한 보험 계약이 결정타가 됐다. 재판부는 빚 독촉에 시달리던 박씨가 4억 원의 보험금을 타내려고 고향 친구인 피해자를 무참히 살해했다고 판단했다. 15년 우정을 미끼로 삼은 보험 범죄였다.

금호강 보험금 살인 사건

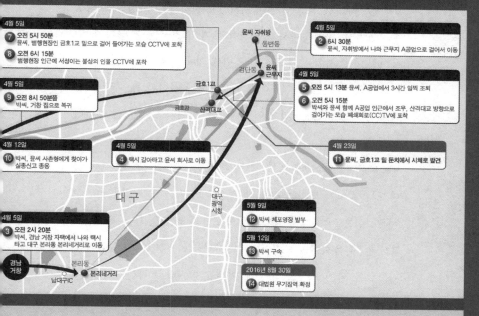

4월 5일
⑦ 오전 5시 50분
윤씨, 범행현장인 금호1교 밑으로 걸어 들어가는 모습 CCTV에 포착
⑧ 오전 6시 15분
범행현장 인근에 서성이는 불상의 인물 CCTV에 포착

윤씨 자취방
동변동
검단동
윤씨 근무지

4월 5일
② 6시 30분
윤씨, 자취방에서 나와 근무지 A공업으로 걸어서 이동

금호1교
금호강
산격대교

4월 5일
⑨ 오전 8시 50분쯤
박씨, 거창 집으로 복귀

4월 5일
⑤ 오전 5시 13분 윤씨, A공업에서 3시간 일찍 조퇴
⑥ 오전 5시 15분
박씨와 윤씨 함께 A공업 인근에서 조우, 산격대교 방향으로 걸어가는 모습 폐쇄회로(CC)TV에 포착

4월 12일
⑩ 박씨, 윤씨 사촌형에게 찾아가 실종신고 종용

4월 5일
④ 택시 갈아타고 윤씨 회사로 이동

4월 23일
⑪ 윤씨, 금호1교 밑 둔치에서 시체로 발견

대구

대구
광역
시청

4월 5일
③ 오전 2시 20분
박씨, 경남 거창 자택에서 나와 택시 타고 대구 본리동 본리네거리로 이동

5월 9일
⑫ 박씨 체포영장 발부

5월 12일
⑬ 박씨 구속

2016년 8월 30일
⑭ 대법원 무기징역 확정

경남
거창
남대구IC
본리동
본리네거리

CCTV속 남성 **걸음걸이** 본 지인들 "박씨가 틀림 없다"

임모씨

"박씨가 평소 팔자걸음을 걷고, 다리가 오자형인데, 영상 속 인물도 마찬가지여서 박씨처럼 보이고, 친구들 중 영상 속 인물처럼 마른 체형을 가진 사람도 박씨 외에는 없어요."

이모씨

"박씨가 오래된 친구이기 때문에 걸음걸이만 봐도 알 수 있어요. 영상 속 인물이 입고 있는 점퍼는 박씨가 낚시를 갈 때마다 입던 옷이에요."

서모씨

"피고인이 터덜터덜 걷는 게 조금 오다리 같다고 해야 하나 걸음걸이가 특이해요. 영상 속 인물이 박씨가 틀림 없어요. 그 걸음걸이는 어디 가서 섞어놔도 뒷모습만 봐도 제가 봐도 알 수 있죠."

김모씨

"걸음걸이를 보자 마자 바로 박씨라는 걸 알 수 있어요. 마스크를 끼고 가든, 여장을 하고 걸어가든 100% 박씨라고 확신할 수 있어요. 친구이고 오래 봐 왔는데 그걸 모를 리가 없죠."

CCTV 속 남성의 걸음걸이를 본 친구들 "박씨가 틀림없다"

임 모 씨: "박씨가 평소 팔자걸음을 걷고 다리가 O 자형인데, 영상 속 인물도 마찬가지여서 박씨처럼 보여요. 친구들 중 영상 속 인물처럼 마른 체형을 가진 사람도 박씨 외에는 없어요."

이 모 씨: "박씨는 오랜 친구이기 때문에 걸음걸이만 봐도 알 수 있어요. 영상 속 인물이 입고 있는 점퍼는 박씨가 낚시를 갈 때마다 입던 옷이에요."

서 모 씨: "피고인이 터덜터덜 걷는 게 조금 오다리 같다고 해야 하나, 걸음걸이가 특이해요. 영상 속 인물이 박씨가 틀림없어요. 그 걸음걸이는 어디 가서 섞어놔도 뒷모습만 봐도 알 수 있죠."

김 모 씨: "걸음걸이를 보자마자 바로 박씨라는 걸 알 수 있었어요. 마스크를 끼든 여장을 하든 백 퍼센트 박씨라고 확신할 수 있어요. 친구이고 오랫동안 봐왔는데 그걸 모를 리가 없죠."

박씨 무죄 주장 vs 법원 무기징역 선고 판단

박씨 측: 사건 당시 거창 집에서 자고 있었다. 대구에 가지 않았다.

법원: CCTV 영상 속 걸음걸이가 박씨의 것이라는 친구들과 법보행 전문가의 진술이 있고, 사건 당일 박씨를 태워 대구까지 간 택시기사의 진술 등을 종합하면, 제3의 인물이 나타날 가능성이 희박하다.

박씨 측: CCTV 영상 속 인물을 박씨로 추정하는 건 신빙성이 없

다.

법원: 오랫동안 박씨를 알아온 지인들의 진술이 모두 일치하고 박씨의 걸음걸이가 워낙 특이해 법보행 분석 결과에 대한 신뢰성이 낮다고 할 수 없다.

박씨 측: 부모님이 거창에서 식당을 운영하는 덕에 박씨는 경제적 어려움이 없다.

법원: 부모님도 상황이 여의치 않은 데다가 박씨는 직업도 없는 상태에서 1억 원가량 채무가 있었다. 또 박씨는 피해자가 사망하면 거액의 보험금을 받을 수 있는 수익자 위치에 있었다.

박씨 측: 박씨의 걸음걸이를 분석하기 위해 경찰서 마당에 설치된 CCTV 영상을 활용했는데, 이는 박씨의 동의를 받지 않고 촬영한 것이다.

법원: 박씨가 평소 걷는 모습이 찍힌 영상을 긴급히 확보할 필요가 있었고, 공개된 장소인 경찰서에서 촬영한 것이라 그 방법이 상당성을 결여한 것이라 할 수 없다.

사건 일지 _____

2015년 1월 31일 범인 박씨와 피해자 윤씨가 서로를 보험 수익자
로 하는 사망보험(사망시 4억 원 지급)에 가입한다.

4월 4일 오후 6시 30분 야간조로 일하던 윤씨가 대구 동변동의 자취
방에서 나와 근무지인 A공업사로 걸어서 출근한다.

4월 5일 오전 2시 20분 박씨는 거창 자택에서 나와 택시를 타고 대구
본리동 네거리로 이동한다. 그곳에서 박씨는 다시 택
시를 갈아타고 윤씨의 회사 쪽으로 이동한다.

새벽 5시 13분 윤씨는 평소보다 3시간 일찍 조퇴한다.

새벽 5시 15분 두 사람은 A공업사 인근에서 만나 이후 함께 산
격대교 방향으로 걸어간다. 이때의 둘의 모습이 CCTV
에 포착된다.

새벽 5시 50분 윤씨가 범행 현장인 금호1교 밑으로 걸어 들어가
는 모습이 CCTV에 포착된다.

아침 6시 15분 박씨로 추정되는 인물이 범행 현장 인근에서 서
성이는 모습이 CCTV에 포착된다.

아침 8시 50분쯤 박씨가 거창 집으로 돌아온다.

4월 12일 박씨가 윤씨의 사촌 형을 찾아가 실종 신고라도 해보
라고 종용한다.

4월 23일 윤씨가 금호1교 아래 둔치에서 시체로 발견된다.

5월 9일	법원은 박씨의 체포영장을 발부한다.
5월 12일	경찰은 박씨를 체포해 구속한다.
11월	대구지방법원은 박씨의 살인 혐의를 인정해 무기징역을 선고한다.
2016년 5월	대구고등법원은 박씨의 항소를 기각하고 무기징역을 그대로 선고한다.
8월 30일	대법원은 박씨에게 무기징역을 선고한 원심을 확정한다.

대구 금호강 보험금 살인 사건

법보행 분석

걸음걸이 분석이 법정에서 유죄 증거로 인정된 첫 사례

2016년 5월 2심을 맡은 대구고등법원은 박씨의 항소를 기각하고 1심과 마찬가지로 무기징역을 선고했다. 그해 8월 대법원은 무기징역 형을 확정했다. 항소심 재판부는 이렇게 판단했다. "범행을 위해 사전에 치밀한 준비와 계획을 했고, 피해자를 무참히 살해하고도 반성하지 않은 채 자백과 번복을 반복하면서 교묘한 변명으로 범행을 은폐하려 하고 있다. 피고인이 사망보험금을 수령하기 위해 자신의 가장 친한 친구인 피해자를 살해했다는 점에서 그 책임이 더욱 무겁다." 윤씨가 믿었던 우정도 그렇게 살해됐다.

사건 쟁점 중 하나는 박씨가 사건이 일어난 4월 5일 대구에 온 적이 있는가를 밝히는 것이었다. 박씨는 사건 당일 오전 1시

사건이 일어난 대구 북구 서변동 금호1교 아래. 사진 박진만

50분부터 아침 8시 50분까지 7시간 동안 알리바이가 없었다. 경찰은 거창 시내 전역에 있는 방범 CCTV에서 그날 오전 1시부터 오전 9시 사이에 찍힌 차량을 조사한 끝에 택시 한 대가 왔다 간 것을 확인했다. 마침 거창에서 묘한 손님을 태웠다는 택시기사의 진술이 나왔다.

박씨는 범행 당일 오전 2시 거창에서 대구까지 택시를 이용할 때 기사에게 말을 하지 않고 메모지로 목적지를 설명하고 택시비를 물었다. 자신의 행적을 숨기려는 계산이었다. 나중에 택시기사는 좀처럼 태우기 힘든 손님이어서 당시 상황을 상세히 기억한다고 진술했다. 손님이 메모지를 줘서 봤더니 '제가 목이 아파서 말을 못 합니다. 대구 본리 네거리까지 얼마 받습니까?'라고 쓰여 있었다. 택시기사가 손가락 7개를 펴 보이며 7만 원을 부르자 손님은 그 자리에서 5만 원짜리 한 장과 만 원짜리 두 장을 줬다. 택시기사는 당시 손님을 태우는 순간까지 정확히 기억했다.

"식목일이고 비도 부슬부슬 왔었고 해서 손님이 없었다. 그 손님이 차가 오는 반대 방향에서 건너왔다. 반대편에서 다른 택시가 한 대 올라오고 있었다. 내가 조금만 늦게 왔으면 이 손님을 못 태울 뻔했다. 까딱하면 장거리를 못 갈 뻔했구나 싶었다."(SBS '그것이 알고 싶다' 1016회에서 인용)

경찰은 택시기사의 말에 따라 사건 당일 거창에서 손님을 태운 위치를 확인하고 그 부근에 설치된 CCTV를 확보해 대조해보니 사실과 일치했다. 결국 경찰은 그 시간에 우산을 쓰고 택시에 올라탄 그 손님을 박씨라고 단정했다.

9

금융 규제의 허점 파고든 P2P 투자 사기

"P2P 투자금으로 모텔 신축"
배당금 돌려막기에 6800명 160억 원 피해

"연 이자만 19.9퍼센트야. 6개월 뒤엔 원금도 받을 수 있어."

30대 직장인 A씨는 지인이 들려주는 'P2P 투자' 얘기에 귀가 솔깃했다. 재테크에 관심이 많던 A씨는 그간 돈을 굴려볼 곳을 찾아 헤매었다. 주식 투자 등을 해보았지만 이미 몇 번의 실패를 거쳐 수익률이 마이너스로 떨어졌다. 하지만 포기하지 않았다. 은행 이자율이 2퍼센트대인 저금리 시대에 조금 손해를 보더라도 뭔가 시도해보는 게 더 낫다고 믿었다.

대출자와 투자자를 직접 연결하는 형태의 금융 상품인 P2P 투자에 대해 알아보니 그럴듯해 보였다. 투자액을 모아 모텔 같은 상업 시설을 짓는데 급한 돈이 필요한 것이니 수익은 두둑이 보장하고, 만에 하나 공사 중에 문제가 생겨도 땅을 담보로 해뒀으니 원금은 돌려받는다는 설명이었다. 중간에서 투자자를 모아 투자 상품이나 대출자 쪽과 연결하는 업체는 P2P 투자업계에서는 이미 유명한, 업계 3위인 '빌리'라 했다. 당시 여러 신문과 방송에서는 P2P 투자를 '혁신적인 핀테크(Finance+Tech) 비즈니스'로 소개하며 긍정적으로 전망하고 있었다. 급전을 빌려주고 높은 수익을 얻는다니 P2P 투자의 유혹은 대단했다. A씨는 때마침 생긴 목돈 500만 원을 넣었다.

빌리가 약속한 이자는 지급받은 지 석 달 만에 끊겼다. '건축 방법이 바뀌었다'는 등 공사가 지연되는 이유를 설명하느라 온갖 이야기들이 다 나왔다. 이제나저제나 하고 기다리던 차에 빌리 대표가 검찰에 붙잡혔다는 뉴스가 나왔다. 부랴부랴 투자금을 회수할 방법을 알아봤지만 건진 돈은 원금의 절반 정도에 불과했다.

A씨가 놀란 건 자기 같은 피해자가 수두룩하다는 사실이었다. 자신의 투자액 500만 원은 적은 축에 속했다. 수천만 원에서 수억 원까지 투자한 이들이 부지기수였다. 한 상품당 투자자는 300~700명 수준이었으며 복수 상품에 투자한 피해자도 있었다. 빌리 사건의 사기 피해자는 무려 6802명, 피해액은 162억 원에 달했다.

P2P는 'peer to peer'(개인과 개인 간)의 약자이고, P2P 투자는 은

행 같은 매개자 없이 대출자와 투자자를 직접 연결하는 형태의 금융 상품을 말한다. 중신용자 대출자들이 은행 같은 금융기관의 까다로운 심사와 평가를 우회하기 위해 택하는 전략이다. 급히 돈이 필요한데 대출을 받기 어려운 사람과 돈을 굴리면서 제도권 금융기관의 금리보다 좀 더 높은 수익률을 기대하는 사람, 양쪽을 만나게 해준다는 개념이다. '직거래 장터'와 비슷한 모습인데, 중간에서 P2P 업체가 돈이 필요한 사람의 의뢰를 받아 투자금과 이율, 상환 일정 등을 공개하면서 크라우드 펀딩처럼 돈을 모은다. P2P 업체는 이 과정을 주관해 중개 수수료를 받는다. 언뜻 잘만 운영하면 모두가 윈윈할 수 있는 구조처럼 보인다.

하지만 빌리는 거짓말로 일관했다. 가령 2016년 8월 서울 관철동에 지을 모텔의 신축 비용으로 M사에 9억 원을 대출해주는 상품을 소개했다. 빌리에 따르면, M사는 57억 원을 들여 모텔 신축 부지를 구입해뒀고 자신들은 M사와 신탁계약을 맺은 신탁사로부터 15억 6000만 원 상당의 2순위 수익권증서를 발급받아 담보를 확보해뒀다. 투자금을 내면 연 15퍼센트 상당의 이자를 주고 8개월 뒤엔 원금을 상환한다고 밝혔다.

반응은 뜨거웠다. 투자 상품을 내놓은 지 이틀 만에 370명의 투자자가 모였다. 성공 모델은 반복된다. 빌리는 관철동에 제2, 제3의 모텔 건설이 있다고 하면서 투자자를 더 끌어모았다. 이렇게 해서 796명에게서 20억 원을 받아 챙겼다.

나중에 드러난 사실이지만 M사는 관철동의 모텔 부지를 확보

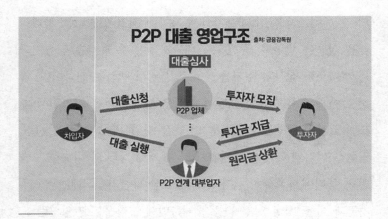

P2P 상품을 고를 땐 해당 업체의 연체 발생 사실과 관련 협회 등록 상황 등을 잘 살펴봐야 한다.
사진 YTN 뉴스 화면 캡처

하지 못한 상태였다. 그래서 M사는 빌리가 투자금을 모아 오면 건물을 짓는 데가 아니라 땅을 사는 데 쓸 계획이었다. 또 M사가 신탁사와 신탁계약을 맺었다는 것도 거짓말이었다. 신탁사에 확인해보니 M사와 신탁계약을 맺은 적도 없을뿐더러, 설사 맺는다 해도 빌리에게 2순위 수익권증서를 줄 생각도 없었다. 땅을 살 돈조차 부족했던 M사로선 대출금을 주겠다는 빌리의 제안이 유혹적이었다.

빌리의 범죄는 계속됐다. 2017년 서울 돈의동에 들어설 호텔의 신축을 위해 토지 매입 자금과 공사비 등이 필요하다며 1251명에게서 30억 원의 투자금을 모았다. 이때도 해당 토지에 대한 2순위 근저당권 설정 등기나 매월 연 18퍼센트에 해당하는 이자 지급 같은 고정 레퍼토리들이 반복됐다. 이후 3년여간 빌리

는 모텔과 호텔에 이어 오피스텔, 전원주택, 주유소 등을 짓는다
며 계속 범행을 이어갔다.

정상적으로 원리금을 상환할 수 없는 구조인데 이런 방식의
사기를 계속 진행하려니 남은 방법은 기존 투자자의 돈을 배당
금이니 뭐니 하는 명목으로 새로운 투자자들에게 지급하는 돌려
막기뿐이었다. 빌리의 P2P 투자는 결국 '폰지 사기'(실제 이윤 창
출 없이 나중에 들어온 투자자의 돈으로 기존 투자자에게 수익금을 나눠주
는 다단계 금융 사기)였다.

P2P 투자의 피해자들 대부분은 업체가 소개하는 말만 듣고 투
자했다. 빌리는 공사를 맡은 시행사에 대한 정보도 공개하지 않
았다. 그 대신 꾸준히 공사 현장을 찍은 사진을 보여줬다. 어쨌든
공사 현장에서 건물을 짓고 있는 모습을 확인할 수 있었기에 투
자자들은 사진을 보면서 안심했다. A씨는 당시의 심정을 토로했
다. "빌리가 인터넷 사이트 등을 통해 워낙 설명을 잘해줘서 사
기일 거라는 생각은 전혀 하지 못했다. 건물이 올라가는 걸 확인
할 때마다 내가 투자한 상품도 점점 성장한다는 느낌을 받았다."
피해자들은 괜히 남의 건물을 보면서 흐뭇해한 것이다.

여기에다 투자처가 부동산이라는 점도 한몫했다. 어쨌든 땅이
증발해버릴 리는 없다는 믿음을 악용한 것이다. 왜 약속대로 원
리금 상환이 제때 되지 않느냐고 따지는 투자자들에겐 '채찍과
당근'을 병행했다. "개발업자 문제로 발생하는 위험은 오로지 투

자자에게 귀속된다"고 뻔뻔히 되받아치기도 하고, 투자자들의 불만이 고조되면 투자설명회를 열어 "좀 더 기다리면 원리금을 받을 수 있다"고 달래기도 했다.

투자자 B씨는 답답한 마음에 빌리가 개최한 간담회에 갔다가 "공사 상황이 어려워 당장 이자를 줄 수 없지만 6개월 뒤 준공만 되면 투자금을 돌려줄 수 있다"는 말만 반복해서 들었다. 투자자 들로선 어쨌든 땅이 있고 공사가 진행되니 '나중에라도 어떻게 되겠지' 하는 심정으로 기다린 것이다.

이런 믿음은 참으로 허망한 것이었다. 돈의동 호텔 신축에 투 자금을 냈던 C씨는 빌리 사건이 사기라는 뉴스를 보고서야 그 지역 토지의 등기부등본을 떼어 봤다. "등기부등본에서 아무리 찾아봐도 빌리와 관련된 이름이 없어서 너무 허탈했다."

P2P 금융 사기는 피해자들의 잘못도 있지만 적절한 제재 수 단을 마련하지 못한 금융 당국의 책임도 있다. 빌리 사건만 해 도 피해자들은 피해 구제를 위해 금융감독원에 신고를 했지만 'P2P 업체는 금융 당국의 직접 감독 대상이 아니다'라는 답변만 받았다.

그럼에도 P2P 금융 사기 문제가 계속 불거지자 제도의 허점에 손을 놓고 있던 금융감독원은 2018년 11월 실태 조사에 나섰다. P2P와 연계된 대부업체 178곳의 대출 취급 실태를 점검한 결과 20개사(11.2퍼센트)에서 사기와 횡령 혐의를 포착할 수 있었고 곧

바로 검찰에 수사를 의뢰했다. 빌리의 대표 주 모(34세) 씨도 이 때 검찰 수사를 받고 횡령과 배임, 사기 등의 혐의로 기소됐다. 주씨는 2019년 7월 서울남부지방법원에서 징역 8년 형을 선고받았다. 함께 기소된 부동산 시행사 대표에게도 징역 8년이 선고됐다. 재판부는 "P2P 대출은 일반인 소액 투자로 이뤄지는 새로운 형태의 서민 금융으로, 이 사건 범행으로 다수 피해자들이 피해를 입었을 뿐 아니라 금융거래에 대한 사회적 신뢰도 심각히 훼손됐다"고 밝혔다.

문제의 핵심은 P2P 투자가 자본시장법의 규제를 받지 않는다는 데 있다. 보통 금융 투자는 금융회사가 투자자에게서 받은 투자금을 금융회사의 계정과 분리된 별도의 계정에 보관하고 실제 투자처에만 이 돈이 나가는 방식으로 진행된다. 이 모든 과정이 자본시장법의 규제 아래 놓여 있고 금융 당국은 이를 감독한다. 하지만 P2P 투자는 새로운 투자 형태인 만큼 자본시장법의 적용을 받지 않는다. P2P 업체가 투자자들을 속여도 금융 당국이 딱히 제재할 방법이 없다.

그러다 보니 P2P 대출 시장은 2016년 6000억 원에서 2019년 7월 4조 5000억 원으로 3년 만에 일곱 배 이상 성장하면서 덩치를 불렸다. 하지만 그 내부는 부실하다. 금융감독원의 조사에 따르면 P2P 투자와 연계된 대부업체들의 평균 임직원 수는 3.6명에 불과했다. 2인 이하로 운영되는 업체도 절반이 넘었다. P2P 투자업체도 평균 임직원 수가 6.2명이었으며, 투자 심사를 맡은 인력의 수는 2.9명에 불과했다. 투자 심사 담당자가 한 명뿐인 회사도 많았다.

빌리 사건 같은 P2P 투자 사기는 여전하다. P2P투자피해자모임을 만든 네이버 카페만 10여 곳에 이른다. 연체된 투자금을 떼일까 봐 이런 모임을 만들지도, 회사를 고소하지도 못한 채 속으로 끙끙 앓고 있는 이들은 더 많다. 빌리 사건의 피해자들을 대리하는 법무법인 태율의 이상헌 변호사는 이렇게 현실을 진단했다. "빌리가 소유한 재산을 가압류해둔 상황이지만, 사기 피해액을 돌려받을 수 있는 확률은 낮은 게 지금의 현실이다. 다른 P2P 업체로 인한 사기 피해와 관련해서도 소송 문의가 계속 들어오는 만큼 법제화가 하루빨리 이뤄져야 한다."

이런 지적 때문에 2017년 7월부터 관련 법안이 국회에서 발의됐고, 2년여 만인 2019년 10월 온라인투자연계금융업법이라는 이름으로 국회 본회의를 통과했다. P2P 금융이 법적으로 제도화된 것이다. P2P 업체들이 최소 5억 원 이상의 자기자본금을 갖추고 금융위원회에 등록하도록 하며, P2P 대출 금리의 상한을 수수료를 포함해 대부업법상 최고 금리를 넘지 못하도록 규정한 조항 등을 포함하고 있다. 또 P2P 업체의 횡령 및 도산 위험에서 투자자를 보호하기 위해 투자금 등을 외부 기관에 분리 보관하도록 하고, 다양한 금융기관에 P2P 금융에 대한 투자를 허용하는 내용도 담고 있다. 금융위원회와 금융감독원에도 P2P 업체를 감독하고 제재할 권한이 생겼다. P2P 금융만 별도로 떼어내 법령으로 제도화한 것은 한국이 첫 사례로 이 법은 2020년 8월부터 시행되고 있다.

P2P 투자 사기 범죄 수법

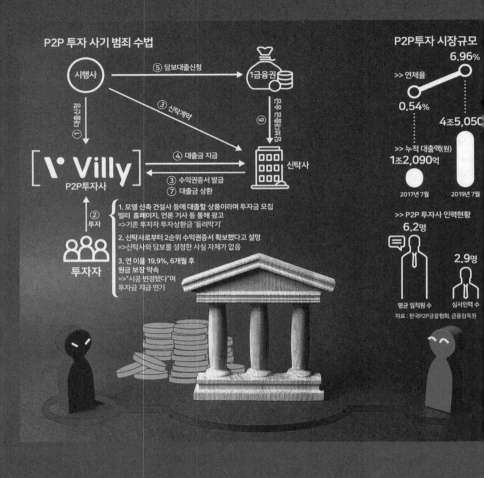

시행사

⑤ 담보대출신청 → 1금융권

③ 신탁계약

① 대출신청

금융 금융벼과거래

[ᐱ∙ Villy]
P2P투자사

④ 대출금 지급 → 신탁사
← ⑥ 수익권증서 발급
⑦ 대출금 상환

② 투자

투자자

1. 모델 신축 건설사 등에 대출할 상품이라며 투자금 모집
빌리 홈페이지, 언론 기사 등 통해 광고
=>기존 투자자 투자상환금 '돌려막기'

2. 신탁사로부터 2순위 수익권증서 확보했다고 설명
=>신탁사와 담보를 설정한 사실 자체가 없음

3. 연 이율 19.9%, 6개월 후
원금 보장 약속
=>"시공 변경됐다"며
투자금 지급 연기

P2P투자 시장규모

6.96%

>> 연체율

0.54%

4조5,050

>> 누적 대출액(원)

1조2,090억

2017년 7월   2019년 7월

>> P2P 투자사 인력현황

6.2명

2.9명

평균 임직원 수   심사인력 수

자료 : 한국P2P금융협회, 금융감독원

P2P 투자 사기 범죄 수법

1. 대출자인 시행사가 P2P 업체인 빌리에게 대출을 신청한다.
2. 빌리는 투자자를 모으고 그들에게서 투자금을 받는다. 즉 빌리는 홈페이지 소개와 언론사 광고를 통해 모텔을 신축 공사할 건설사 등에 대출할 상품이라며 투자금을 모집한다. 실제로는 기존 투자자의 투자 상환금을 돌려 막기 위해 투자금을 유치했을 뿐이다.

   이때 빌리는 투자자에게 신탁사에게서 2순위 수익권증서를 확보했다고 속인다. 실제 시행사는 신탁사와 담보를 설정한 사실 자체가 없었다. 그리고 투자자에게 연 이자 19.9퍼센트를 주고, 6개월 후 원금을 상환하겠다고 약속한다. 하지만 약속한 이자는 석 달 만에 끊겼고 '시공이 변경됐다'며 원금 상환을 연기했다.

3. 시행사는 신탁사와 신탁계약을 체결하고, 신탁사는 빌리에게 수익권증서를 발급한다.
4. 빌리는 신탁사에 대출금을 지급한다.
5. 시행사는 제1금융권에 담보대출을 신청한다.
6. 제1금융권은 신탁사에 담보대출금을 송금한다.
7. 신탁사는 빌리에 대출금을 상환한다.

금융 규제의 허점 파고든 P2P 투자 사기

P2P투자 체크리스트

 >> 카페 등 통해
업체 평판은 어떤지

 >> 상품 연체율이
얼마나 높은지

 >> P2P금융투자협회
가입했는지

 >> 과도한 경품을
내걸고 투자자
모집하는지

P2P 투자 체크리스트

1. P2P 투자자 모임(인터넷 카페) 등을 통해 업체에 대한 평판을 확

    인할 것

2. 해당 업체가 P2P금융투자협회에 가입했는지 확인할 것

3. 업체의 상품 연체율이 얼마나 높은지 확인할 것

4. 과도한 경품을 내걸고 투자자를 모집하는 업체는 조심할 것

P2P 투자 체크리스트

P2P금융투자협회 회원사인지,
인터넷 평판 좋은지 등 돈 맡기기 전에 확인해야

P2P 투자는 양날의 칼과도 같다. 한쪽에선 투자 사기일 뿐이라는 우려가 넘쳐나고, 다른 쪽에선 세계적으로 주목받는 핀테크 산업 중 하나로 고속 성장을 거듭하는 분야라고 소개한다. 무엇보다 디지털 기술의 발달에 힘입어 별다른 비용 없이 직접거래가 가능하다는 점이 가장 큰 매력으로 꼽힌다. 투자자가 스스로 P2P 업체를 잘 가려내기만 한다면 P2P 투자는 여전히 매력적인 투자처가 될 수 있다는 얘기다. 정부가 관련 사기 사건이 빈번히 발생하는데도 불구하고 P2P 투자를 제도권 금융 안으로 편입하기 위해 법률을 만드는 것은 이 때문이다.

P2P 투자에 성공하려면 일단 무엇보다 업체의 평판을 잘 살펴야 한다. 현재(2020년 7월까지) P2P 업체는 금융 관련법상 규제를

받는 제도권 금융 회사가 아니다. 그러니 금융감독원의 검사도 받지 않는다. 따라서 P2P 투자 상품을 고를 땐 해당 업체의 연체 발생 사실이나 투자 후기 등을 포털 사이트의 투자자 모임 등에서 잘 살펴봐야 한다. 인터넷상에서 업체의 평판을 열심히 조회해야 한다는 말이다.

해당 업체가 'P2P금융투자협회' 회원사인지 확인해보는 것도 한 방법이다. 금융감독원 관계자에 따르면, 협회는 건전한 영업을 위해 회원 가입 심사와 외부 자체 점검 등 자율 규제 시스템을 마련해 운영 중인 반면, 비회원사는 이런 자율 규제조차 해당되지 않기 때문에 불투명하게 운영될 소지가 크다. 협회 회원사라면 최소한 투자 자금을 별도로 보관해두는 '예치금 분리 보관 시스템' 같은 기본적인 투자자 보호 시스템은 갖추고 있다고 볼수 있다. P2P 투자 상품의 투자 위험도를 따져보면 대개 협회 회원사의 신용대출 상품이 가장 안전한 반면, 비회원사의 부동산 프로젝트 파이낸싱(특정 부동산 개발 사업의 미래 수익과 해당 부지를 담보로 사업 주체에게 돈을 빌려주는 대출) 상품이 가장 위험한 축에 속한다.

업체의 연체율도 잘 따져봐야 한다. P2P금융투자협회의 홈페이지에 가면 업체들의 연체율을 살펴볼 수 있다. 여기에서 보면 일부 업체는 연체율이 70퍼센트를 넘어서는 경우도 있다. 이런 업체는 당연히 되도록 피하는 게 낫다.

과도한 경품을 내거는 등 투자자 모집에 열을 올리는 업체도

과도한 경품을 내거는 등 투자자 모집에 열 올리는 P2P 업체는 조심해야 한다. 그래픽 한국일보

조심해야 한다. 투자 상품 자체에 문제가 있을 수 있고, 과도한 마케팅은 업체의 재무 상황에도 부담으로 작용한다. 2018년 금융감독원의 전수조사 결과를 보더라도 나중에 불법행위가 적발된 업체들일수록 과도한 이벤트에 열을 올리는 경향이 있었다.

금융 규제의 허점 파고든 P2P 투자 사기

10

대학생 주식투자 동아리 '골든 크로스' 사건

"주식 알바 월 90만 원"
형편 어려운 만이 여대생만 노린 '대학가 이희진'

'17회 OO증권대회 2위'

'1회 비트코인 투자대회 1위'

2016년 3월 서울 소재 4년제 대학의 졸업반이었던 황 모(27세) 씨는 눈앞에 닥친 취업 문제에 올인을 하고 있던 중 눈길을 확 끌어당긴 문구를 만났다. 황씨의 목표는 안정적이고 연봉도 두둑하다는 금융권에 취업하는 것이었다. 취업과 관련한 인터넷 카페를 뒤적이다 주식투자 연합동아리 '골든 크로스'를 발견했다.

살펴보니 각종 금융기관이 진행한 주식투자 대회에서 1위, 2위 성적을 낸 잘나가는 연합동아리였다. 이런저런 취업 사이

온라인 주식투자 연합동아리
"골든 크로스"

지원대상 전국 대학생 / 나이 학번 무관
주식을 전혀 모르는 학생도 가능

지원방법

1. 카톡 아이디 검색란 @골든 크로스 친구추가!
2. 본인의 학생증을 스크린샷으로 전송!
(합격증/포털인증샷/재학증명서 등 대체 자료 가능)

2016년 9월 서울 소재 한 대학의 커뮤니티에 게시된 동아리 홍보글. 사진 커뮤니티 사이트 캡처

트에서 이 동아리 덕 좀 봤다는 글도 자주 보였다. 실력파 회원 100명 이상이 활동한다는데 신입 회원 가입의 문턱도 높지 않았다. 학벌이나 나이, 학번 등도 따지지 않았다. 주식에 대해 전혀 몰라도 괜찮다고 했다. 가입 신청도 카카오톡으로 학생증을 찍어 보내는 게 전부였다. 활동도 어디서 무얼 해야 한다는 둥 요란한 게 아니라 온라인 활동이 전부였다. 바쁜 일과 중 시간을 쪼개 써야 하는 취업준비생 처지에 딱 맞는다고 생각했다. 황씨는 당시를 떠올렸다. "마침 금융권 취업이 목표여서 그때는 단순히 '주식투자 동아리 활동 경력이 있으면 이력서 쓰는 데 도움이 되

겠지' 정도로 생각했다." 취업이 곧 골든 크로스('주가의 강세 전환'을 뜻하는 용어)라 믿었다.

그런데 이 활동이 3년이 지난 지금까지도 황씨를 괴롭히고 있다. 동아리에 가입한 후 황씨는 당시 법정 최고금리(27.9퍼센트)로 저축은행에서 1500만 원을 대출받은 빚쟁이가 됐다. 아니, 그때는 자신이 빚쟁이가 되는 줄도 몰랐다. 황씨는 이렇게 털어놨다.

"편의점에서 김밥 하나로 끼니를 때우며 취업 준비를 하던 시절이었다. 그럼에도 눈앞에서 몇 년치 학비가 한꺼번에 날아가는데도 그걸 몰랐다. 나중에 그 사실을 알고 나선 죽고 싶은 생각까지 들었다."

그나마 다행히 졸업 후 1년 만인 2018년에 취업할 수 있었다. 직장에 들어가면서 제일 먼저 세운 계획은 채무 변제였다. 동아리 활동을 통해 금융시장에 대한 약간의 정보, 그리고 이력서에 넣을 한 줄가량의 경험 정도를 원했던 황씨는 어떻게 빚쟁이가 됐을까.

골든 크로스에 가입하자 황씨는 수백 명의 전국 대학생이 활동하는 카카오톡 단체대화방에 초대됐다. 동아리 회장 김소원 (34세) 씨는 대화방에서 '주식 투자의 신'과 같은 존재였다. 우리나라 최고 명문대에 다니는 김씨는 주식 투자로 월 1억 원을 벌어들인다고 했다. 이미 대학을 졸업할 나이가 한참 지났지만 학업까지 미룬 채 주식 투자에 열중하고 있었다. 예전에 기록했다는 '최고 수익률 3600퍼센트'가 그 증거였다. 김씨는 대화방에서 수시로 자신의 투자 수익률 그래프를 보여주고, 자신만의 투자 노하우를 알려주겠다며 오프라인 강의도 열었다.

특이하게도 골든 크로스의 단체대화방은 여학생들로만 이뤄진 방과 남학생들이 섞여 있는 방으로 나뉘어 있었다. 김씨는 남학생들이 섞여 있는 대화방에선 꼭 필요한 말만 했다. 하지만 여학생들만 모인 방에서는 적극적으로, 또 다정다감한 표현을 쓰며 활동했다. 여대생들은 이런 김씨를 '소원 오빠'라 부르며 따랐다. 즉 여성 회원들만 따로 관리한 것이다. 김씨는 자신을 돕는 동아리 운영진과 스태프들도 모두 여성으로 구성했다(계좌수익금 분배관리비서, 문화관리 비서, 스태프관리 비서, 해외관리 비서, 남자관리 비서). 누군가 그런 까닭을 물었더니 "예전에 남성 회원들이 사고를 자주 일으켰다"고 했다. '하기야 그즈음 나이의 남자들이란⋯.' 여대생들은 그런 생각을 하며 금세 의심을 풀었다.

소원 오빠는 '청담동 주식 부자'라 불리던 이희진 씨와 닮은꼴이었다. 자신의 화려한 사생활을 담은 사진들을 회원들에게 자주 보여줬다. 고급 외제차와 예쁜 외모의 여성 스태프들이 과시 수단이었다. 스태프들 가운데서도 소수의 인원은 요트 위에서 열리는 선상 파티에 초대받기도 했다. 소원 오빠의 이런 사진을 보고 회원들은 그에게 더 많은 믿음을 보냈다. SNS와 방송 프로그램에서 고가의 차량과 수영장이 딸린 집을 공개하며 투자자들을 끌어모으던 이희진 씨의 전략과 흡사했다.

대학생 주식투자 동아리 '골든 크로스' 사건

소원 오빠는 일단 이렇게 환심을 산 뒤 회원들에게 개별적으로 접근했다. 먼저 별도의 활동비와 복지 혜택을 줄 테니 스태프로 일해보지 않겠느냐고 제안하며 마수를 뻗쳤다. 외제차 공유, 월 2회 프리미엄 영화관 관람, 해외 선물 옵션 관련 정보 제공 등이 스태프에게 주어지는 혜택이었다. 황씨도 곧 소원 오빠에게서 영입 제안을 받았다. 제안을 받고 보니 어리둥절하기보다 자신이 인정받는 것 같아 기뻤다.

스태프가 되려면 '적합성 면접'을 치러야 하는데 소원 오빠가 직접 면접한다고 했다. 황씨로선 투자 관련 정보를 얻을 기회가 될 수도 있는 판에 마다할 이유가 없었다. 면접이 좀 황당하기는 했다. 시내에 외제 스포츠카를 몰고 나온 소원 오빠가 황씨를 조수석에 태운 채 돌아다니면서 진행됐는데, 질문도 투자 관련 이야기가 아니라 "월 생활비가 얼마냐" "아르바이트를 하냐, 부모님에게 용돈을 받느냐" "남자친구가 있느냐" 같은 이야기였다. 또 고급 외제차만 몰고 다니는 사람의 행색치고는 소원 오빠의 차림이 추레했다. 하지만 그땐 사고 방지를 위해 스태프의 개인 내력을 파악하는 줄만 알고, 투자에 전념하다 보니 일종의 너드 nerd(IT 업계의 천재 괴짜들)처럼 생활하는 것 아니겠느냐 하고 말았다.

소원 오빠는 이렇게 모집한 여대생들에게 다달이 수십만 원씩 수익금을 주겠다고 했다. 명목은 다양했다. 대학 홈페이지와 개인 블로그 등에 골든 크로스와 관련한 홍보 글을 올리면 활동 실

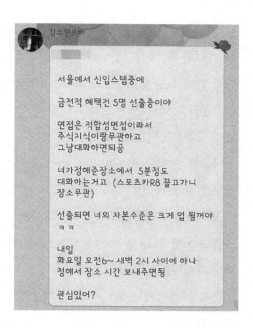

김소원오빠

서울에서 신입스텝중에

금전적 혜택건 5명 선출중이야

면접은 적합성면접이라서
주식지식이랑무관하고
그냥대화하면되공

너가정해준장소에서 5분정도
대화하는거고 (스포츠카R8 끌고가니
장소무관)

선출되면 너의 자본수준은 크게 업 될꺼야
ㅋㅋ

내일
화요일 오전6~ 새벽 2시 사이에 하나
정해서 장소 시간 보내주면됭

관심있어?

소원 오빠가 카카오톡으로 피해자에게 동아리 스태프 자리를 제안하는 내용. 사진 독자 제공

적에 따라 35만원에서 70만 원까지 돈을 준다는 것. 또 투자금을 내면 선물 옵션에 투자해 매달 35만 원에서 90만 원까지 수익금을 돌려준다고 했다. 투자계약서를 작성할 땐 '투자에 따른 리스크는 '갑'(소원 오빠)이 감당한다'는 대목을 보여줬다. 원금 손실을 걱정하지 말라는 의미다. '알바'에 목을 매던 여대생들이 솔깃할 얘기들이었다.

하지만 핵심은 다른 곳에 있었다. 소원 오빠는 "수익금을 받으려면 몇 가지 서류와 절차가 필요하다"며 신분증과 공인인증서 등 개인정보를 받아냈다. '나이스지키미'(신용 정보 사이트)에 회원 가입한 후 메신저로 아이디와 비밀번호를 보내고, 신분증 사진과 인터넷 뱅킹 사진도 보내고, 자주 쓰는 이메일 주소 등까지 알려달라고 명령했다. 그가 피시방에 직접 동행하거나 스태프를 보내 이런 개인정보를 챙겨 갔다.

나중에 드러난 사실이지만 소원 오빠는 이렇게 확보한 개인정보를 이용해 2015년 1월부터 2016년 11월까지 여대생 433명의 명의로 4개 저축은행에서 54억 8000만 원을 대출받는 등 모두 59억 2000만 원을 뜯어냈다. 1명당 1000만~1500만 원을 받아 가로챈 셈이다.

간혹 여대생의 신용도가 낮아 대출이 까다로울 경우 대출 중개업자를 중간에 끼고 작업하기도 했다. 중개업자 정 모(48세) 씨는 소득 없는 여대생들을 카페나 고깃집 등에서 월 100만 원 받고 일하는 고졸 알바생으로 둔갑시켰다. 결국 회원들을 대출 사기에 동원한 것이다. 회원 명의의 통장에 꼬박꼬박 돈을 넣어줌으로써 월급을 받는 것처럼 위장하고, 금융기관에서 전화할 것에 대비해 예상 질문과 답안을 준비해 연습도 시켰다. 범죄의 주요 타깃이 사회 활동 경험이 없는, 대학에 갓 입학한 1학년, 2학년생이다 보니 대체로 대출 과정에 대한 이해가 부족하고 별다른 의심이 없었다. 일부 회원들은 대출이라는 말에 깜짝 놀라기도 했지만, 소원 오빠는 "표면상 대출일 뿐이다" "기업과 국가가 원금을 보장한다"며 속였다.

그래서 소원 오빠는 수익금을 나눠 주기라도 했을까. 뜯어낸 돈 59억 2000만 원 가운데 실제 회원들에게 분배한 금액은 7억 원에 불과했다. 투자 수익은커녕 추가 모집한 회원들에게 받은 돈으로 돌려막기를 하는 데 급급했다. 이 틈은 서서히 벌어졌다. 수익금을 못 받게 된 일부 여대생들이 뒤늦게 고소하면서 소원 오빠의 사기극 그래프는 내려앉기 시작했다. 2017년 7월 광주고 등법원은 유사수신행위법, 특정경제범죄법(사기) 위반 혐의를 인 정해 그에게 징역 8년 형을 선고했다. 수사와 재판이 진행되는 과정에서 '김소원'은 가명이었다는 사실도 드러났다. 실제 이름 은 박 모 씨였다.

'소원 오빠' 박씨는 2015년에도 비슷한 짓을 하다 1000만 원의 벌금형을 선고받은 적이 있다. 이 일을 겪고 나서 박씨는 골든 크 로스 활동을 할 때는 범행 대상을 신중히 골랐다. '적합성 면접' 은 그 때문에 만들어졌다. 가정형편이 어렵고 책임감이 강한 장 녀가 집중 공략 대상이었다. 형편이 어려워야 수익에 혹할 가능 성이 높고, 그런 집안의 장녀라면 문제가 생겨도 적극 나서지 못 할 것이라는 계산이 깔렸다. 황씨도 이런 사실을 뒤늦게 깨달았 다. "나중에 보니 피해자들 중에 유난히 장녀가 많았는데, 책임 감이 강해 부모님이나 주변 사람들에게 피해 사실을 알리지 않 을 것이라 판단한 것 같다."

골든 크로스 피해자들은 여전히 빚을 갚아야 한다. 알바를 이

중 삼중으로 뛰는 피해자도 있고, 사채에 손댔다 더 큰 고통을 받은 이들도 있다. 돈도 돈이지만 그에 못지않게 정신적 충격도 크다. 처음엔 자신이 사기 피해자라는 사실을 받아들이지 못하다가 채무를 갚으라는 압박을 받게 되자 정신과 치료를 자청하는 이들도 있다. '소원 오빠' 박씨는 "고소하는 사람들에게는 한 푼도 줄 수 없다"고 협박하기도 했다. 피해자들은 걱정이 하나 더 있다. 나중에 박씨가 출소해서 또다시 범행을 저지를 가능성이다. 악몽은 여기서 그쳐야 한다.

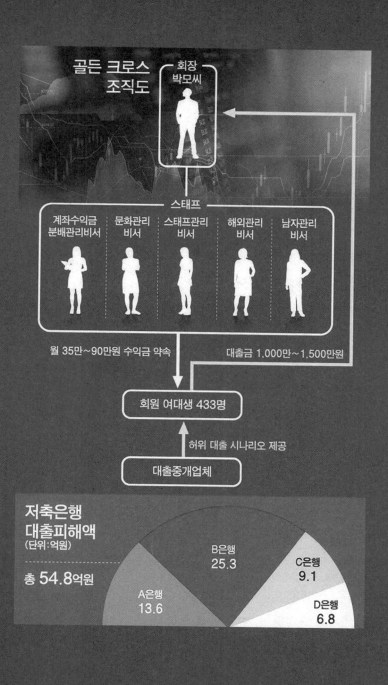

골든 크로스
조직도

회장
박모씨

스태프

계좌수익금
분배관리비서

문화관리
비서

스태프관리
비서

해외관리
비서

남자관리
비서

월 35만~90만원 수익금 약속

대출금 1,000만~1,500만원

회원 여대생 433명

허위 대출 시나리오 제공

대출중개업체

저축은행
대출피해액
(단위:억원)

총 54.8억원

B은행
25.3

C은행
9.1

A은행
13.6

D은행
6.8

사건 일지 _____

2015년 1월　박씨가 대학생 주식투자 동아리 '골든 크로스'를 설립
한다.

12월　　　박씨는 이때도 한 차례 유사수신행위법을 위반했다
가 적발돼 벌금형을 선고받는다. 불법투자를 했다는
혐의가 인정돼 벌금 1000만 원 처분을 받은 뒤 재범
을 계획한다.

2015년 1월부터 2016년 11월까지　골든 크로스 회원 400여 명이 대출 사
기에 동원된다.

2016년 11월　광주북부경찰서에 박씨에 대한 고소장이 접수된다.

12월　　　경찰은 박씨의 자금 출처를 추적해 범행의 전모를 밝
히고 대출 중개업자 정씨를 검거한다.

2017년 7월　광주고등법원은 유사수신행위법과 특정경제범죄법
(사기)을 위반한 혐의를 인정해 박씨에게 징역 8년을
선고한다.

_____

대학생 상대 투자 사기

협박당한 피해자들이 가해자를 두둔하고
선처를 호소하는 심리

골든 크로스 사건 수사는 2016년 11월 피해자들 3명의 고소로 시작됐다. 3명에서 시작했던 피해자 규모는 수사가 진행되면서 순식간에 수백 명으로 불어났다. 이때부터 수사를 맡은 광주 북부경찰서 경제팀은 난데없는 '전화 테러'를 겪어야 했다. '소원 오빠' 박씨를 따르는 이들이 수사를 방해하기 위해 집단적으로, 조직적으로 민원 전화를 해대기 시작한 것이다. 박씨의 추종자들 가운데 일부는 일부러 고소인 대열에 동참해 경찰 조사를 받은 뒤 조사 내용과 수사 진척 상황 등을 캐내 박씨에게 알려주는 역할을 떠맡기도 했다.

이들 가운데 정말 자발적으로 박씨를 믿고 따르는 이는 얼마나 됐을까. 대개는 그렇게라도 해서 얼마간의 돈이라도 돌려받

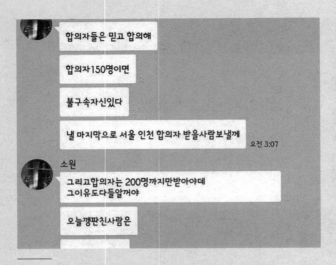

합의자들은 믿고 합의해

합의자 150명이면

불구속자신있다

낼 마지막으로 서울 인천 합의자 받을사람보낼께

오전 3:07

소원

그리고합의자는 200명까지만받아야데
그이유도다알꺼야

오늘깽판친사람은

피해자들이 고소하기 시작되자 '소원 오빠'는 "합의해야 돈을 주겠다"는 식으로 본색을 드러냈다.
사진 독자 제공

으려는 피해자들이다. 이처럼 수사의 최대 난관은 박씨의 협박
이었다. 자기가 궁지에 몰리자 박씨는 피해자들에게 "명예훼손
과 협박죄로 고소하겠다" "부모님에게 이르겠다" "합의한 사람
만 돈을 돌려받을 수 있다"고 을러댔다. 박씨 자신이 투자 위험
을 다 떠안겠다고 써냈던 투자계약서를 무효화하기 위해 또 다
른 합의서에 서명하라고 요구하기도 했다. 자신은 원금 보장을
약속한 적이 없다고 주장하기 위해서다. 피해자들이 고소를 주
저하거나, 수사를 방해하거나, 심지어 수사나 재판 과정에서 박
씨에 대한 처벌을 원하지 않는다며 선처를 호소하는 등 가해자
를 두둔하고 나선 것도 이 때문이다.

경제사범을 주로 수사해온 한 경찰 관계자는 사기 피해자의

이런 심리가 얼마나 위험한 것인지 지적했다. "피해자들은 가해자에게 거액을 맡겨둔 상태라 돈을 되돌려 받을 생각에 피해 사실을 숨기려는 경우가 많다. 그러나 그럴 경우 더 많은 피해자가 생겨날 수 있다는 점을 명심해야 한다." 이수정 경기대 범죄심리학과 교수는 제도적 방안을 강조했다. "사기 사건에서 금전적 손해를 본 피해자들은 가해자의 설득이나 회유, 협박에 쉽게 약해지는 경우가 많다. 대학생 같은 사회 초년생들이 손쉽게 법률적 도움을 받을 수 있도록 제도를 정비하는 방안이 필요하다."

대학생 주식투자 동아리 '골든 크로스' 사건

11

약까지 먹이는 내기 골프

골프만 쳤다 하면 '어질어질',
3억 원 잃고서야 "당했구나!"

2018년 10월 인천지방경찰청 광역수사대 조직3반에 첩보 한
건이 들어왔다. 내기 골프를 하다가 3억 원 넘게 잃었는데 아무
래도 '꾼'들에게 당한 것 같다는 내용이었다.

첩보 속 피해자는 인천이 아닌 다른 지역에 거주하는 40대 사
업가 A씨였다. 골프를 즐기는 A씨는 네이버 '밴드'에 등록된 한
골프 동호회에 2016년 가입했다고 했다. 그가 경찰에 범인으로
지목한 이들은 동호회에서 알게 돼 2017년부터 본격적으로 함
께 라운딩을 한 김 모(48세) 씨 일행이었다. 골프를 치는 사람들
이 모인 흔하디흔한 동호회여서 자연스레 결성된 줄 알았고, 더
구나 '밴드'의 운영자가 김씨 일행인 까닭에 이들과 라운딩을 할

때 일말의 의심조차 들지 않았다.

A씨가 경찰에 털어놓은 자초지종은 이랬다. 상당한 구력을 자랑하는 그는 필드에서 18홀을 80대 초중반 타수로 끝내는 실력자인데, 김씨 일행만 만나 붙었다 하면 이상하게 못 쳐서 90대 타수를 기록했다. 한두 번 그랬다면 당일 컨디션 문제나 자신의 운을 탓했겠지만 수십 차례 같은 스코어가 반복됐다. A씨는 경기당 적게는 수십만 원에서 많게는 수백만 원까지 번번이 김씨 일행에게 돈을 내줘야 했다.

광역수사대 형사들은 A씨의 이야기를 듣고 단순 사기 사건이라며 초반에는 다소 심드렁했다. 사기 골프를 신고하러 온 이들 중 다수가 별다른 증거 없이 내기를 했다가 패한 게 분해서 찾아오는 이들이기 때문이다. 하지만 A씨의 이어지는 진술에 형사들의 눈빛이 달라졌다.

A씨는 김씨 일행과 골프를 치면서 겪은 신체 이상이 무엇보다 희한한 일이라고 경찰에 털어놨다. 전반 몇 개 홀을 돌고 나면 머리가 어지럽기 시작하면서 열이 나고 심하면 속이 메스꺼워 구역질이 올라오는 게 매번 똑같았다는 주장이었다. 분한 마음에 '꼭 이기겠다'는 오기에 불탔던 A씨는 반년 넘게 계속 당하면서도 설마 그게 범죄였을 거라는 생각은 하지 못했다. 지인에게 얘기했다가 "사기당한 거야"라는 말을 듣고 신문 기사를 찾던 중 비슷한 범죄 사례를 발견한 뒤에야 정신이 번쩍 들었다. 이것이 A씨가 경찰을 찾아 털어놓은 사기 골프의 전모였다.

경찰은 A씨가 돈을 잃었을 때 느낀 어지럼증이 약물에 의한 것인지, 약물이 쓰였다면 종류는 무엇인지 확인하기 위해 우선 국립과학수사연구원에 A씨 모발에 대한 검사를 의뢰했다. 피해를 당한 지 거의 1년이 지났지만 종류에 따라 시간이 오래 흘러도 약물이 검출되는 경우가 간혹 있기 때문이다. 2018년 10월 말 국립과학수사연구원에 의뢰한 검사는 한 달이 채 안 된 11월 중순쯤 결과가 나와 경찰에 도착했다.

한 가닥 기대를 걸고 의뢰한 것이지만 결과는 '음성'이었다. A씨의 모발과 소변 등에서는 약물이 전혀 검출되지 않았다. 투약 여부를 직접 확인할 방법이 없으니 A씨가 주장하는 사기 피해를 입증할 길은 더욱 복잡해졌다. 경찰 입장에서 확보된 것이라곤 A씨의 피해 진술뿐이었다. 어쩌면 큰돈을 잃고 분에 못 이겨 신고했을 가능성도 배제할 수 없는 상황이 됐다.

쉽지 않은 수사가 분명했지만 광역수사대 형사들은 A씨 진술의 신빙성에 무게를 두고 계속 전진하기로 결정했다. 4차례에 걸친 조사 과정에서 피해자의 진술이 일관됐고, 김씨 일당에게 송금한 금융거래 내역이 남아 있는 점으로 미뤄 아예 없는 사실을 지어내지는 않았을 것으로 판단했다.

A씨의 진술을 직접 들었던 김정준 인천지방경찰청 광역수사대 조직3반장은 그 무렵을 이렇게 회고했다. "진술의 신빙성을 가리기 위해 보통 보름이나 한 달 간격으로 다시 조사를 하는데,

상대방을 악의적으로 엮으려는 사람은 진술의 내용이 달라지는 경우가 많다. 자신이 어떤 거짓말을 했는지를 오히려 기억하지 못하는 것이다. 그런데 이 사건의 피해자가 4차례 조사에서 상대 인물들의 행동에 대해 진술한 것을 보면 그 내용이 모두 일치했다."

과거 사건에서 직접증거를 확보하기 어려워지자 형사들은 차선책으로 범행이 이뤄지는 사건 현장에 직접 가보기로 했다. 물론 증거 확보를 자신할 수 없는 일종의 모험이었다. 김반장의 말대로 "피해자의 진술에 따라 지금도 분명 다른 피해자를 노리고 있을 거라는 추론을 믿어보기로" 한 것이다.

경찰은 A씨가 밴드 동호회에서 골프를 함께 친 김씨 등 주요 인물을 추린 뒤 밴드에 올라오는 라운딩 일정을 살펴보고 급습할 시간과 장소를 물색했다. 그러다 2019년 2월 말 법원이 압수수색 영장을 발부해준 덕분에 형사들은 골프장으로 들어가는 김씨 일행의 벤츠 승용차를 멈춰 세울 수 있었다.

김씨 일행은 차를 막아선 경찰이 압수수색 영장을 제시하자 "진짜 영장 맞느냐" "이렇게까지 할 필요가 있느냐"고 말하는 등 당황한 모습을 감추지 못했다. 일행의 골프 가방을 뒤져보니 노란색 액체가 담긴 물통이 나왔다. 경찰이 찾던 문제의 약물이었다. 도둑이 제 발 저린다더니 김씨 일행은 "몸이 안 좋아서 처방받은 약이다"라고 묻지도 않은 대답을 했다.

소지품 수색을 끝낸 형사들이 차량 트렁크를 연 이후에는 이런 변명조차 쏙 들어갔다. 경찰이 트렁크 아래 비상 공구함의 문을 열기까지 시간이 꽤 소요됐고, 김씨 일행은 초조하게 그 모습을 지켜봐야 했다. 비상 공구함에선 강한 수면 효과를 일으키는 신경안정제 80정이 담긴 약통이 나왔다. A씨가 진술한 것처럼 구토와 어지럼증을 유발하는 부작용이 있는 약이었다.

경찰은 압수수색 당시 확보한 약품과 A씨의 진술에 기초해 김씨 일당을 조사했다. 약을 물에 풀어서 쉽게 음료에 탈 수 있는 물통까지 현장에서 나왔는데도 김씨 일당은 "내기 골프는 쳤지만 약을 사용하지는 않았다"는 식으로 혐의를 강하게 부인했다. A씨가 라운딩을 마치고 함께 찾아간 음식점의 이름까지 일관되게 진술했지만 김씨 등은 기억이 잘 나지 않는다고 발뺌했다.

경찰은 불구속 상태에서 피의자들을 상대로 4개월가량 끈질기게 조사한 끝에 결국 일당 중 한 명에게서 자백을 받아낼 수 있었다. 2019년 6월 경찰은 김씨 등 구속한 주범 2명을 포함해 모두 6명을 사기 및 마약류관리법 위반 혐의로 검찰에 송치했다. A씨의 진술 등에 의하면 추정되는 피해 금액은 훨씬 컸지만 증거가 확보된 15회의 사기 골프를 통해 뜯어낸 금액은 1억 1320만 원으로 정리됐다.

경찰 수사에 따르면 김씨 일당은 피해자의 애간장을 태우며 판돈을 끌어올리고는 약물을 사용해서 확 불어난 판돈을 쓸어가

피의자들이 골프백에 넣고 다니는 약병에는 물에 탄 약품이 들어 있었다. 사진 인천지방경찰청

는 수법을 사용했다. 처음에 한 타에 5만 원꼴로 시작된 내기는 홀을 거듭하면서 두 배, 네 배로 폭등했다. 한 홀에서 동점자가 나오면 다음 홀에선 판돈이 두 배로 뛰는 규칙이 있었고, 아쉽게 패해 약이 오른 피해자가 "더블"을 외치기도 했던 탓이다.

김반장은 라운딩 과정을 이렇게 설명했다. "한 타당 1000원이라고 해도 이런 규칙이 적용돼 판돈이 오르면 마지막 홀에는 한 타에 50만 원 이상의 판돈이 걸리게 된다. 약을 먹으면 바로 증상이 나타나는 게 아니다 보니 피해자도 3홀, 4홀까지는 따기도 하고 잃기도 하면서 판돈이 늘어나는 데 거부감이 없어졌다."

사기 골프 일당이 피해자에게 약을 먹인 장소는 주로 라운딩

약까지 먹이는 내기 골프

전 아침을 먹기 위해 들렀던 음식점이었다. 스물 살 때부터 골프를 치기 시작한 주범 김씨는 실내 골프연습장을 운영했는데, 피해자가 필드에서의 결과를 아쉬워하면 자신의 연습장으로 데려가기도 했다. 스크린골프로 이어진 2차 내기에서도 직원에게 약을 넣은 커피를 타오게 해 피해자에게 건넨 것으로 조사됐다.

일당 6명 중 김씨와 다른 주범 한 명은 2019년 10월 18일 인천지방법원의 1심 선고 공판에서 각각 징역 3년과 2년 8월을 받았다. 피해자가 마시는 물에 약물을 탄 직접증거는 없었지만 피해자 진술의 신빙성이 인정된 것이다. 재판부는 피해자 진술이 범죄 사실을 일관되고 구체적으로 묘사했고, 형사처벌을 받을 위험을 무릅쓰고 자백한 공범의 진술 태도가 신빙성을 의심할 정도가 아니라고 판단했다. 결국 차량과 소지품에서 발견된 약품들의 부작용과 피해자 진술 등을 종합했을 때 신경안정제 투약과 내기 골프 점수 사이에 상당한 인과관계가 있다고 밝혔다. 1심에서 인정된 내기 골프 횟수는 11회, 금액은 9970만 원으로 경찰 조사의 내용보다 줄었다. 주범 둘 모두 항소했다.

피의자들이 골프백에 넣어 소지하고 있던 마약류 및 마약류를 탄 물약

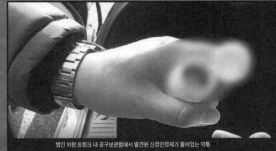
범인 차량 트렁크 내 공구보관함에서 발견된 신경안정제가 들어있는 약통

업가 상대 억대 기 골프 사건

사건 개요

- **2016년 상반기** A씨 온라인 골프 동호회 가입
- **2017년 6월 28일** A씨 김씨 일행과 첫 골프, 평소 80대 타수를 기록했던 A씨 후반에 급격히 무너지며 참패, 내기에 저 570만원 전달
- **12월 5일까지** A씨 김씨 일행과 11회 라운딩, 계속 패해 매번 수십~수백 만원 송금
- **2018년 10월** A씨 "당한것 같다" 인천경찰청 광역수사대 수사 착수
- **11월** 국과수, 피해자 모발 약물 검사 결과 '음성'
- **2019년 2월** 경찰, 압수수색 영장 받아 김씨 일당 소지품과 차량 압수수색
- **6월** 주범 2명 구속
- **10월** 주범 2명 1심서 각각 징역 3년과 2년8월 선고

최근 약물 이용 사기 골프 사건 현황	피해 금액	이용한 약물	1심 판결
부산지법 서부지원(2019년 4월)	550만	필로폰 섞은 커피	징역 1년
울산지법(2018년 12월)	5,360만	필로폰 등 마약 섞은 음료	징역 10월
서울중앙지법(2017년 4월)	미수	신경안정제 섞은 음료수	징역 2년 6월
인천지법(2017년 2월)	400만	신경안정제 섞은 음료수	집행 유예

사건 일지 _____

2016년 상반기 A씨가 온라인 골프 동호회에 가입한다.

2017년 6월 28일 A씨가 김씨 일행과 첫 골프 내기를 한다. 평소 80대 타수를 기록했던 A씨는 후반에 급격히 무너진다. 참패하면서 5700만 원을 김씨 일행에게 건넨다.

12월 5일까지 A씨는 김씨 일행과 그동안 11회 라운딩을 했고 연거푸 패했다. 질 때마다 수십만 원에서 수백만 원까지 판돈을 송금한다.

2018년 10월 A씨가 자신이 사기 골프에 당한 것을 깨닫고 경찰에 신고하면서, 광역수사대가 수사에 착수한다.

11월 경찰은 약물이 투약됐는지를 확인하기 위해 A씨의 모발 검사를 진행하나, 국립과학수사연구원의 검사 결과 음성으로 판정된다.

2019년 2월 경찰은 법원에서 압수수색 영장을 발부받아 김씨 일당의 소지품과 차량을 압수수색한다. 이때 문제의 약물이 발견된다.

6월 경찰은 주범 2명을 구속한다.

10월 법원은 신경안정제 투약과 내기 골프 사이에 상당한 인과관계가 있다고 판단하고 사기 등 혐의를 인정해 김씨와 또 다른 주범에게 각각 징역 3년과 징역 2년 8월을 선고한다.

사기 골프는 인터넷 커뮤니티와 앱 등의 동호인 모임을 통해 범행 대상에게 접근한 뒤, 여럿이 한 패를 이뤄 골프를 치는 동안 피해자에게 약물을 탄 음료수를 먹여 판돈을 따 가는 수법이다. 약물을 사용한 사기 골프는 사실 A씨 사건이 처음은 아니다. 법원 홈페이지에 공개된 판결문을 확인해보면 3년간 같은 사례가 최소 5건에 이른다. 2000년대 중후반부터 이따금씩 피해 사례가 매스컴에 보도되기 시작했다.

피해자는 골프 초보자가 아닌 중급 이상의 실력자가 다수였다. 18홀을 9언더파 이내로 마무리하는 '싱글 골퍼'가 당한 사례도 있었다. 2007년엔 사기도박을 하던 '타짜'가 골프를 배워 범행을 벌인 사건이 언론에 보도된 적이 있다. 재력을 갖춘 피해자를

일당이 피해자에게 약을 먹인 장소는 라운딩 전 아침을 먹기 위해 들른 음식점이었다.

물색해 마약을 탄 음료수 등을 먹인 뒤 도박으로 돈을 따내던 범행이 골프로 '진화'해갔다고 볼 수 있다.

혼자 골프를 즐기는 이들이 주로 범행 대상이 되므로 경계할 필요가 있다. 일회성에 그치는 범행이 아니라, 골프장에서 골프 실력을 칭찬하며 접근하는 식으로 자연스레 친교를 맺어 수차례에 걸쳐 골프를 치면서 잃기도 하고 따기도 하면서 신뢰를 쌓아가다가 끝내 돈을 털어가는 방식이다. 3명이서 공모해 2대 2 내기 골프를 하자고 유도한 다음 처음엔 일부러 지다가 나중에 돈을 뜯어낸 사례도 존재한다. 2010년에는 제조업체를 운영하는 한 사업가가 평소 알고 지내던 친구와 필리핀으로 골프 여행을 갔는데, 여기서 만난 일행 2명과 2대 2로 내기 골프를 쳤다가

50억 원가량의 차용증까지 써준 사건도 발생했다.

A씨 사건의 주범인 김씨처럼 실내 골프연습장 운영자가 범행에 가담하는 사례도 있었다. 2017년 인천 서구에선 한 스크린골프장 운영자가 신경안정제를 넣은 음료를 건네고 판돈을 따려다 실패해 붙잡힌 적이 있었다. 이때 사기범은 사기미수 및 도박장소개설 등 혐의로 서울중앙지방법원에서 징역 1년 6월에 집행유예 3년을 선고받았다.

불법적으로 구한 필로폰을 사용한 사건도 있었다. 2019년 4월 부산에선 필로폰이 든 주사기를 사들인 일당이 커피에 필로폰을 타 상대에게 먹이고 한 타당 최대 10만 원짜리 내기 골프를 쳐 550만 원을 땄다가 붙잡혔다. 이들에게는 징역 1년이 선고됐다.

범행에 사용되는 진정제 등의 약효가 바로 나타나는 것이 아닌 점도 주의해야 한다. 음료수를 먹으면 바로 어지러워지는 게 아니라, 아침식사를 하면서 범인들이 먹인 진정제의 효과가 5홀, 6홀 들어서야 나타나는 경우가 일반적이다. 게임 초반에 좋은 컨디션만 믿다가는 큰코다칠 수 있는 것이다. 골프를 치다가 전에 느낀 적 없는 어지럼증이 한두 시간 지속된다면 곧바로 수사기관을 찾는 편이 좋다. 인천지방경찰청 광역수사대 김정준 반장도 "A씨 사례처럼 내기 골프를 치다가 일시적인 어지러움이 아니라 한두 시간 지속되는 어지럼증을 느꼈다면 빨리 경찰에 신고를 하는 게 사건 해결에 도움이 된다"고 당부했다.

경찰은 스크린골프가 확산됨에 따라 골프 인구가 급속히 늘면

약까지 먹이는 내기 골프

서 내기를 가장한 사기 골프 범행이 더 있을 것으로 보지만 아직 수면 위로 드러나는 사건은 많지 않다. 피해자가 처벌을 두려워해 나서지 않거나, 피해 사실 자체를 인지하지 못하는 것으로 추측한다. 하지만 약물을 사용한 사기 골프는 도박에 적극적으로 참여하기보다 상대방이 쳐놓은 그물에 걸리는 셈이라 신고자가 처벌받을 가능성이 적다.

이런 경우 사기 골프를 의심해보세요

- 모르는 사람이 인터넷상에서 호의를 보이며 내기를 제안한다.

- 고액의 판돈을 걸고 두 배, 네 배로 늘리는 데 거리낌이 없다.

- 상대방과 비슷한 실력인데 매번 게임을 하면 자신만 돈을 잃는다.

- 돈을 다 잃으면 '현금을 빌려줄 테니 더 치자'고 한다.

- 상대방이 준 음료나 커피를 마시고 어지럼증을 느낀 적이 있다.

12

영혼까지 벗기는 '몸캠 피싱' 사기

"우리 영상통화로~" 후끈한 1분 후
"다 찍혔다, 돈 내놔"

"1차 경고다. 당사자한테 먼저 보낸다. 합의하면 동영상을 지우고 합의가 안 되면 주소록에 있는 모든 사람에게 유포한다. 조용히 마무리 짓자."

정신이 퍼뜩 들었을 땐 이미 늦은 거였다. 조금 전까지 연인처럼 다정히 영상통화를 하던 그녀가 돌변했다. '뭐가 잘못된 걸까' 생각할 겨를도 주지 않았다. 이내 휴대폰에 낯 뜨거운 동영상 하나가 도착했다.

몸에 실오라기 하나 걸치지 않은 남성이 주인공이었다. 시뻘게진 얼굴로 성적 행위를 하고 있었다. 누구나 알아볼 만큼 얼굴이 선명했다. "은행 계좌로 200만 원을 보내라. 그러지 않으면 가족들이 제일 먼저 이 영상을 보게 된다." 협박이 이어졌고 선택의 여지는 없었다. 평범한 대학생 A씨(19세)가 이른바 '몸캠 피싱'의 피해자가 되는 순간이었다. 채팅을 하자며 접근해 성적 행위가 담긴 사진이나 동영상을 찍게 한 뒤 이를 유포하겠다고 협박해 돈을 뜯어내는 수법이다.

2018년 3월 28일 강원지방경찰청 사이버테러수사팀에 A씨 사건이 접수됐다. A씨는 돈을 200만 원 보내고도 결국 아버지가 그 영상을 보는 걸 막지 못했다. 심한 충격을 받고 식음을 전폐하다 못해 대인기피증까지 걸렸다고 했다. A씨가 수사팀에 진술한 경위는 이랬다.

어느 날 페이스북상에서 모르는 사람으로부터 친구 신청이 들어왔다. 얼굴도 몸매도 예쁜 '혜은'(범죄 조직이 내세운 가명)이라는 미녀였다. 호기심에 수락 버튼을 누르자 금방 대화가 시작됐다. "안녕? 프사(프로필 사진)가 멋있네, 몇 살이야?" "지금 뭐 해?" "나는 그냥 누워서 폰 만지고 있어." "나도 그런데."

일면식도 없는 남녀는 금방 친해졌다. "우리 카카오톡으로 넘어가서 대화할까?" "좋지, 아이디 알려줘." 좀 더 익숙한 곳에서 서로를 확인하자 혜은이는 대화의 수위를 점점 높여갔다. "네 사진을 보니까 흥분되는데, 영통(영상통화) 할래?"

그렇게 영상통화가 시작됐는데 영상 속에서 혜은이는 옷을 입고 있지 않았다. A씨도 옷을 모두 벗었다. 10초쯤 지났을까, 갑자기 영상통화가 뚝 끊겼다. 혜은이가 카카오톡으로 파일 하나를 보내왔다. "지금 소리가 잘 안 들려서 그래. 이 파일을 설치하면 음질이 더 좋아지니까 이걸 깔자."

이미 사리 판단 능력을 잃은 A씨는 혜은이가 시키는 대로 다 했다. 혜은이의 요구에 휴대폰 화면에 혀를 갖다 대기도 했다. 두 사람은 각자의 화면 속에서 성적 행위를 열심히 했다. 그렇게 1분이 흐르고 나자 영상통화가 종료됐다.

알고 보니 모든 게 가짜였다. 영상 속 여성이 무서운 아저씨로 돌변하는 데는 5분도 채 걸리지 않았다. 혜은이가 전송한 파일을 설치하는 순간 해킹 프로그램이 깔리면서 A씨의 휴대폰에 든 모든 연락처와 문자메시지는 중국에 있는 서버로 전송됐다. 휴대폰 화면에 혀를 갖다 대라고 했던 건 A씨의 얼굴이 카메라에 정확히 찍히도록 유도하는 수법이었다. 혜은이는 애초에 존재하지도 않는 가상의 인물이었다. 화면 뒤에는 남성 조직원이 있었다. 여러 경로로 입수해둔 야한 영상을 메신저 화면으로 내보인 것이었다. A씨는 영상통화를 한 지 1분 만에 자신의 모든 정보를 털린 셈이다.

"팀장님, 여기 좀 보세요. 이거, 심상치 않은데요." A씨가 돈을 보냈다는 계좌를 따라가던 사이버테러수사팀 김두호 형사는 한순간 등골이 오싹해졌다. 은행 계좌를 하나둘 확인하는 과정에서 피해자와 피해 금액의 규모가 상상을 초월하는 수준으로 드

영혼까지 벗기는 '몸캠 피싱' 사기

몸캠 피싱 조직의 인출책이 서울지하철 2호선 신당역 인근 은거지에서 송금책에게
범죄 수익금을 전달하고 있다. 사진 강원지방경찰청

러났기 때문이다. 파도 파도 끝이 없었다. 몸캠 피싱과 조건만남
사기를 합쳐 이 조직에 당한 피해자는 3700여 명, 피해액은 55억
원에 달했다.

수사팀이 추적해보니 그물망처럼 서로 이어진 조직의 계좌는
120개나 됐다. 모두 타인 명의의 통장(대포통장)이었다. 통장들을
돈의 흐름에 따라 1차, 2차, 3차 단계별로 구분해 그림을 그리니
피라미드 형태가 됐다.

최초 피해자들에게서 뜯어낸 돈이 1차 계좌 27개에 입금되면
이것이 2차 계좌 20여 개로 모였다. 다시 3차 계좌 1개로 종합된
뒤 최종적으로 인출 계좌 59개로 흩뿌려졌다.

수사에 착수한 지 2주 만에 인출 통장에서 나온 돈을 부지런히
옮기는 사람이 수사망에 걸려들었다. 이른바 인출책이다. 수사팀

은 피해금을 인출한 금융기관 주변에서 CCTV를 수거해 분석한 끝에 인출책 2명의 신원을 특정할 수 있었다. 기존의 수사였다면 대부분 이 단계에서 검거를 한다. 하지만 수사팀 정광훈 팀장은 인출책들의 뒤를 쫓으며 좀 더 지켜보기로 결정했다. 이들은 매일 꾸준히 7000만 원에서 1억 5000만 원까지 인출했는데, 그 금액이 너무 커서 수사를 확대하기로 한 것이다. 정팀장은 "우리도 여태 그런 금액을 빼가는 걸 본 적이 없어서 스스로 반신반의했다"고 말했다.

인출책은 고도로 훈련된 '꾼'이었다. 꼬리를 잡히지 않기 위해 이동할 때는 반드시 전철을 이용했다. 잠도 일정한 곳에서 자는 법이 없었다. 하루는 서울에서, 하루는 경기에서 자는 식이었다. 오후 2시쯤 활동을 개시해 다음날 오전 2시에 하루를 마무리했다. 아무런 이유 없이 서울지하철 2호선 내선 순환을 타고 빙빙 돌기도 했다. 그러다 수사팀의 눈에 특이점 하나가 잡혔다. 하루 종일 정처 없이 돌아다니다가도 특정 시간이 되면 서울 동대문 시장 인근의 신당역을 들렀다. 수사팀 5명은 같은 해 4월 말 짐을 싸 신당역 인근에 임시 본부를 꾸렸다.

강원도 경찰들에게 신당역 일대는 별천지였다. 동대문시장 일대는 유동인구가 하루 80만 명이 넘는 곳이었다. 오후 6시가 되면 의류 쇼핑몰들이 문을 열었고, 다음날 아침 6시에야 비로소 문을 닫았다. 도매로 물건을 사 가는 이들 중에는 중국인도 많았다. 중국으로 보내는 물량이 많다 보니 1억, 2억 원쯤 현금을 들고 다니는 건 예삿일이었다. 몸캠 피싱 범죄 조직이 뜯어낸 돈은 이곳에서 화장품이나 의류로 세탁돼 중국으로 보내졌다.

5주 동안 잠복한 수사팀은 경찰력을 지원받고 중국어 통역까지 대동해 7월 16일 조직의 은신처 3곳을 동시다발적으로 급습했다. 국내 자금 총책과 인출책, 대포통장 공급 총책 및 모집책, 판매자 등 30명을 일망타진해 6명을 구속했다. 경찰이 대포통장 판매자부터 자금관리책까지 한 번에 검거한 것은 최초였다.

이 사건은 피해 규모가 클 뿐 아니라 범행 수법이 매우 악질적이어서 수사팀도 혀를 내둘렀다. 신고가 어려운 피해자의 약점을 교묘히 파고들며 끊임없이 고통을 가했기 때문이다.

조직원들은 처음에 몸캠 피싱 피해자에게 "우리의 목적은 돈"이라며 합의금 명목으로 일정 금액을 요구한다. 돈을 보내면 영상을 지워줄 것처럼 말하지만 결코 한 번에 끝나는 법이 없다. 하나의 영상을 둘로, 다시 셋으로 쪼개놓고 그다음 영상도 남아 있으니 돈을 추가로 보내라고 계속 협박한다. 그것도 모자라 "지금까지 지운 건 복사본이었고, 원본 파일을 지우려면 기술이 필요하니 돈이 또 필요하다"면서 더 많은 금액을 요구하기도 했다.

이 조직은 송금 내역을 캡처해 보내라고 요구하는데, 이때 여기에 찍힌 피해자의 통장 잔액을 보고 '얼마까지 뽑아먹을 수 있겠다'고 소위 간을 본 것으로 조사됐다. 한 중년 남성 피해자는 단계별로 차례차례 뜯겨 총 1억 원을 보내기도 했다.

다른 피해자 B씨는 가진 돈이 없다며 버티다가 가족에게 영상이 전송된 뒤에 결국 1년 동안 공들여 모은 3000만 원을 고스란히 바쳤다. 조직은 거기서 멈추지 않고 동영상을 쥐고 대출을 강요해 마지막 한 푼까지 탈탈 털어갔다. 심지어 B씨에게서 통장까지 빼앗아 대포통장으로 이용했다.

피해자들은 경찰 조사에서 "신고 자체가 어려웠다"고 그간의 고통을 털어놨다. 몸캠 동영상을 찍었다는 사실 자체가 수치스럽고, 영상이 유포된 끝에 사회에서 매장되는 게 두려웠던 탓이다. 나중에 수사팀이 따져봤더니 피해자들의 신고율은 14퍼센트 정도에 불과했다.

대포통장 모집 책임자 3명은 모두 대구 출신이라 경찰이 신원을 확인해보니 동네 친구 사이였다. 이들은 2017년 "큰돈을 벌 수 있다"는 유혹에 빠져 중국으로 건너가 보이스 피싱 조직의 유인책으로 취업했다. 하지만 중국에서의 범죄 생활은 오래가지 못했다. 유인책은 전화를 걸어 은행원이나 검사, 경찰 등을 사칭해야 하는데 매번 이들의 경상도 사투리에 막혀 성공률이 지극히 저조했기 때문이다. 흠씬 두들겨 맞고 쫓겨난 3명은 그 후 중국 생활 당시 친하게 지내던 선배에게서 제안을 받고 대포통장 모집책으로 재기를 노렸다.

이들은 주변의 친한 친구 18명에게 통장 한 개당 30만~100만 원씩 주기로 약속하고 대포통장을 모았다. 혹시 경찰에서 연락이 오면 "대출 사기를 당한 것"처럼 말하라는 대응법까지 일러 줬다. 친구들은 쉽게 돈을 벌 수 있다는 생각에 한 사람당 통장 서너 개를 만들어 팔았다.

대포통장 모집책을 비롯해 법정에 선 조직원들은 하나같이 혐의를 부인했다. 자금 인출책들은 "도박 자금이라고 생각했을 뿐 공갈이나 사기의 피해자가 입금한 돈인 줄은 몰랐다"고 잡아뗐다. 국내 자금 총책도 마찬가지로 다른 구실을 댔다.

사건을 심리한 춘천지방법원은 이런 주장을 받아들이지 않고 모두 공범으로 판단했다. 재판부는 "피싱 범죄는 수사기관의 단속을 피하기 위해 각자의 역할에 따라 긴밀히 연결된 공범들이 전체 범죄를 완성하는 것이다. 어느 한 역할이 제대로 수행되지 않으면 범행을 완성하기 어렵다"고 지적했다. 춘천지방법원은 2018년 7월 사기 및 공갈, 전자금융거래법 위반 등 혐의로 기소된 인출책 2명과 국내 자금 총책에게 각각 징역 3년 6월을 선고했다.

이번 사건은 몸캠 피싱 조직의 덩어리를 국내 총책까지 싹 들어냈다는 점에서 의미가 컸다. 그러나 뿌듯함도 잠시였을 뿐, 국내 조직원들에게 일제히 수갑을 채운 지 보름 만에 중국에 있는 총책이 다시 움직이기 시작한 정황이 수사팀에 포착됐다. 중국의 총책을 잡지 못한 이상 절반의 성공이었다. 국내에서 피해자들에게 뜯어낸 돈이 국경을 넘어 중국으로 흘러간 것까지는 확인이 가능한데, 그 이후부터는 한국 수사팀이 손을 쓰기가 힘든 영역이다.

중국에 거점을 둔 피싱 조직을 추적하는 일은 날이 갈수록 까다로워지고 있다. 현금에서 상품권으로, 또는 가상화폐로 범죄 수익금을 세탁하는 창구도 갈수록 다양해지고 있다. 이런 이유로 강원지방경찰청은 2019년 4월 중국 지린성 공안청을 방문해 실무 회담을 개최하고 연락관을 운영하기로 했다. 각종 피싱 범죄가 대포통장 전문 모집책을 둘 정도로 조직화되고 지능화되며 피해가 급증하는 상황에서, 국제 공조 수사의 실효성을 높이기 위해서다. 강원지방경찰청 사이버테러수사팀 정광훈 팀장은 "중국에서 활동 중인 범죄 조직을 검거하지 않는 한 국내에서도 피해가 계속 발생할 수밖에 없다"고 했다.

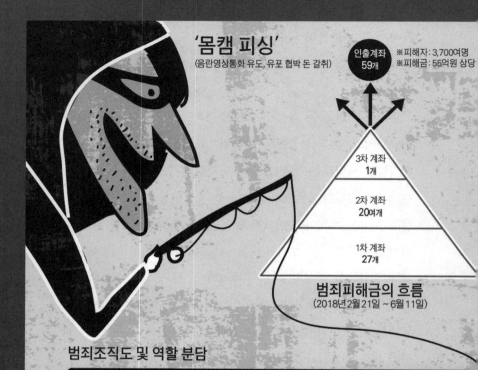

'몸캠 피싱'
(음란영상통화 유도, 유포 협박 돈 갈취)

인출계좌 59개

※피해자: 3,700여명
※피해금: 55억원 상당

3차 계좌 1개

2차 계좌 20여개

1차 계좌 27개

범죄피해금의 흐름
(2018년 2월 21일 ~ 6월 11일)

범죄조직도 및 역할 분담

총책(범행 실행)
총책, 유인책은 중국에서 활동. 자금 관리책, 인출책, 송금책, 대포통장 공급책은 국내에서 활동

중국총책	몸캠피싱, 조건만남사기 등 범행 실행, 피해금 분산이체 등 자금세탁, 피해금 관리 및 중국 으로 송금, 피해금 출금, 대포통장 공급 등 조직 총괄
유인책	피해자들을 상대로 몸캠피싱, 조건만남사기 등 범행을 실행, 유인한 후 피해금을 대포통장으로 입금받는 역할
자금 관리책	인출책이 가져온 피해금을 중국 총책 에게 전달하기 위해 직접 송금하거나 송금책에게 전달하는 등 국내에서 인출책을 관리하는 역할
인출책	분산 이체된 피해금을 대포 계좌로 현금 출금해 자금관리책 또는 송금책에게 전달
송금책	인출책이 가져온 현금을 중국 총책 지시로 중국으로 송금
대포통장 공급책	범죄피해금을 인출하는데 이용할 대포 통장을 모집해 공급하는 역할

범죄 조직도와 역할 분담

총책(범행 실행): 총책과 유인책은 중국에서 활동하고, 자금관리책과 인출책, 송금책, 대포통장 공급책은 국내에서 활동한다.

중국 총책: 몸캠 피싱과 조건만남 사기 등 범행을 실행한다. 피해금을 분산 이체하는 방식으로 자금을 세탁한다. 피해금을 관리하면서 중국으로 송금하고, 이후 피해금을 출금하고 대포통장을 공급하는 등 조직을 총괄한다.

유인책: 피해자들을 상대로 몸캠 피싱과 조건만남 사기 등 범행을 실행한다. 이후 피해자를 유인해서 피해금을 대포통장으로 입금받는 일을 맡는다.

자금관리책: 인출책이 가져온 피해금을 중국 총책에게 전달하기 위해 직접 송금하거나 송금책에게 맡긴다. 국내에서 인출책을 관리하는 역할을 한다.

인출책: 분산 이체된 피해금을 대포 계좌를 통해 현금으로 출금한 뒤 자금관리책이나 송금책에게 전달한다.

송금책: 인출책이 가져온 현금을 중국 총책의 지시에 따라 중국으로 송금한다.

대포통장 공급책: 범죄 피해금을 인출하는 데 이용할 대포통장을 모집해 공급하는 역할을 한다.

영혼까지 벗기는 '몸캠 피싱' 사기

범인들의 협박 메시지 사례

[사례 1]

범인: 영상이 저희한테 있는 거지, 경찰 손에 있는 게 아니잖아요. 경찰에 신고해도 아무런 소용이 없어요. 아이피를 추적하는데 저희는 아이피도 다른 나라 외국의 아이피를 사용해서 추적할 수도 없어요. 경찰이 유포를 막지는 못합니다.

[사례 2]

범인: 인생 X 되게 내가 도와줄게. 그러니까 걱정 말고 조금만 기다려.

피해자: 응. 고마워.

범인: 응. 알겠어. 기다려. 신고하든지 말든지 맘대로 해. 어차피 잡지 못할 테니깐ㅋㅋ.

[사례 3]

범인: 1분 안에 입금해. 그럼, 믿을게.

피해자: 3분 주세요.

범인: 어차피 통장도 내거 아니고, 카톡도 내거 아니고, 아이피 추적도 안 될 거고. 신고하려면 빨리 하라고.

피해자: 아닙니다.

범인: 가서 경찰관에게 전화 바꿔줘. 짭새랑 통화 좀 해보자ㅋㅋ.

피해자: 없습니다.

몸캠 피싱 피해

범죄 특성상 드러나지 않은 범죄가 더 많아,
피해를 입으면 즉시 신고해야

몸캠 피싱은 '몸캠'(body cam)과 '피싱phishing'을 합성한 말로, 성적 행위와 관련한 민감한 자료를 확보한 후 이를 유포하겠다고 피해자를 협박한다는 점에서 성착취에도 해당된다. 그 때문에 피해자들은 누구에게 말도 못하고 혼자서 해결하려는 경우가 많다. 하지만 몸캠 피싱 조직은 나름의 기술력을 갖추고 있어 개인 혼자 대응하기에는 한계가 있다.

피싱 조직은 스마트폰으로 화상 채팅을 하는 중에 영상의 품질이 좋지 않다거나 본인 사진을 공유할 방법이 있다는 등 다양한 이유를 들어 피해자에게 악성앱을 설치하도록 유도한다. 악성앱이 설치되면 피해자 휴대폰에 든 모든 연락처 정보가 피싱 조직에게 전달된다. 즉 피해자 휴대폰에서 지인들의 연락처를

몸캠피싱 범죄 건수 (단위 : 건)
자료 : 경찰청

1193	1234	1406	1824	2583	3026
2016년	'17	'18	'19	'20	'21(잠정)

피해자는 혼자 대응하지 말고 수사기관에 연락한 뒤
동영상 유포 차단 전문 업체의 도움을 받아야 한다.

획득하는 것이 범죄의 필수 조건이 된다는 말이다. 이를 방지하
려면 모르는 사람에게서 의심스러운 메시지나 파일을 받으면 몸
캠 피싱으로 이어질 수 있다는 경각심을 늘 갖고 있어야 한다.

경찰청에 따르면 적발된 몸캠 피싱은 2019년 1824건, 2020년
2583건, 2021년 3026건으로 집계됐다. 피해액도 2019년 55억 2천
만 원, 2020년 72억 7천만 원, 2021년 119억 5천만 원으로 급증하
고 있다.

몸캠 피싱 피해를 당했을 때 가장 먼저 해야 할 일은 휴대폰
초기화다. 가해자가 피해자 휴대폰에 심어놓은 해킹 프로그램을
무력화하기 위해서다. 특히 초기화하기 전에 가해자와 나눈 대

화 내용 등을 따로 저장해 수사기관에 신고하는 게 유리하다. 또 초기화한 후에는 통신사 대리점을 찾아가 전화번호를 바꾸는 게 좋다. 여기에 카카오톡 등 각종 메신저에서 탈퇴해 가해자의 끈질긴 추적을 원천 차단하는 것도 방법이다.

한국사이버보안협회에 따르면 국내에서 발생한 몸캠 피싱 피해자의 90퍼센트는 남자다. 특히 이들 중 40퍼센트는 미성년자여서 관련 대책을 마련하는 일이 시급했다. 2020년 6월 방송통신위원회는 청소년들이 디지털 성착취 위험에 빠지는 일을 방지하기 위해 자동으로 카메라 촬영 등을 차단할 수 있는 애플리케이션을 개발해 보급에 나섰다. '사이버안심존' 앱을 켜두면 청소년이 채팅 중에 카메라를 켜면 자동 차단되도록 구성돼 있어 촬영 시도 자체를 막을 수 있다.

13

제주 곶자왈 기획부동산 사기

"앉아서 돈 버는 제주 노른자땅"
다단계로 불린 1000억 원대 사기

○ 고수익 텔레마케터 모집
__초보자 가능 단순 업무
__월~금 하루 3~4시간 근무
__기본급 150~200만 원 + @ 지급
__초보 및 주부 환영

도심 뒷골목이나 전철에서 나뒹구는 흔하디흔한 전단지다. 그
렇기에 한 번도 제대로 본 적 없는 전단지이기도 하다. "저렇게
쉽게 돈 주는 회사가 어디 있어" "지금 시대에 아직도 저런 거에
속는 사람 있나"라며 비웃는 이들이 거의 대부분일 테니.

그러나 상황은 사람을 변하게 만든다. 주부 박미경(47세) 씨도 그랬다. 박씨는 말 그대로 전형적인 가정주부였다. 대형 공장이 밀집한 울산의 중산층 노동자 가정에서 성실한 남편과 함께 네 아이를 키웠다. 화목했지만 살림살이는 빠듯했다. 아이들이 커갈수록 고민도 늘어났다. 아이들의 대학 학비와 결혼 준비에다 부부의 노후 대비까지. 급할 때 요긴하게 쓸 만한 몇 백만, 몇 천만 원 든든한 목돈에 대한 갈증이 일었다. 아이들도 어느 정도 컸겠다, 이제 나라도 나서서 뭘 할 수 없을까 하던 찰나였다.

그때 친한 교회 언니가 접근해 왔다. 수개월 전부터 '꿀알바'를 하고 있는데 너무 좋은 자리라 소개하고 싶다며. 특별한 기술이나 지식은 필요 없다고, 몇 시간 앉아만 있으면 된다고 했다. 박씨도 처음엔 당연히 웃어넘겼다.

"세상에 그런 직업이 어디 있어요."

그러자 언니는 인정에 호소해왔다. 자기 얼굴을 봐서라도 딱 한 달 정도만 와서 일해보라고 졸랐다. 박씨는 'A부동산 영업1팀 과장'이라 찍힌 명함을 받아 들었다.

들던 대로 아무 기술도, 지식도 필요 없었다. 사무실에 출근해서 하는 일이라곤 하루 종일 강연을 듣는 게 전부였다. 내용은 대충 이랬다. 강사는 화려한 홍콩 도심 사진을 보여주며, 제주에 아직 개발을 앞둔 땅이 많은데 머지않아 이처럼 고층 빌딩이 가득한 환상의 섬으로 변할 것이라고 했다. 제주는 국제자유도시라

제주 곶자왈 기획부동산 사기

서 제주도지사는 육해공군만 없을 뿐이지 제주 내에서만큼은 대통령이다, 그러니 도지사가 마음만 먹으면 개발제한구역 해제 같은 건 식은 죽 먹기다 등등.

얼마간 시간이 지나자 좀 더 노골적인 홍보가 나왔다. 제주 서귀포 인덕면에 있는 '제주신화월드' 사진을 보여주면서 이번엔 "이 맞은편에 아직 개발되지 않은 땅이 있는데 이 땅을 평당 98만 원에 사면 2년 안에 37만 원을 얹어 돌려주겠다"는 제안을 했다. 100평을 9800만 원에 사면, 2년 안에 1억 3500만 원이 된다는 것이다. 가만히 앉아서 4000여 만 원을 벌 수 있다는 셈법이었다. 이 땅을 주변 사람들에게 권해 팔아오면 두둑한 포상금도 주고 승진도 시켜주겠다고 했다. 너무 알짜배기 땅이니까 직접 사도 된다고도 했다.

이어 회사는 '현장 답사'를 제안했다. 항공권과 숙박비 등 모든 비용을 회사가 부담하기로 했다. 제주공항에 내리자 검은색 9인승 외제 밴 차량이 대기하고 있었다. 현장으로 이동하는 동안 차 안에선 답사부장이라는 사람이 마이크를 잡고 지금 보러 가는 땅에 대해 설명했다.

"저는 삼성 비서실에서 근무하는 직장인이었고, 어머니가 부동산 법인 이사로 계셨습니다. 그동안 어머니가 일이 너무 바쁘셔서 제가 퇴직하고 도와드리고 있어요. 제 아내는 서울 유명 4년제 대학의 교수인데, 아내도 이미 땅을 100평이나 샀습니다. 저희 가족의 이름을 걸고 과감히 추천하는 땅이에요."

'삼성 비서실' '부동산 법인' '대학교수'와 같은 듣기 좋은 이야기에 사람들은 귀를 쫑긋 세우고 들었다. 현장 답사는 근사한 나들이나 다름없었다. 매물로 나온 땅은 서귀포의 제주신화월드 바로 앞에 위치해 있었다. 넓고 고른 땅과 평평한 잔디, 바로 옆에 붙은 큰 도로 등 입지로 따지면 당장 개발된다 해도 이상할게 없어 보였다. 설명은 계속 이어졌다. "제주신화월드 정문 바로 맞은편에선 상업 시설을 짓기 위한 토지 분할이 끝났어요. 내년 하반기에 개장하는 목표에 맞춰서 벌목 작업을 하는 모습 보이시죠. 모두 44채를 지어 분양할 겁니다."

 부동산 회사는 지방자치단체로부터 벌채 허가를 받았다는 서류와 유명 건설·시공 업체와 업무협약을 체결하면서 만든 A4 1장짜리 계약서를 내밀기도 했다. 모두들 고개를 끄덕였다.

 '답사'의 마무리는 질펀한 술자리였다. 흑돼지 등 제주 특산물이 나오는 식당에 들어갔고 곧 소주잔이 돌았다. 계약 홍보는 좌중에서 은밀히, 더욱 노골적으로 이뤄졌다. 현장을 둘러본 뒤 마음에 든다며 계약을 한 고객에게 답사부장은 '여왕 대접'을 바쳤다. 망설이는 이들이 있으면 담당 과장들이 집요한 설득 작업에 들어갔다. 간혹 좀 더 정확한 정보를 달라며 계약에 신중을 기하는 이들도 있었지만 그런 목소리는 분위기에 휩쓸려 묻혔다. 사람들은 허둥지둥 계약서를 쓰고 술도 다 깨기 전에 울산행 비행기에 다시 몸을 실었다.

그러나 이 모든 건 가짜였다. 부동산 회사가 팔겠다며 선전한 토지는 '곶자왈' 지역이었다. 나무와 덩굴식물, 암석 등이 뒤섞인 독특한 화산 지형을 일컫는 곶자왈은 제주의 자연 그 자체라 할 수 있다. 애당초 그 어느 누가 와도 개발이 불가능한 지역이다. 곶자왈 지역은 지하수자원 보전지구 2등급에 해당해 개발 행위나 산지 전용 허가가 나지 않는 곳이다. 답사 당시 투자자들에게 보여준 곳은 그마저도 곶자왈이 아닌, 인근에 비슷하게 생긴 지역의 한 공사장이었다. 해당 지역이 설명과는 다른 것 같다는 의심이 들 법도 했다. 피해자 윤 모 씨가 당시 의심을 품었던 상황을 되돌아봤다.

"땅에 대한 정보를 더 얻고 싶어서 지번이라도 알려달라고 했으나 '영업 비밀'이라며 아무에게도 알려주지 않았다. 지번도 모르고 계약서에 사인한 피해자가 대부분이었다."

시공사와 맺었다던 계약서도 알고 보니 아주 기초적인 단계의 '양해 각서'였다. '토지개발 인허가를 얻어온다면 협업을 고려해 볼 수 있다'는 수준의 하나 마나 한 언급이 내용의 전부였다. 벌목 작업도 마찬가지였다. 시청에다 '벌채예정수량조사 신청서'를 낸 게 다였다. 이 또한 내용은 여러 그루의 나무를 베어내는 게 아니라 가지치기 정도의 '숲 가꾸기' 작업을, 그것도 일단 조사만 한번 해보겠다는 수준이었다. 답사 비용도 회사가 전액 부담한 게 아니었다. 자신이 모집한 고객의 계약이 성사되지 못하면, 그 비용은 그 고객의 담당 직원이 모두 물어내는 구조였다.

회사가 인심 쓰듯 답사 여행을 조직하고 과장들이 계약 성사를 위해 필사적으로 설득한 건 그 때문이었다.

속으로 곪아가던 문제점은 결국 고소로 이어졌다. 울산남부경찰서가 2017년 12월 12일 수사 결과를 발표했을 때 피해자는 434명, 피해 금액은 221억 원이었다. 그러다 수사 도중에 같은 일당이 또 다른 부동산 사무실을 통해 벌인 별도의 제주 지역 토지 사기 사건까지 잇달아 적발되면서, 이 사건은 피해자 수 1000여 명, 피해 금액 1000억 원대에 달하는 대형 사건으로 커졌다. 단일 기획부동산 사기 사건으로는 최대 규모로 꼽힌다. 이들의 범죄 행각은 2016년부터 시작됐으니 기껏해야 1년 남짓 지났을 때였다. 그 짧은 시간에 어떻게 이런 대규모의 사기 행각이 가능했을까. 당시 울산남부경찰서 경제1팀장으로 이 사건을 수사했던 윤종탁 경감은 가장 큰 이유로 "다단계 조직의 영업 방식이 동원된 것"을 들었다.

전부터 기획부동산 회사에서 함께 일했던 장 모(66세) 씨와 총책 정 모(45세) 씨는 울산을 거점으로 삼았다. 범행의 기획자인 장씨가 정씨를 끌어들여 모기업 격인 'A부동산개발 주식회사'를 설립하고 다시 모기업 아래 3개의 부동산 법인을 만든 뒤 각각의 회사에 '바지사장'을 세웠다. 장씨는 아들 여 모(41세) 씨에게 상무를 맡겼다.

각 부동산은 영업부와 사업부, 개발부, 최강부를 두고 땅을 판

A부동산개발 사무실 모습. 사진 피해자 제공

매했다. 처음 일을 시작하면 1일 4시간 근무에 과장 직급과 월급 140만 원을 주는 조건이었다. 차장은 170만 원, 수석 차장은 210만 원, 부장은 250만 원을 줬다. 일하는 시간과 노동 강도에 비해 급여가 괜찮은 덕에 직원은 쉽게 모였다. 지인을 통해, 또 지인의 지인을 통해 입소문을 타고 알려지면서 사무실은 몰려든 직원들로 북적였다.

우선 직원이 되면 제주의 투자가치를 투자자에게 설명하는 교육을 받았다. 실적이 없으면 즉시 해고됐다. '월급 140만 원'의 맛을 본 직원들은 해고되지 않기 위해 가족과 지인들에게 적극적으로 땅을 사라고 권유했다. 정 끌어들일 사람이 없으면 자기가 직접 사기도 했다. 이를 위해 회사에선 '남편 몰래 대출받는 방법' '카드론을 받는 방법'까지 교육시켰다. 윤경감은 피해자들이 나중에 사기라는 사실을 깨닫고 나서도 고소하지 못하는 이유를 이렇게 짚었다.

"피해자가 어느새 가해자가 돼 있고 다시 다른 피해자를 끌어들이게 된다. 나중에 뭔가 이상하다고 느꼈을 때는 고소하기가 쉽지 않다."

사무실은 하루하루가 축제였다. 130평 이상 판매했을 뿐 아니라 잔금 처리까지 깔끔히 마무리 지은 직원에겐 포상금 200만 원이 주어졌다. 200평 넘게 판매한 직원에겐 300만 원, 300평 넘게 판매한 직원에겐 500만 원이 포상금으로 지급됐다. 500평 이상을 팔면 차장으로 승진했다. 포상금은 그냥 통장에다 넣어 주는 게 아니었다. 사무실 전 직원이 지켜보는 가운데 사장이 은쟁반에다 포상금을 현금 다발로 실어다 날랐다. 팡파레를 울리고 금가루를 날렸다. 완전한 영웅 대접이었다. 흥을 띄우기 위해 한 달에 한 번씩 전체 회식도 열었다. 장기 자랑, 신발 던지기 게임, 모델 선발 대회 등 온갖 이벤트를 다 벌였다. 5만 원짜리 돈 다발을 현장에서 뿌려대기도 했다. 부동산 사무실엔 노래방 기계가 구비돼 있었다. 소주와 맥주가 박스째로 사무실로 들어왔고, 부장, 상무, 전무가 차례로 마이크를 잡았다.

울산지방법원은 2018년 11월 29일 사기와 농지법 위반 혐의 등으로 기소된 총책 정씨에게 징역 5년을, 장씨와 여씨에게 각각 징역 4년과 3년을 선고했다. 재판부는 "일부 피해자의 제보로 수사가 시작돼 구속됐는데도 범행을 부인하며 비슷한 수법의 범행을 계속하는 데다 반성하는 태도가 없다"고 꼬집었다. 재판부의 지적대로 이 사건은 여전히 현재 진행형이다. 피해자모임 대표를 맡고 있는 임 모 씨도 "엄청난 피해가 발생했는데도 사기꾼들은 비슷한 수법으로 사기 행각을 계속 이어나가고 있다"고 강조했다.

경찰도 숨은 피해자가 더 있을 것으로 추정하지만 피해자이자 가해자로 서로서로 물려 있다 보니 피해자가 쉽게 나서지 않는 것이다. 피해자가 자신은 피해자가 아니라고 주장하는 사건에서, 윤경감조차 "피해자에게 피해자임을 인정하게 만드는 게 너무 힘들다"고 토로했다. 수사기관의 말에 따르면 '사기당한 피해자'가 되지만, 사기꾼의 말을 따르면 '언젠가 개발 수익을 만질 땅 주인'이 될 것이라고 믿는 이들이 의외로 많다는 얘기다. 범인들이 반성하는 모습을 보이지 않고 범행을 이어갔던 건 이 때문이다.

제주 곶자왈 기획부동산

신화역사공원제주투자진흥지구와 인접해 있어서
금방이라도 개발 될 것 같은 환상을 불러 일으켰다

기획부동산 조직도

각 부동산 아래 영업부, 사업부, 개발부, 최강부 두고
땅 판매하는 구조

A부동산(제주 곶자왈 기획부동산)

사장 정모씨(구속) & 부사장 장모씨(구속)

※3곳 모두
울산 남구 소재

B부동산
사장 정모씨
(명품 부동산 사장
정모씨의 형)

C부동산
사장 지모씨

D부동산
사장 김모씨

제주 지사 사장 양모씨

기획부동산 사무실 각 책상에 붙어 있던 세부 지침

1 자기소개 + 학교 · 고향 밝히기
신뢰를 얻기 위함, 여러 각도에서 진심으로 들어라

2 회사소개
저희는 울산 1등 회사라 기본금이 튼튼하고 확정만 하고
국책사업만 해요

3 이야기 거리
고객의 마음, 애로사항을 먼저 알아야 한다

4 친숙단계
취미, 고향, 가족관계 등등

5 재테크 정보
땅에는 관심이 있는지, 주식하고 있는지,
예금은 얼마인지 묻기

6 비교검토
고객의 재테크 수단과 부동산,
장 · 단점을 설명

7 풀 브리핑
우리 땅에 대한 확신 있는지?

8 다지기
"가장 좋은 땅 잡아줄게요"

9 본 상황
바로 입금 1,000만원, "청약금 입금하세요"

10 내사
토지이용확인서, 지적도, 등기부등본, 토지대장
확인시켜주기

11 답사
소풍 가는 기분으로

12 계약
"소개 많이 시켜주세요!"

(주)A부동산개발

기획부동산 사무실 각 책상에 붙어 있던 세부 지침

1. **자기소개+학교·고향 밝히기:** 신뢰를 얻기 위함. 여러 각도에서 진심으로 들어라

2. **회사 소개:** "저희는 울산 1등 회사라 기본금이 튼튼하고, 확정지만 하고, 국책 사업만 해요."

3. **이야깃거리:** 고객의 마음, 애로 사항을 먼저 알아야 한다

4. **친숙 단계:** 취미, 고향, 가족 관계 등

5. **재테크 정보:** 땅에는 관심 있는지, 주식은 하고 있는지, 예금은 얼마나 되는지 묻기

6. **비교 검토:** 고객의 재테크 수단과 부동산 투자에 대해 장단점을 설명하기

7. **풀 브리핑:** 우리 땅에 대한 확신이 있는지?

8. **다지기:** "가장 좋은 땅 잡아줄게요."

9. **본 상황:** 바로 입금 1000만 원, "청약금, 입금하세요."

10. **내사:** 토지이용확인서, 지적도, 등기부등본, 토지대장을 확인해주기

11. **답사:** 소풍 가는 기분으로

12. **계약:** "소개 많이 시켜주세요!"

사건 일지 _____

2014년 2월 20일 총책 정씨와 장씨가 'A부동산개발'을 설립한다.

2015년 8월부터 2016년 7월까지 이들은 B, C, D부동산을 차례로 설립한다.

2017년 5월 경찰에 고소장이 처음 접수된다.

2017년 12월 12일 울산남부경찰서가 일당 15명을 검거해 3명을 구속한다.

2018년 11월 29일 1심을 맡은 울산지방법원은 총책 정씨와 공범 장씨에게 각각 징역 5년과 징역 4년을 선고한다.

_____

고소공화국 오명

고소·고발 줄여서 사기 사건 쫓게 해주세요

"한국이 '고소·고발공화국'이라는 오명으로부터 벗어나야, 진짜 피눈물 나는 피해자들을 위한 제대로 된 수사를 더 많이 할 수 있을 겁니다."

제주 곶자왈 기획부동산 사건을 수사했던 윤종탁 경감은 이렇게 말했다. 사기 수법과 규모는 날로 정교해지고 커져가지만 수사관들은 온갖 고소·고발 사건에 치여 허덕댄다는 얘기다.

대검찰청 사법시스템 통계에 따르면 2022년 기준 전국 수사기관에 접수된 고소 사건은 35만 7612건으로 2021년(32만 2438건)에 비해 10.9퍼센트 증가했다. 이 가운데 실제 재판으로 이어지는 경우, 즉 기소율은 23.6퍼센트였다. 수사가 이뤄진 사건 10건 중 2건 정도만 기소가 이뤄진 것인데, 2022년 전체 형사사건의 기소

제주의 숲 곶자왈이 있는 제주 번영로 인근 와산리 일대. 기획부동산 사기 일당은 개발 행위가 불가능한 제주도 땅에 투자하라고 속여 막대한 돈을 가로챘다. 사진 제주도자치경찰단

율(41.6퍼센트)과 비교하면 고소 사건 대다수는 불기소 처분된 셈이다. 범죄불성립과 무혐의 등에 불기소 처분이 내려짐을 감안하면 그만큼 상대를 압박하고 거래하기 위한 수단으로 고소하는 일이 많았다. 즉 고소 사건은 억울한 피의자를 양산할 가능성을 배제할 수 없다.

민사사건을 형사사건으로 만드는 경우도 많다. 채권 추심을 위해 경찰에 고소장을 내는 게 대표적인 예다. 일부 변호사들의 영업 행태도 이를 부추긴다. 재산 분쟁 같은 민사사건을 맡으면서 형사 고소를 같이 함으로써 형사소송을 서비스로 제공하는 방식이다. 고소 사건에서 수집한 증거를 민사재판에 낼 수 있기 때문이다. 즉 자신들의 민사소송에 필요한 증거를 모으기 위해 경찰을 이용하는 셈이다. 윤경감은 "이런 불필요한 사건의 부담만 줄여도 큰 사건을 수사하는 데 필요한 시간이 생긴다"고 말했다.

이 때문에 고소·고발 요건을 강화해 요건이 충족되지 않을 경우 불필요한 입건을 막아야 한다는 주장도 나온다. 소액 사건이나 피해 변제가 이뤄졌을 경우 고소장을 반려하는 제도를 도입해보자는 것이다. 염건웅 유원대 경찰소방행정학부 교수는 "민사와 형사를 분리함으로써 형사사건의 증거를 민사사건에서 쓸 수 없도록 한다거나, 민사사건으로 판단될 경우 고소장을 반려한 뒤 이의 제기를 받는 방식을 고려해볼 필요가 있다"고 말했다.

최근 민사소송법이 개정되면서 소권 남용을 제재할 방법이 생겼다. 2023년 10월부터 소권을 남용한 이에겐 500만 원 이하의 과태료를 부과할 수 있다.

14

치매 자산가 '사기 결혼' 사건

친족상도례 노리고 치매 노인과 위장 결혼한 뒤
60억 원 빼돌리다

"나를 반평생 돌봐준 이 모 씨에게 사후에 전 재산을 양도하기로 한다. 이에 자식, 형제 포함 어느 누구도 이유('이의'의 오타인 듯)를 제기할 수 없다. 이 일을 정확히 하기 위하여 공증하기로 하고 각각 한 통씩 보관하기로 한다."

2013년 10월 2일 서울 종로의 한 변호사 사무실을 찾은 팔순 노인 A씨가 작성한 자필 유언장의 내용이다. A씨는 '반평생 은인'인 이 모(65세) 씨가 정말 고마웠던 모양이다. 자식이나 형제도 아닌 제3자 앞으로 전 재산을 남기겠다니 말이다. A씨는 서울과 경기 광주 등지에 소유한 땅도 이씨에게 양도한다는 증서를 쓰고 지장을 찍었다. "친부모처럼 돌봐준 은혜에 보답하고, 생애를 다하고 하나님에게 가는 날까지 (이씨가 자신을) 돌봐주고, 또 외롭고 소외된 노인들을 돌보며 좋은 일에 사용하기로" 했다는 게 이유였다.

그런데 이씨는 정말 A씨의 반평생, 즉 40년 동안 그의 곁에서 보내기는 했을까. 유언장과 토지 양도증서를 꼼꼼히 살펴보면 이상한 곳이 하나 보인다. 유언장엔 "반평생 돌봐준 이 모 씨"라고 돼 있는데 토지 양도증서엔 "10여 년간 성심성의를 다해 돌봤다"고 다르게 적혀 있었다. 이유는 간단했다. 치매 환자인 A씨는 옆에서 불러주는 대로 받아 적었기 때문이다. 은인 행세를 하며 받아 적으라고 시킨 사람은 바로 상속인이자 양수인의 위치에 있는 이씨였다. 이씨는 '작전 성공'에 긴장하고 흥분한 나머지 이러한 미세한 차이를 알아채지 못했으리라.

뛰어난 머리로 자수성가한 A씨는 한때 90억 원대 자산을 보유한 사업가였다. 그러다 노년에 접어들면서 치매에 걸렸고 70대가 돼선 '국정원이 감시하고 있다' '대통령에 출마하겠다'는 등 망상에 빠져드는 경우까지 생겼다. 2013년 초 뇌종양 수술을 받고 나서 치매 증상이 더욱 악화됐고 대소변도 가리기 어려워졌다. 설상가상으로 건강이 악화되면서 주위 사람들로부터 고립된 A씨는 재산 일부를 법적 다툼으로 빼앗기기도 했다.

2013년 7월 이씨는 이렇게 정신과 육체 모두 취약해진 A씨에게 의도적으로 접근했다. 처음엔 법정 싸움으로 재산을 빼앗긴 A

주범 이씨가 만든 가짜 명함. 이름과 주소, 전화번호, 직함 등 여기 적힌 정보는 모두 가짜다.
사진 경기남부지방경찰청

씨의 마음을 헤아려 "대법원 판결을 뒤집어주겠다"고 했다. 자신을 '삼대한의원'을 운영하는 한의사이자 '평화병원의료재단' 이사장이라 소개했다. A씨가 기독교 신자임을 간파하고 허위로 발급받은 목사안수증을 내밀며 돈을 자신에게 주면 교회를 세워서 어려운 사람을 돕고 봉사하는 데 쓰겠다고도 얘기했다. 또 '박근혜 대통령의 친구'라고도 했다. 말 같지도 않은 소리였지만 누군가 자신의 재산을 앗아갈지 몰라 두려워하던 A씨는 그 말에 홀딱 넘어갔다. 이씨의 말을 잘 따르면 재산도 지키고 여생도 행복하게 보낼 수 있으리라 믿었다. 이씨는 7월 이후 불과 석 달 만에 A씨가 자신을 '반평생 은인'이라 부르도록 하는 데 성공했다. 치매에 걸린 팔순 노인의 동반자가 된 것이다.

유언장과 토지 양도증서 작성은 시작에 불과했다. 이후 이씨는 재빨리 A씨의 재산을 처분해나갔다. 유언장을 작성하고 한 달 뒤엔 A씨를 데리고 미국으로 나갔다. 그사이에 A씨 소유의 2억 5000만 원짜리 펀드를 해지하고 그 대금을 받아 가로챘다. 일주일 후엔 서울 종로구의 A씨 집을 4억 4000만 원에 처분했다. 빼앗긴 재산을 되찾기 위한 소송을 하는 데 비용을 마련해야 한다고 둘러댔다. 나중에 경찰이 확인한 바로는 2013년 11월부터 이듬해 9월까지 이씨가 이런 식으로 팔아넘기고 담보대출을 받아 처분한 금액만 62억 727만 원에 달했다. 단기간에 재산을 처분하다 보니 시세보다 20~30퍼센트 손해를 보는 경우가 있었으나 이조차 개의치 않았다.

이씨는 한편으로 A씨의 일거수일투족을 하나하나 감시했다. 가족이나 친척, 친구들과 연락이 닿지 않도록 만전을 기했다. A씨 집을 팔아넘기고 1년 동안 A씨의 거처를 4차례나 옮긴 것도 그 때문이다. 휴대폰 번호도 다섯 번이나 바꿨다. "집 밖에 나가면 경찰이 잡아간다"고 겁을 줌으로써 외출하지 못하게 하고, 어쩔 수 없이 외출할 때엔 A씨를 차에 태워 다니면서 한시도 곁을 떠나지 않았다.

이씨는 한 걸음 더 나아가 A씨와 결혼하기로 결심했다. 형법상 '친족상도례' 조항을 노렸다. 친족 간에 일어나는 사기나 횡령 등 재산범죄에 대해선 처벌을 면제하는 조항이다. 집안싸움에까지 국가의 공권력이 개입할 수는 없으니 당사자들끼리 알아서 해결하라는 취지에서 만든 조항이다. 바꿔 말해 법적으로 부부

주범 이씨가 허위로 발급받은 대한예수교장로회총회의 성직증서와 목사안수증.
사진 경기남부지방경찰청

가 되어 안심하고 A씨의 재산을 빼돌리려는 속셈이었다.

유언장을 작성한 지 석 달 만인 2014년 1월 이씨는 서울 종로
구청에다 혼인신고서를 냈다. 혼인신고서엔 신랑과 신부 양측
증인이 1명씩 서명하게 돼 있다. 이씨가 제출한 혼인신고서를 보
면 증인으로 나선 사람은 이씨의 내연남인 또 다른 이 모(2016년
사망, 당시 77세) 씨, 그리고 이씨와 채무 관계로 얽혀 있던 오 모
(66세) 씨였다.

혼인신고를 한 후 이씨의 범행은 더욱 대담해졌다. 충북과 경
기, 서울 일대에 A씨가 소유한 땅을 곧바로 팔기 시작했다. A씨
명의의 땅뿐 아니라, 친족과 공동 명의로 돼 있는 땅까지도 아무
런 협의를 거치지 않고 처분했다. 이 과정에서 A씨는 들러리를
섰을 뿐 전권을 행사한 건 이씨였다. 시세보다 2000만 원이나 싼

치매 자산가 '사기 결혼' 사건

값에 A씨의 땅을 사들인 B씨는 경찰에 나와 참고인 조사를 받으면서 "거래 과정에서 A씨는 그 어느 누구와도 이야기하지 않았고, 필체는 초등학생 같았다"고 진술했다.

이씨와 내연남 이씨는 2000년대 초 서울 제기동 약령시장에서 침술사와 한약 판매상으로 함께 일하며 알게 됐다. 시장 한 귀퉁이에서 삼대한의원이라는 간판을 달고 지냈다. 물론 한의사 자격증도 없고 한의원과도 무관한 곳이었다.(나중에 수사팀이 해당 주소지를 찾아갔더니 달랑 책상 몇 개뿐인 유령 사무실이었다. 이런 부류의 범죄자들이 함께 모여서 작업을 하는 공간이 아닐까 추정됐다.)

이 '사기 커플'의 무기는 '대담함'이었다. 2010년엔 경영 위기를 겪고 있던 서울 영등포구 C병원에 찾아가서 "미국 평화병원 의료재단이 통일에 대비해 파주와 서울에 병원을 세우려 한다"며 거액을 투자한다는 조건하에 방 하나를 받아 '이사장실' 간판을 내걸기도 했다. 그곳 사무실에서 '이사장님'은 주로 병원을 찾은 환자들에게 약을 팔거나, 업무 중 재해를 입은 노동자의 가족들에게 접근해 근로복지공단 공무원에게 말해서 산업재해 인정을 받고 장애 등급을 상향하도록 해주겠다며 돈을 뜯어내는 일을 했다.

A씨 사건에서도 위기는 있었다. 이씨가 A씨의 재산을 한창 처분하고 다니던 2013년 12월, A씨 동창을 우연히 만나게 됐다. 동창이 보기에 "한의사이자 A씨의 주치의"라 자신을 소개하는 이

씨가 수상쩍었다. "한의사라면 어느 대학에서 무슨 전공을 했느냐"는 식으로 꼬치꼬치 캐묻자, 이씨는 "정식 면허는 없고 그냥 한의원 몇 군데 하는 정도다"라는 식으로 얼버무렸다. 동창은 A씨에게 따로 연락해 "위험해 보이니 이씨를 가까이하지 말라"고 타일렀다. 그게 마지막 탈출 기회였다. A씨는 그 기회를 잡지 못했다.

결혼하고 7개월이 지난 2014년 8월, 이씨는 이제 이혼을 추진했다. A씨의 재산 중 비중이 큰 것은 대부분 처분했거니와 급히 처분하는 과정에서 나온 세금 문제도 해결해야 했다. 이씨는 A씨의 재산을 처분할 때 거래 상대방에게 "세금 문제가 있으니 대금을 A씨가 아닌 내 통장으로 넣어달라"고 말하기도 했다. 나중에 체납액을 정산해보니 A씨가 체납한 세금만 수억 원에 이를 정도였다.

2014년 11월 법원에서 이혼 조정안이 확정됐다. A씨가 이씨에게 위자료 1억 원과 재산 10억 원을 준다는 내용이었다. 이혼 이후 이씨는 아마 미국 도피를 꿈꿨던 것 같다. 2014년 9월 강 모 (72세) 씨에게 2200만 원가량을 주고 미국 대학의 명예 박사학위를 만들어달라고 부탁하거나, 자신의 아들을 미국 대학에 장기 체류시켜주면 1만 달러를 주겠다고 약속하기도 했다.

뒤늦게 이 사실을 알게 된 A씨 가족은 이씨를 고소하려 했다. 아니나 다를까 친족상도례 조항 때문에 형사처벌이 어려울 수

치매 자산가 '사기 결혼' 사건

있다는 얘기가 나왔다. 결국 가족들은 두 사람의 혼인 관계를 되돌리기 위해 혼인 무효 소송부터 제기해야 했다.

2015년 8월 언론에 90억 원대의 자산을 소유한 노인이 전 재산을 날리고 9개월 만에 이혼했다는 사연이 소개되면서 경찰이 사건을 인지하게 됐다. 이씨가 의도적으로 A씨에게 접근해 재산을 빼돌렸는지를 살펴보던 중 같은 해 10월 경기남부지방경찰청 국제범죄수사대가 정식 수사에 착수했고, 이듬해 3월 이씨를 체포했다. 수사 과정에서 이씨가 2003년경에도 치매에 걸리거나 판단능력이 떨어지는 노인을 대상으로 같은 수법의 사기를 저질렀다가 징역 10개월을 선고받은 적이 있다는 사실이 드러났다.

검찰이 혼인 자체가 무효였다는 점을 집중 공략해 공소를 유지한 끝에, 이씨는 2016년 9월 1심에서 징역 6년 형을, 2017년 3월 항소심에서 징역 7년 형을 선고받았다. 법원은 특정경제범죄법상 사기 혐의는 물론 허위로 혼인신고를 한 혐의 등도 모두 유죄로 인정했다.

A씨는 이씨가 이혼 소송을 진행할 당시에도 이씨의 말만 믿고 있었다. "외출하면 경찰이 잡아간다"는 말에 오피스텔에 틀어박혀 이씨가 시켜주는 배달 음식만 먹고 살았다. 2014년 10월 21일 망상에 시달리던 A씨가 방을 나와 경비원을 찾으면서 비로소 경찰을 통해 가족을 만날 수 있었다. A씨는 2016년 2월 숨졌다. 자신이 사기를 당했다는 사실을 마지막에 알았는지는 알 수 없다.

치매 자산가 '사기 결혼' 사건일지

2013

7월경 이씨 "대법원 판결 뒤집을 수 있다"며 피해자에 접근.

10월 "전 재산 양도" 유언장 작성.

11월 2억5,000만원 상당 미국 펀드 해지.

2014

1월 3일 피해자 몰래 혼인신고.

8월 16일 이혼 신청.

10월 21일 서울 동대문구 오피스텔에서 피해자 발견.

11월 28일 이씨-피해자 이혼확정.

2015

10월 경기남부경찰청 국제범죄수사대, 내사 착수.

2016

2월 피해자 사망.

3월 주범 이씨 체포.

9월 이씨 1심(수원지방법원)서 징역 6년

2017

2월 서울가정법원, 이씨-피해자 혼인 무효 선고.

3월 이씨 2심(서울고등법원)서 징역 7년

'위장결혼 사기' 주범 이씨가 내세운 '가짜 신분'

*박근혜 전 대통령 친구
*서울 영등포구 B병원 이사장
*주간 나눔나라 국민연합
*주간 나눔나라 신문
*월간 한국의인물
*삼대한의원 원장
*평화병원의료재단 대한민국 책임자
*미국 소재 대학 경영학 명예박사, 신학 명예박사
*대한예수교장로회 총회 전도사, 강도사
*대한예수교장로회 총회 서울중앙노회 목사
*세계문화환경협회 상임이사, 부총재

이씨 일당이 처분한 피해자 재산

처분일	재산 내역	금액
2013. 11.07	미국 펀드	
11.15	서울 주택	2억 5,000만
2014.4.18	충북 토지	4억 4,000만
4.18	충북 토지	6,600만
5.14	충북 토지(담보 대출)	6,600만
9.4	경기 토지	1억 5,000만
	경기 토지	9,487만
	경기 토지	1억 5,883만
	경기 토지	1억 2,676만
	경기 토지	1억 1,954만
	서울 토지	9,127만
*경찰 수사 결과	총계	46억 5,000만
		62억 727만

'사기 결혼' 범행 개요

공범 이씨
↓ 허위 혼인 신고 종인,
A씨 재산 처분

유언장,
토지양도증서 등
주범 이씨 ← 피해자 A씨
허위 혼인 신고 ↑ (피해자 A씨에)
A씨 재산 처분, 허위
가족으로부터 차단 혼인 신고 증인

공범 오씨
(불기소 처분)

*주범 이씨와 공범 이씨는 내연 관계, 주범 이씨가 공범 이씨 재판서 위증

'시대착오' 친족상도례 개정론

형법 제328조 1항: 직계혈족, 배우자, 동거 친족, 동거 가족 또는 그 배우자 간의 권리행사방해죄는 그 형을 면제한다.

개정안 1: 친고죄로 개정해야 한다. 피해자가 고소하는 경우 기소가 가능하다.

개정안 2: 반의사불벌죄로 개정해야 한다. 피해자가 고소하지 않더라도 기소가 가능하다. 단 피해자가 처벌을 원치 않는 경우 기소할 수 없다.

개정안 3: 관련 조항을 폐지해야 한다.

사건 일지 _____

2013년 7월 이씨가 "대법원 판결을 뒤집어주겠다"며 피해자에게 접근한다.

10월 피해자가 '전 재산을 이씨에게 양도한다'는 내용의 유언장을 작성한다.

11월 이씨는 피해자가 소유한 2억 5000만 원 상당의 펀드를 해지하고 그 대금을 받아 가로챈다.

2014년 1월 이씨는 피해자와 법적 부부가 될 생각으로 피해자 몰래 혼인신고를 한다.

8월	피해자의 주요 재산을 매각하고 난 뒤 이씨는 이혼 신청을 한다.
10월	피해자의 가족들이 서울 동대문구의 한 오피스텔에서 피해자를 찾아낸다.
11월	이씨와 피해자 사이에 이혼이 확정된다.
2015년 10월	경기남부지방경찰청 국제범죄수사대에서 내사에 착수한다.
2016년 2월	피해자가 사망한다.
3월	경찰이 이씨를 체포한다.
9월	수원지방법원이 이씨에게 징역 6년을 선고한다.
2017년 2월	서울가정법원이 A씨의 자녀들이 이씨를 상대로 낸 혼인무효 소송에서 이씨와 피해자 사이의 혼인은 무효라고 선고한다.
3월	서울고등법원은 이씨의 사기 및 허위 혼인신고 혐의 등을 모두 인정해 징역 7년을 선고한다.

치매 자산가 '사기 결혼' 사건

친족상도례

**해당 조항이 수사에 장애물이 되는 현실,
"시대에 안 맞는 조항을 수정해야"**

친족상도례란 친족 간에 일어나는 재산범죄에 대해선 처벌을 면제하는 형법상 특례 조항을 의미한다. 권리행사방해죄에 대해 형법 제328조 1항은 '직계혈족, 배우자, 동거 친족, 동거 가족 또는 그 배우자 간의 죄는 그 형을 면제한다'고 규정하고 있는데, 이 조항이 사기·공갈·절도·횡령·배임 등에도 준용돼 재산범죄 전반으로 확대 적용된다.

형법이 제정될 당시 친족상도례 조항이 만들어진 이유는 여러 가지다. 재산의 소유 단위를 가족 전체로 간주한 당대의 재산 관념이 반영됐다. 남편의 돈이 아내나 자식에게 가도 가족 전체의 재산은 동일하다는 것이다. 또 '집안 문제에 법이 개입해서는 안 된다'는 대원칙이 적용된 것으로 볼 수 있다. 문제는 이씨처럼 A

씨의 재산을 빼돌리고 처벌을 피하려는 목적에서 몰래 혼인신고를 하는 방식으로 범죄에 악용할 경우다.

실제로 이씨 사건을 수사하는 데 친족상도례 조항은 장애물로 작용했다. 수사를 맡았던 이홍필 경기남부지방경찰청 국제범죄수사대 경위가 당시 상황을 전했다. "A씨 가족이 수사기관과 변호사 사무실을 찾아다니며 이씨를 고소하려 했으나 친족상도례 조항 때문에 처벌이 어렵다는 답변을 듣고 낙심했다."

실제 수사팀도 친족상도례 조항 때문에 고소장에 따라 수사를 진행하는 것이 아니라 별도 내사를 통해 정보를 모아야 했다. 친족상도례 조항을 우회할 방편을 찾던 경찰은 이씨가 A씨에 대해 주변 사람들에게 털어놓은 이야기를 광범위하게 수집함으로써 결혼 자체가 무효라는 점을 입증해야 했다. 수사가 정해진 궤도에서 한참 둘러 간 셈이다.

이미 법 전문가들 사이에선 친족상도례 조항이 시대에 맞지 않으므로 수정해야 한다는 목소리가 나온다. 정승환 고려대 법학전문대학원 교수는 이렇게 주장했다. "가족 간 재산 문제가 과거와 달라졌기 때문에 진작 고쳤어야 할 조항이다. 적어도 피해자 본인이나 친족들에게 고소할 기회는 부여해야 한다." 개개인을 가족이라는 울타리에 묶어버리는 관념은 이제 시대착오적이다.

의사 결정 능력이 온전치 못한 노인에게 법원이 후견인을 지정하는 성년 후견인 제도 등을 적극 활용해야 한다는 제언도 나

치매 자산가 '사기 결혼' 사건

이씨는 자녀들과 연락이 닿지 않도록 노인의 거처를 여러 차례 옮기고 휴대폰 번호도 계속 바꿨다.
사진 SBS 뉴스 화면 캡처

온다. 가정법원 판사 출신인 이현곤 변호사의 말이다. "전반적인 고령화 추세 때문에 A씨 사건 같은 사례는 늘어날 수밖에 없다. 법원이 감독하는 후견인 제도를 통해 이런 범죄를 예방해야한다."

15

마음을 훔치는 '로맨스 스캠'

"파병 끝나면 한국서 결혼하자"
돈도 마음도 앗아간 금발 여군의 연서

"신이 나를 지켜줬어요. 우리 부대에서 3명이 목숨을 잃었는데 내 부상은 크지 않아요. 오, 당신, 당신이 내게 어떤 의미인지 모를 거예요. 당신이 나를 사랑해줘서 나는 그 모든 것들을 해낼 수 있었어요. 당신의 아만다 앰버."

3년 전 것이지만 A씨는 아직도 '그녀' 아만다 앰버의 이메일을 간직하고 있었다. A씨의 심경은 다소 복잡해 보였다. 분하기도 하지만 한편으론 부끄러운 듯했다. 이야기를 이어가다 중간중간 하늘을 올려다보며 한숨을 내쉬었다. "창피스러워서 지금껏 어디에도 말을 못 했다. 내 자신이 너무 한심해서다. 그런데 뉴스를 보니 아직도 나처럼 당하는 사람이 있더라. 그래서 털어놓기로 결심했다."

A씨는 '로맨스 스캠'의 피해자다. 연애를 뜻하는 '로맨스 romance'와 신종 사기를 뜻하는 '스캠scam'의 합성어다. 페이스북 메신저나 이메일, 채팅 앱 등 온라인을 통해 접근해 연서를 가장한 펜팔 연애를 하다 신뢰가 생기고 관계가 발전했다 싶으면 돈을 뜯어내는 사기 수법이다. 신종이라기엔 꽤 오래된 수법이지만, 보이스 피싱처럼 널리 알려지지 않아서 여전히 피해자가 양산되는 범죄다. 영어로 쓴 이메일로 이뤄지는 범죄의 특성상 영어를 어느 정도 다룰 줄 아는 40대 이상의 고학력자들이 주로 걸려든다.

이메일 몇 통을 주고받았다고 잘 알지도 못하는 사람에게 어떻게 거액을 보내게 됐을까. A씨는 그 얘기를 들려줬다.

A씨가 앰버를 알게 된 건 2016년 여름 채팅 앱 '바두'를 통해서였다. 멋진 서구 여성의 사진이 프로필에 걸려 있어서 혹시나 하고 말을 걸었는데 답장이 왔다. 이름은 아만다 앰버. 유엔평화유지군에 소속된 영국 간호장교라 했다. 아버지는 미군, 어머니는 나토군 소속 간호장교라 자신도 자연스레 군인이 됐다고 했다.

화려한 외모의 미인이었지만 사고방식은 그와 전혀 달랐다. 신앙심 깊은 기독교 신자로 자랐고, 아픔도 있었다. 앰버는 "아버지는 내가 겨우 열두 살 때 이라크 전쟁에서, 어머니는 올해 초

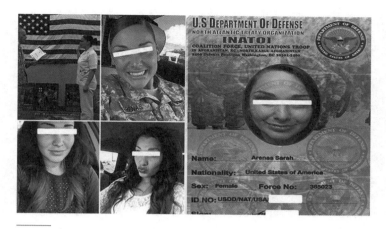

국제 로맨스 스캠 조직이 미군 간호장교를 사칭하며 한국인 피해자들에게 보낸 사진과 신분증.
사진 부산지방경찰청

돌아가셨다"고 했다. 그 때문에 "좋은 남편을 만나 의지하고 순종하는 삶을 살고 싶다"고 했다.

A씨는 앰버에게 슬슬 빠져들기 시작했다. 하루에 여러 통의 메일을 주고받았다. 앰버는 자신의 신분증이나 군부대에서 찍은 사진도 종종 보내왔다. 앰버는 "당신 없는 세상은 색깔 없는 무지개"라거나 "영혼을 다 바쳐 사랑하겠다" 같은 말도 곧잘 했다. 유치한 그런 말이 A씨에겐 달콤했다. 아니 원래 달콤한 말은 유치하기 마련이지 않던가.

전쟁에 참전 중인 군인이라는 처지는 더욱 애틋한 감정을 만들어냈다. 어느 날 앰버는 영국 런던 주둔지에서 시리아 내전 지역으로 파병됐다는 소식을 전했다. 그 뒤 "낯선 중동의 전쟁터에서 기댈 곳은 당신뿐"이라는 메일을 매일 보내왔다. "작전 중 사망할 때를 대비해 상속자 이름을 적는데 '미래의 남편'인 당신의 이름을 적어냈다"고도 했다. "이번 파병만 끝나면 전역하고 한국에서 당신과 살고 싶다"고 했다. 한번은 "부상병들을 앰뷸런스에 태우고 병원으로 향하다가 가슴에 총을 맞았다. 방탄복이 나를 살렸다. 혹시라도 내가 연락을 못 해도 당신이 정기적으로 메일을 보내달라"고까지 했다.

전쟁터에서 날아온 연서를 받고 A씨는 한순간 마음을 뺏겼다. "훈련과 작전을 하는 군인이라 직접적인 연락이 어렵다고만 생각했는데 상속자 이름에 나를 올렸다는 말에 그만 감동해서 나도 모르는 사이에 빠져들었다."

앰버가 돈을 요구하기 시작한 건 20여 통의 메일을 주고받은 뒤였다. 처음엔 "작전 지역으로 급히 이동해야 하는데 돈을 인출할 적당한 곳이 없다"고 했다. A씨는 이런저런 경비 명목으로 1000달러 정도를 보냈다. 그것도 별도의 계좌 없이 받은 사람 이름과 비밀번호를 매개로 이뤄지는 개인 대 개인 송금 시스템 '유니온'을 이용했다. 보통의 은행 이체를 거치지 않는 이유로 '내전 중인 시리아의 상황'을 거론했다. 전쟁통에 은행 같은 금융 시스템이 제대로 작동하지 않으니 유니온으로 받는 게 제일 편하다고 했다.

이후 요구하는 액수가 조금씩 불더니 한번은 긴급 메일로 이색 제안이 들어왔다. 시리아에서 수색 작전을 하다 동굴에서 숨겨둔 무기와 함께 달러 뭉치를 발견했는데, 그 가운데 일부를 대원들끼리 몰래 나눠 갖기로 했다는 것이다. 그러면서 "내 몫은 500만 달러(한화 60억 원)"라고 했다.

이때부터 독촉이 더욱 급해졌다. 500만 달러를 일단 런던 보안 업체의 개인 금고로 빼돌리고, 영국에서 외교 행낭을 통해 다시 주한 미군 기지로 옮길 수 있다고 했다. 그러면서 배송비를 요구했다. 망설이는 A씨에게 앰버는 "런던 개인 금고를 당신 명의로 하겠다" "그 돈이 한국으로 옮겨지면 당신과 함께 행복하게 살고 싶다"고 했다. 그 와중에 영국계 배송 회사 등에서 작성한 서류도 날아왔다. A씨는 통관비와 항공수송비 등을 모아 앰버에게 보냈다. '알베르'라던 배송 회사 직원에게 따로 6000달러도 보냈다. 돈 욕심도 났다. A씨는 "솔직히 수십억 원이라 하니 말만 들어도 머리가 핑 돌더라"고 말했다.

달러가 든 가방이 서울에 도착했다는 소식을 듣고 서울 중구 힐튼호텔에서 자신을 외교관이라 소개하는 에릭 존슨을 만났다. 존슨도 만나자마자 돈 타령부터 했다. 앰버가 보낸 돈가방이 미군 기지에 있는데 그걸 빼내려면 1만 달러가 더 필요하다는 것이다. 잦은 돈 요구에 이때만큼은 A씨도 거절했다. 앰버에게 "이거, 사기 아니냐"고 따지자 "나를 믿어달라. 한국에서 행복하게 살자"라는 답장이 날아왔다. A씨는 다시 존슨을 만나 1만 달러를 건네고 여행용 가방을 넘겨받았다.

가방을 열어보니 호텔 객실 같은 곳에서 볼 수 있는 소형 금고

영국군 간호장교를 사칭한 국제 로맨스 스캠 조직원이 시리아에서 수색 작전을 하다
동굴에서 숨겨둔 무기와 함께 발견했다는 달러 뭉치. 사진 부산지방경찰청

가 들어 있었다. 비밀번호를 물어보자 존슨은 또 말을 둘러대며
항공료를 추가로 요구했다. 더 이상 돈을 줄 수 없다고 생각한 A
씨는 그냥 금고를 통째 들고 와 작업용 그라인더로 갈랐다. 금고
안에는 검은색 종이만 가득했다. 다시 연락한 이번에 존슨은 "화
학약품 처리가 된 '블랙머니'라 특수 약물로 씻어내면 검은색이
벗겨지면서 달러가 된다. 그러니 세척 비용이 필요하다"고 말했
다. A씨는 금고를 들고 곧장 경찰서로 갔다. 국립과학수사연구원
에서 감정한 결과 검은 종이는 그냥 검은 종이였을 뿐이다.

사건을 접수한 부산지방경찰청은 검거 작전에 돌입했다. 경찰과 A씨는 다시 연락해 온 존슨에게 "블랙머니를 달러로 바꾸는 시범을 보여주면 세척 비용을 내겠다"고 역제안을 했다. 그러면서 "사업 때문에 요즘 부산에 있으니, 부산으로 내려와달라"고 유인했다. 담당 형사는 A씨의 친구인 척 약속 장소에 함께 나가 있다가 외교관 존슨을 긴급 체포했다.

존슨은 외교관이 아니었다. 카메룬 국적의 난민 모안지마마(48세)였다. 2015년 8월 관광비자로 입국한 뒤 "동성애자라서 귀국하면 탄압받는다"는 이유로 난민 신청을 해 2017년 2월까지 국내에서 체류할 자격을 부여받은 상태였다. 모안지마마는 처음 경찰 조사에서도 "동성애자라 A씨와 연애하기 위해 만났다"는 소리를 해댔다. 하지만 수사가 진행되는 중에 결국 혐의를 인정했다.

경찰은 A씨 외에도 피해자가 3명 더 있다는 사실을 밝혀냈다. 그녀의 이름이 A씨에게 아만다 앰버였다면, B씨에겐 케이티 브라운이었고, C씨에겐 살라 엘레나라는 식이었다. 이름은 달라도 사건 줄거리는 비슷했다. 모두 미모의 서구 여성 사진을 프로필로 썼고, 부모를 잃었고, 직업은 간호장교였으며, 피해자와 결혼하고 싶다고 했다. 유엔평화유지군 소속으로 시리아에 파병됐으며, 거기서 의문을 돈다발을 구했다는 것까지도 똑같았다. '군인' '시리아 파병' 등 같은 레퍼토리는 직접 만나지 않고도 돈을 뜯어내기 위한 설정이었던 것이다.

마음을 훔치는 '로맨스 스캠'

A씨를 비롯한 피해자들은 1억 3000만여 원을 잃었다. 이 돈은 나이지리아, 베냉, 영국, 미국 등지로 흘러갔다. 경찰은 이 사건을 서아프리카 지역에 뿌리를 둔 '로맨스 스캠' 국제사기단이 저지른 조직적 범행이라 결론지었다. 검거된 모안지마마는 사기 및 사기 미수 혐의로 2017년 7월 징역 1년 6월의 확정판결을 받았다. 국제사기 조직에 연루된 인물이지만 일선 수금책이라 형량은 그리 높지 않았다. 모안지마마는 만기 출소한 뒤 카메룬으로 추방됐다.

피해자들은 자신들의 돈을 되찾지 못했다. A씨는 돈만큼, 때론 돈보다 더 큰 자괴감 때문에 괴로웠다. 환심을 사려는 이메일에 한순간 넋이 나가 바보처럼 당한 자신이 부끄러웠다. 그 후 직업까지 바꿨다. A씨는 그저 "나 같은 피해자가 없었으면 한다"는 말만 반복했다.

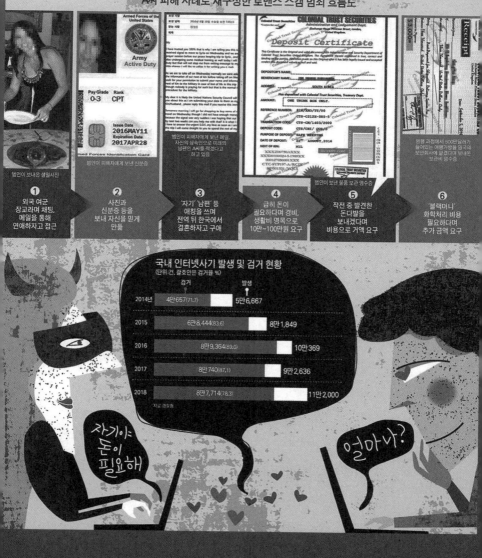

A씨 피해 사례로 재구성한 로맨스 스캠 범죄 흐름도

① 외국 여군 장교라며 채팅, 메일을 통해 연애하자고 접근

② 사진과 신분증 등을 보내 자신을 믿게 만듦

③ '자기' '남편' 등 애칭을 쓰며 전역 뒤 한국에서 결혼하자고 구애

④ 급히 돈이 필요하다며 경비, 생활비 명목으로 10만~100만원 요구

⑤ 작전 중 발견한 돈다발을 보내겠다며 비용으로 거액 요구

⑥ '블랙머니' 화학처리 비용 필요하다며 추가 금액 요구

범인이 보내온 생일사진

범인이 피해자에게 보낸 신분증

범인이 피해자에게 보낸 메일. 자신의 상속인으로 미래의 남편인 A씨를 적겠다고 하고 있음

범인이 보낸 물품 보관 영수증

범행 과정에서 500만달러가 들어있는 여행가방을 영국과 보안회사에 맡겼다며 보내온 보관비 영수증

국내 인터넷사기 발생 및 검거 현황
(단위:건, 괄호안은 검거율 %)

	검거	발생
2014년	4만 657(71.7)	5만 6,667
2015	6만 8,444(83.6)	8만 1,849
2016	8만 9,364(89.0)	10만 369
2017	8만 740(87.1)	9만 2,636
2018	8만 7,714(78.3)	11만 2,000

자료: 경찰청

A씨 피해 사례로 재구성한 로맨스 스캠 범죄 흐름도

1. 채팅 앱에서 자신을 여군 간호장교라고 소개한 아만다 앰버는 그 후 메일을 통해 연애를 하자고 접근해온다.

2. 앰버는 자신의 신분증이나 군부대에서 찍은 사진을 종종 보내옴으로써 자신을 믿게 만든다.

3. 메일에서 '자기' '남편' 등 애칭으로 A씨를 부르며 전역한 뒤 한국에서 결혼하자고 구애한다. 어느 날 시리아 내전 지역에 파병됐다는 소식을 전하면서 "작전 중 사망할 때를 대비해 상속자 이름을 적었는데 '미래의 남편'인 당신의 이름을 적어냈다"고 한다.

4. 앰버는 "작전 지역으로 급히 이동해야 하는데 돈을 찾을 적당한 곳이 없다"며 경비와 생활비 명목으로 10만~100만 원을 요구한다.

5. 앰버는 시리아에서 수색 작전을 하다 동굴에서 숨겨둔 무기와 함께 달러 뭉치를 발견했다며, 자기 몫인 500만 달러를 일단 런던 보안업체의 개인 금고로 빼돌리고 그것을 다시 주한 미군 기지로 옮기겠다고 한다. 그러면서 거액의 비용을 요구한다. A씨는 통관비와 항공수송비를 모아 앰버에게 보낸다.

6. A씨는 달러가 든 가방이 서울에 도착했다는 소식을 듣고 다시 1만 달러를 건넨 뒤에야 가방을 넘겨받는다. 가방에 든 금고에서 검은색 종이만 가득 나온다.

연애 사기

**로맨스 스캠의 근거지는 대부분 아프리카,
범죄인 인도 조약 체결 안 돼 사법 공조 어려워**

전문가들은 로맨스 스캠의 뿌리로 1990년대에 일어난 '나이지리아 국제 금융 사기'를 꼽는다. '나이지리아 스캠' 또는 나이지리아의 형법 조항을 빌려 '419 케이스'라고도 불린다. 정정이 불안한 아프리카 지역 국가들의 정재계 고위 인사를 자처하는 사기단이 해외 기업인들을 상대로 벌인 사기를 말한다. 이를테면 신정부에 몰수될 위험이 있는 자신의 자산을 해외로 반출할 수 있도록 피해자의 계좌를 이용하게 해달라고 제의하면서 반출액의 20~30퍼센트의 수수료를 주겠다고 약속한다. 그러다가 불법자금이 아니라는 증명서가 필요하다며 이 증명서를 발급할 금액을 우선 송금해달라고 요청하는 식이다. 전문가들은 이 범죄 조직이 로맨스 스캠으로 옮겨 갔다고 추정한다. 지역 기반도 나이

부산지방경찰청 국제범죄수사대가 국제 로맨스 스캠 조직원에게 압수한 증거품. 특수 약물로 처리하면 달러로 변한다는 블랙머니는 그냥 검은색 종이였다. 사진 부산지방경찰청

지리아에서 베냉, 토고, 카메룬 등 인접 국가로 점차 확장됐다.

피해는 크게 늘었다. 경찰청에 따르면 2023년 기준 로맨스 스캠 신고는 126건, 피해액은 55억 원에 달했다. 피해액은 2021년 31억 3천만 원에서 2022년 39억 6천만 원으로 급증하고 있다. 수법이 유사한 보이스 피싱과 비교해도 건당 피해액은 로맨스 스캠이 더 많았다. 미국도 연방거래위원회(FTC)의 집계에 따르면 2022년 로맨스 스캠에 당한 피해액이 13억 달러(1조 7200억 원)에 달하고 피해자 수는 7만 명에 이르렀다.

로맨스 스캠은 여러모로 골치 아픈 사건이다. 내밀한 연애 감정을 이용해 외로운 중년층을 겨냥하는 범죄라서 피해자들이 피해 사실을 인정하지 않을뿐더러, 인정해도 "남 보기 창피하다"며 신고를 꺼린다. 아만다 앰버 사건에서도 피해자가 사기당한 사실을 인정하고 경찰에 신고하는 데 상당한 어려움을 겪었다. 속 시원한 해결책도 없다. 잡아봐야 '현지 수금책'일 뿐, 몸통은 서아프리카에 건재하다. 돈을 돌려받을 길도 없고, 한국과 사법 공조나 범죄인 인도 조약이 체결되지 않은 나라가 대부분이라 수사도 마땅치 않다.

대책이라면 온라인상에서 모르는 외국인이 말을 건 뒤 돈을 요구하는 경우를 조심하는 길밖에 없다. 로맨스 스캠을 보이스 피싱만큼이나 주의해야 한다. 로맨스 스캠도 사기 범죄의 일종이라서 사기범은 다음과 같은 공식을 따른다. 연애 감정이 확인될 때까지는 돈 얘기를 꺼내지 않다가, 일단 돈을 요구하기 시작하면 액수가 점점 커지고, '자기'(darling)나 '남편'(husband) 같은 표현을 지나치게 많이 쓰고, 전쟁이나 오지 등 특수 상황을 핑계 삼아 전화 통화나 일반적인 금융거래가 어렵다는 구실을 댄다. 구글 검색을 해보는 것도 한 방법이다. 국제범죄이다 보니 다른 나라에서 쓰던 편지 문구나 사진이 재활용되기도 한다. 임영섭 부산지방경찰청 국제범죄수사대장은 "사람을 현혹하는 범죄라 초기에 적극 신고하는 것이 가장 중요하다"고 강조했다.

16

부산 '마네킹' 보험 사기 사건

"친구야, 차 한번 박고 보험금 타 클럽 가자"
2년간 부산 휩쓴 렌터카 사기

"형사님, 요즘 부산 젊은 아(애)들 사이에서 뭐가 유행인 줄 압니까? 렌터카로 다른 차 박고 보험금 타는 거라예. 보험금 타는 게 하도 쉬워가 안 하면 아예 바보 취급당한다 안 캅니까. 보험사 직원들만 죽어나간다 카데예."

2017년 10월 박대수 부산지방경찰청 팀장은 알고 지내던 렌터카 회사 직원이 침 튀겨가며 들려주는 얘기에 빙긋 웃기만 했다. 또 무슨 하소연을 하려나 싶었다.

"그런데 들어보이 쌍둥이 형제하고 가(개)들 친구 한 명하고 해서 3명이 진짜 문제라 카데예. 덩치도 산만 한 아(애)들이 문신까지 해갖고 보험금 빨리 달라꼬 쌩난리를 치는데, 보험사 직원들도 가들만 보면 치를 떤다 안 캅니까."

쌍둥이 형제라는 말에 순간 박팀장의 얼굴에 웃음기가 사라졌다. 덩치 큰 쌍둥이와 그 친구? 박팀장은 몇 년 전 폭력 및 절도 등 혐의로 잡아넣은 3명, 일란성 쌍둥이 김 모(24세) 씨 형제와 단짝 친구인 박 모(24세) 씨를 떠올렸다. 안 떠올릴 재간이 없었다. 어릴 적부터 몰려다니며 온갖 사고를 치는 바람에 10대 때 이미 전과 23범이 됐다는 부산 남구 일대 최악의 사고뭉치 삼인방이었다.

박팀장은 다음 달 12개 보험사의 직원들을 부산지방경찰청으로 소집했다. 아니나 다를까 보험사들마다 끙끙 앓아대던 그 3명이 남구의 사고뭉치 삼인방이라는 사실을 확인했다. 삼인방의 보험금 청구 내역을 전수 조사하면서 한 번 더 놀랐다. 셋만 잡으면 되겠거니 생각했는데 이들의 범죄에 연루된 이들이 무려 400여 명에 달했기 때문이다.

방대한 보험금 청구 자료를 추적하고 정리하는 데만 1년이 걸렸다. 부산지방경찰청은 305명을 형사 입건하고 이 가운데 18명을 구속했다. 이들은 2016년부터 2년 6개월 기간 동안 180여 건의 렌터카 보험 사기를 저질러 11억 3000만 원의 보험금을 타갔다. 렌터카 보험 사기 사상 최대 규모라는 말이 이래서 나왔다. 그런데 이 사고들 가운데 경찰에 신고된 건 단 한 건도 없었다.

김씨 형제와 친구 박씨. 한 동네에서 나고 자란 단짝 친구였지만 문제는 우정의 깊이가 아니라 방향이었다. 길을 걷다가 다리가 아프면 주위에 세워져 있는 오토바이를 훔쳐 타고 돈이 궁하면 인터넷 중고 사이트에서 가짜 물건을 팔고 돈만 받아 가로채는, 10대치고는 덩치가 크고 험상궂은 인상을 악용하는 골칫덩이였다. 전과 23범은 그 증거였다.

열아홉 살이 된 2014년 5월, 이들은 동네 형에게 솔깃한(?) 얘기를 듣는다. "돈 벌고 싶으면 보험 사기 함 해볼래? 운전면허증이 없으면 작은 거부터 해라. 주차하려는 차 뒤에 서 있다가 차가 움직일 때 손목이나 발을 살짝 대라. 그라고 몸 좀 안 좋다, 병원 간다 하믄 그쪽서 적잖게 돈 챙겨줄끼다." 일명 '손목치기'였다.

공돈이 생기려나 싶어서 한번 해봤다. 어라, 생각보다 쉬웠다. 일방통로 길 등 도로 폭이 좁은 곳의 골목길로 진입하는 차량을 기다렸다가 옆으로 지나가는 척하면서 살짝 차(사이드미러 등)를 팔로 치고 나서 몇 번 뒹굴었더니 50만~60만 원이 수중에 떨어졌다. 삼인방은 그런 식으로 보험 사기에 입문했다. 그래도 자주 써먹지는 않았다. 가벼운 교통사고의 경우 보험사에서 대면 조사 등을 하지만 소액의 보험금이라도 비슷한 수법으로 반복해 타내다 보면 보험사 직원에게 들킬 우려가 생겨서다. 숨겨놓은 비상금을 꺼내 쓰듯 대여섯 달에 한 번씩 조심스레 범행에 나섰다. 점차 이들은 고심했다. 어떻게 하면 이렇게 손쉬운 돈벌이를 들키지 않고, 판을 키워, 더 자주 할 수 있을까.

렌터카 보험사기 3인방이 탄 자동차가 중앙선을 침범한 피해자 차량으로 접근하는 모습.
피해 차량의 블랙박스 영상이다. 사진 부산지방경찰청

그러다 삼인방은 교통사고가 났을 때 운전자뿐 아니라 차에
동승한 이들에게도 보험금이 지급되는 걸 TV에서 보고 렌터카
보험 사기를 떠올렸다. 렌터카에 사람을 가득 태우고 나서 사고
를 내면 동승자의 머릿수만큼 보험금이 나오리라고 생각했다.

처음 보험 사기에 눈을 뜨게 해준 동네 형에게 자문을 구했더
니 "그렇다면 차선을 바꾸려는 차량을 노려보라"고 했다. 차선
을 바꾸다 사고가 나면 그쪽 차량의 운전자에게 과실 비율이 더
높게 매겨진다는 점을 악용했다. 잘만 하면 자신의 과실 비율을
10퍼센트까지 끌어내려 렌터카 회사에 차량 수리비 명목으로 내
야 하는 면책금을 토해내더라도 더 많은 보험금을 남겨먹을 수
있다고 했다.

2016년 이들은 자동차를 빌려 운전자 등 5명을 가득 채우고 차

량이 붐비는 대형마트 근처 등을 돌다가 갑자기 차선을 바꾸는 차를 노려 고의로 사고를 냈다. 처음엔 이들도 서툴렀다. 접촉 사고가 실제 일어나자 허둥지둥 핸들을 꺾는 바람에 렌터카로 주변 가드레일을 들이받는 경우도 있었다. 어라, 그런데 이게 웬일인가. 피해가 커졌다며 보험사는 더 많은 보험금을 내놨다.

가벼운 접촉 사고는 금세 익숙해졌다. 사람이 다치는 일도 없었고, 사고를 낸 차량 운전자들은 연신 미안하다 했고, 보험사 직원들은 합의금을 깎으려고만 하지 사고 자체를 자세히 들여다보지는 않았다. 렌터카 회사도 보험사에서 보험금이 들어오는 이상 사고를 낸 기록이 있다는 이유로 차량 대여를 거부하지는 않았다.

걸림돌은 딱 하나였다. 5명만 계속 사고를 내면 보험사로부터 의심을 살 수 있으니 사고마다 사람을 겹치지 않게 해야 했다. 삼인방은 친한 친구나 선후배는 물론, 학창 시절 자신들이 괴롭혔던 사람들까지 불러 모아 차에 태우기 시작했다. 이들은 자신의 통장에 보험금이 들어오면 수고비 명목으로 5만~10만 원만 남겨두고 삼인방에게 나머지 금액을 보냈다. 삼인방은 이렇게 보험금을 늘리기 위해 동원한 동승자들을 '마네킹'이라 불렀다. 마네킹 모두에게 수고비를 준 건 아니었다. 그중 만만한 사람에겐 밥을 한 번 사고 말았다. 껄끄러운 이들에겐 서너 배씩 수고비를 쥐어주기도 했다.

해가 바뀐 2017년, 삼인방은 '범죄의 업그레이드'에 나섰다. 이왕 사고를 낼 바에야 상대방 운전자의 과실 비율이 100퍼센트인 '중앙 차선 침범 차량'을 겨냥했다. 갓길에 자동차가 줄지어 주차돼 있는 양방향 1차로 도로를 범행 장소로 삼았다. 주차된 차를 피하기 위해 어쩔 수 없이 중앙선을 넘어야 하는 차량이 목표였다.

여기에 한 가지 더, 사고가 나면 삼인방은 치료비가 비싼 한방병원을 찾았다. 한방병원에 입원하면 보험사가 더 많은 합의금을 챙겨준다는 정보를 이용했다. 효과는 만점이었다. 박대수 팀장은 교통사고 후 한방병원에 입원하는 상황을 설명했다. "한방병원에 일주일만 입원해도 병원비가 눈덩이처럼 불어나는데 그러면 가해자 측의 보험료도 덩달아 뛴다. 삼인방은 이런 사실을 알고 보험사가 합의금을 빨리 주고 하루라도 빨리 퇴원시키려 한다는 점을 노렸다."

교통사고를 내고 보험금을 타내는 과정은 쉬웠으나 '마네킹'을 조달하는 일이 어려웠다. 자신들의 주변 사람을 다 끌어다 쓴 끝에 페이스북 등 SNS에 구인 광고를 올리기도 했다. 쉽게 공돈을 버는 줄 알고 왔다가 보험 사기인 걸 눈치 채고 가담하기를 꺼려할 경우, 차에 타는 건 기존 멤버가 하고 그 사람의 명의만 빌리기도 했다. 삼인방은 보험 사기를 하는 한편 사채업도 병행했는데 빚이 밀린 채무자들을 강제로 차에 태우기도 했다.

못된 짓으로 손쉽게 돈푼깨나 쥘 수 있다는 소문은 금방 퍼졌다. 삼인방의 활동이 극에 달하면서 렌터카 보험 사기 바람이 부산 일대에 불었다. 우선 삼인방의 차량에 동승했던 마네킹들부터 모방 범죄에 나섰다. 그들도 조를 짜서 삼인방에게 배운 수법 그대로 렌터카 보험 사기를 벌였다. '20대 애들이 하룻밤 클럽에 가서 즐겁게 놀고 싶으면 렌터카를 빌려 보험 사기를 저지른다'는 말이 나돌 정도였다. 그 무렵 2년 동안 부산의 20대 초반 젊은이들 사이에서 보험 사기는 '범죄'가 아니라 '놀이'처럼 퍼져나갔다.

보험사들 사이에서도 삼인방에 대한 이야기가 심심찮게 흘러나왔다. 하지만 어느 누구도 그들을 신고하지 않았다. 보험 사기 수사는 보통 수사 기간이 길기 마련이므로 업계 사정상 보험사는 빨리 합의를 하고 끝내는 쪽을 택했다. 가짜 사고를 당한 사람도 교통사고로 생긴 벌점이 동승자 수만큼 더해진다는 점 때문에 될 수 있는 한 빨리 합의를 보고 싶어 했다.

자연히 수사가 어려울 수밖에 없었다. 신고가 한 건이라도 들어오면 그 틈을 파고들 텐데 아무것도 없었다. 어쩔 수 없이 부산지방경찰청은 12개 보험사와 함께 삼인방의 보험금 청구 내역을 모두 다 뒤져야 했다. 그 결과 400여 명이 보험 사기에 연루된 것으로 밝혀졌고 앞서 말했듯이 그 가운데 305명이 형사처벌을 받았다. 단순히 명의만 빌려준 사람들도 형사처벌의 대상에 포함됐다. 이어 200여 명이 넘는 보험 사기 피해자들의 사고 기록을 삭제하고 할증된 보험료도 원상태로 깎아줬다.

　이렇게 복잡하고 어려운 과정을 거쳐야 했건만 삼인방 중 김씨 쌍둥이 형제는 법원에서 각각 징역 1년 6월, 박씨는 2년을 선고받는 데 그쳤다. 박대수 팀장은 "보험 사기를 저지른 이를 엄하게 처벌하자는 취지에서 보험사기방지특별법까지 제정됐지만, 현실에선 여전히 강력한 처벌이 없어 아쉽다"고 말했다.

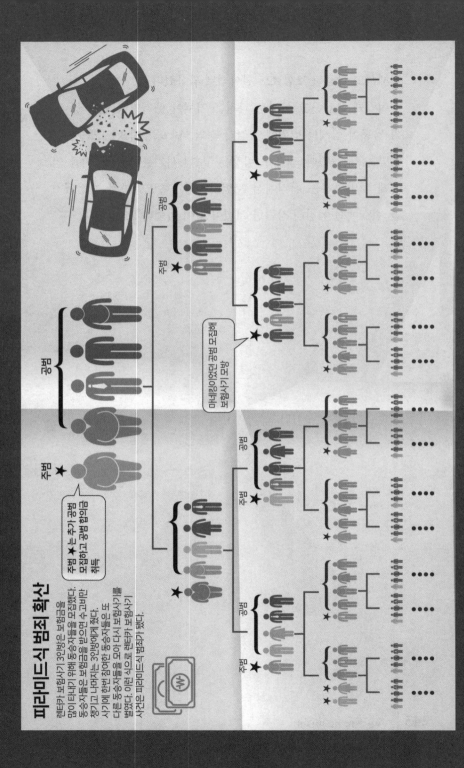

피라미드식 범죄 확산

렌터카 보험 사기를 공모한 삼인방은 보험금을 많이 타내기 위해 동승자들을 모집했다. 동승자들은 보험금이 나오면 자신들의 수고비만 챙기고 나머지는 삼인방에게 줬다. 이후 동승자들은 삼인방의 사기 행각을 그대로 모방해 자체적으로 보험 사기를 벌였다. 동승자가 나중에 주범으로 나서서 또 다른 동승자들을 모으는 방식은 계속됐다. 이런 식으로 렌터카 보험 사기 사건은 피라미드식 범죄로 커져갔다.

사건 일지 _____

2014년 5월   삼인방이 손목치기 수법으로 보험 사기에 입문한다.

2016년 5월   더 나은 돈벌이를 궁리하던 이들은 렌터카 보험 사기를 시작한다.

2017년 10월   경찰이 렌터카 회사 직원에게서 삼인방의 렌터카 보험 사기와 관련한 첩보를 입수한다.

2017년 11월부터 2018년 1월까지   경찰이 12개 보험사와 함께 삼인방의 보험사 청구 내역을 전수 조사한다.

2018년 4월   경찰이 삼인방을 구속한다.

2019년 1월   부산지방법원은 쌍둥이 형제와 친구인 박씨에게 각각 징역 1년 6개월과 2년을 선고한다.

자동차보험 사기

보험 사기가 의심되면 경찰에
'마디모' 검사를 의뢰해보세요

2016년 보험사기방지특별법이 국회 본회의를 통과하기 전까지는 보험 사기 처벌은 형법상 사기죄에 따랐다. 그동안 보험 사기에 대한 처벌이 일반 사기범보다 낮은 수준에 머물다 보니 별다른 죄의식 없이 가담하게 되는 문제가 생겼고, 사기 수법이 갈수록 교묘해지면서 법망을 피해가는 사례도 늘었다. 특별법은 기존 형법과 달리 보험 사기를 별도 범죄로 따로 구분해 구체적인 법조항을 마련한 동시에, 사기죄에 비해 형량을 '10년 이하 징역 또는 5000만 원 이하의 벌금'으로 대폭 높였다. 이전까지는 보험 사기를 보험사와 계약자 간의 사적인 분쟁으로 봤다면 앞으로는 공적으로 대응하겠다는 취지였다.

그러나 특별법이 시행되면(2016년 9월 30일) 보험 사기가 줄 것이라는 기대와 달리 오히려 늘어났다. 금융감독원에 따르면 2018년 보험 사기 적발 금액은 7982억 원으로 2017년의 7302억 원에 비해 9.3퍼센트 증가한 역대 최대액이었다. 이런 보험 사기 가운데 절반 가까이(41.6퍼센트)가 자동차보험 사기(3321억 원)다. 최근 들어 자동차보험 사기가 줄어드는 추세이기는 하지만 40대 이하 연령층에선 전체 보험 사기에서 자동차보험 사기가 차지하는 비중이 73.5퍼센트나 된다.

자동차보험 사기가 여전한 데에는 범행을 입증하기 어려운 까닭에 피해자들이 신고하기를 꺼리는 것도 한몫한다. 박대수 부산지방경찰청 형사과 팀장은 현실의 어려움을 이렇게 진단했다. "가벼운 차 사고라 해도 사람마다 상해 여부가 제각각인 데다, 의사도 사고당한 사람의 얘기를 근거로 진단을 내리기 때문에 보험 사기라고 판단하기가 어렵다." 그러니 피해자들로선 가급적 빨리 합의를 보려고 할 뿐이다.

자동차보험 사기가 의심되면 이를 열심히 알려야 한다. 우선 보험사에 보험 사기로 의심되는 정황을 알리고, 경찰에 '마디모'(MADYMO) 검사를 의뢰하는 것도 한 방법이다. 2009년에 한국에 처음 도입된 마디모는 교통사고를 재현해 상해 정도를 판별하는 프로그램이다. 즉 교통사고 당시의 차량 상태와 속도 같은 정보를 입력하면 탑승자가 입었을 충격과 상해 정도를 추정해준다. 경미한 교통사고임에도 불구하고 일단 드러눕고 보는 '가짜 환자'를 판별하는 데 쓰인다. 경찰에 의뢰하면 국립과학수사연

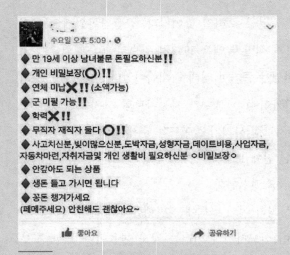

◆ 만 19세 이상 남녀불문 돈필요하신분‼

◆ 개인 비밀보장(◯)‼

◆ 연체 미납✖‼ (소액가능)

◆ 군 미필 가능‼

◆ 학력✖‼

◆ 무직자 재직자 둘다 ◯‼

◆ 사고치신분, 빚이많으신분, 도박자금, 성형자금, 데이트비용, 사업자금, 자동차마련, 자취자금및 개인 생활비 필요하신분 ○비밀보장○

◆ 안갚아도 되는 상품

◆ 생돈 들고 가시면 됩니다

◆ 꽁돈 챙겨가세요

(페메주세요) 안친해도 괜찮아요~

삼인방이 보험사기에 가담할 '마네킹'을 모집하기 위해 페이스북 등에 올린 글. 사진 부산지방경찰청

구원이 프로그램을 통해 상해 정도를 감정해준다. 검사를 의뢰하는 데 별도의 비용이 드는 건 아니다. 물론 마디모가 모든 사건을 가려내는 절대적 기준이 되는 건 아니다. 그래도 신고 기록이라도 남아 있으면 이후 수사기관이 보험 사기 여부를 판단할 때 도움이 된다. 지금은 아무런 자료가 없는 것이 더 큰 문제다.

17

중국 옌지 보이스 피싱 조직원 감금 사건

여행사 취업이라더니, "도망치면 부모를 해코지"
보이스 피싱 덫에 걸리다

"편의점 알바? 야, 그렇게 벌어서 언제 돈 모을래?"

운전대를 잡은 친구의 손목이 '번쩍' 빛났다. 시세가 수백만 원 선부터 시작한다는 명품 시계였다. 박승훈(21세) 씨는 짐짓 놀리는 척 물었다. "그거 진짜냐?" 무슨 그런 질문이 다 있느냐는 듯 껄껄 웃어넘기는 소리가 대답의 전부였다. 오랜만에 만난 중학교 동창의 모습은 낯설었다. 근사한 차를 몰고 와서는 명품 가방을 뒤적이는데 그 가방 안엔 척 보기에도 현찰만 수백만 원이 들어 있었다. 그동안 중고 휴대폰을 판다던 녀석이 변해도 너무 변했다.

그에 비해 승훈씨는 열심히 살았으나 여전히 불안한 청춘이었다. 주변엔 '취준생(취업준비생)'이라는 이름의 '백수' 형과 누나들이 즐비했다. 승훈씨는 대학생이 되어서도 또 열심히 뛰어야 했다. 주중엔 학점을 챙기고 자격증을 따기 위해 공부했다. 주말엔 편의점에서 일하면서 월 50만 원을 벌었다. 그런 승훈씨에게 중학교 동창은 그러지 말고 '제대로 된 일'을 해보라고 권했다.

"우리 누나의 남자친구가 중국 옌지에서 큰 여행사를 하는데 거기 사람이 좀 필요하대. 직원이 조선족이라 한국말을 잘 못하니까 진짜 한국 사람이 필요하다는 거야."

중국이라면 상하이나 베이징 정도만 알았지 옌지延吉라는 도시는 낯설었다. '여행 사업이 잘되나 보네' 하고 넘어가려는데 동창이 결정적으로 한마디를 던졌다.

"한 달에 기본 500만 원에서 600만 원 정도 받고, 일단 딱 석 달만 일하는 조건으로 일해보는 건 어때?"

콜센터 직원처럼 앉아서 준비된 답만 잘하면 된다고 했다. 석 달에 1500만 원? 솔깃했다. 하지만 하는 일치곤 돈이 너무 많다 싶기도 했다. 그 생각을 읽었는지 동창이 설명을 덧붙였다.

"옌지가 북한과 가깝고 조선족도 많아서 위험하다고 한국 사람들이 잘 안 가려고 해서 그래. 일종의 위험수당인 거지."

승훈씨는 열흘간 고민하다가 옌지행을 결정했다. 부모님도 '사회생활 미리 경험해보는 셈' 삼아 다녀오라고 했다. 일단 결정을 내리자 불안감은 날아갔다. 출발 준비라고 할 것도 없었다. 항공편과 비자 등 모든 준비를 여행사 측에서 알아서 해준다고 했다. 영어도 배우고 돈도 번다는 '워킹 홀리데이'를 다녀온다는 기분까지 들었다.

마침내 옌지행 비행기에 오르는 출발일 아침, 동창이 전화를 걸어왔다. 급한 일이 생겨서 자신은 다음날 아침 비행기로 따라가겠다는 연락이었다. 그러려니 생각했던 승훈씨는 혼자 비행기에 올랐고 옌지 공항에 내려선 또 준비된 차를 타고 이동했다. 그런데 가는 도중 돌연 불안해졌다. 도심을 벗어나 고속도로를 달리던 차가 갑자기 인적이 드문 외진 곳으로 들어간 것이다. 아무리 봐도 관광객들이 오갈 만한 곳은 아니었다.

외딴 시골 마을에 도착해 한 낡고 오래된 건물에 들어서자마자 승훈씨의 등 뒤로 '철컹' 철문이 닫혔다. 자욱한 담배 연기 사이로 한 사내가 나타났다.

"자, 여권이랑 휴대폰부터 내놓고…. 이제부터 네가 할 업무는 보이스 피싱이다."

그 사내는 벌벌 떨며 뒷걸음질을 치는 승훈씨의 뺨을 한 대 호되게 올려붙였다.

"비자에다가 비행깃값, 네 몫의 유선전화기 설치비까지 해서 일단 1000만 원이야. 토해내지 않으면 집에 못 돌아간다. 당장 일부터 시작해."

그 사람이 바로 사장 윤 모(29세) 씨였다. 둘러보니 50평 남짓한 사무실에 10명 정도의 직원들이 전화기 앞에 바싹 붙어 앉아 자신을 'OO은행의 아무개 대리'라고 소개하고 있었다. 대부분 20대 초반의 앳된 얼굴이었다. 가만히 보니 그 가운데 3명은 같은 동네에서 오가며 마주친 적이 있는 동갑내기들이었지만 모두 가명을 쓰고 있었다. 동창의 짓이었다. 건물은 출입이 완전히 차단된 감옥이었고, 창문은 비닐막이 덧씌워져 외부의 시선으로부터 벗어났다.

윤씨는 "돈만 생각하라"는 말과 함께 허튼짓을 하면 죽여버리겠다는 둥 온갖 협박을 서슴지 않았다. 승훈씨는 매일 새벽 4시까지 팀장이라 불리는 사무실 관리자에게 맞아가며 '대본'을 외웠다. 겨우 서너 시간 쪽잠을 잘 수 있었다. 상담원 역할, 피해자 역할을 바꿔가며 철저히 대본 연습을 했다. 직원들도 서로를 대략은 알아보는 눈치였지만 협박과 폭행이 무서워 아무도 먼저 말을 걸지 않았다. 험한 욕설에 매일같이 두들겨 맞았고, 툭하면 쇠파이프가 날아다니는 단체 기합을 받았다. 식사는 그저 허기만 면하는 수준이었다. 팀장이 일주일에 한 번 밖으로 나가서 싸구려 식재료를 골라 일주일치 장을 봐왔다. 그마저도 아침식사는 주지 않았다.

가족과의 통화는 일주일에 딱 한 번 할 기회가 주어졌다. 연락이 두절되어 한국에 있는 가족이 '실종 신고'라도 하면 골치 아픈 일이 생기기 때문이다. 그 대신 통화는 팀장이 보는 앞에서 "잘 지내고 있다"는 말만 할 수 있었다. 다들 전화를 하는 도중 울컥 눈물이 치솟았지만 어쩔 수 없었다. 그저 잘 지낸다는 말만 하고 전화를 끊어야 했다.

윤씨의 보이스 피싱은 금융기관을 사칭해 대출금을 빼돌리는 '대출 빙자형'이었다. 목돈이 급한 서민에게 낮은 금리의 대출 상품을 미끼로 던지는 방식이다. 중국인들이 주로 사용하는 '큐큐'나 '위챗' 같은 모바일 메신저를 통해 한국에서 해킹한 대량의 휴대폰 번호와 범행에 이용할 대포통장 계좌를 사들였다.

사기는 3인 1조로, 3단계에 걸쳐 진행된다. 우선 한국의 시중 은행을 사칭해 국민행복기금과 같은 저금리 대출 상품을 권유하는 것처럼 상담하며 피해자들의 개인정보를 수집한다. 2단계에선 다른 조직원이 심사팀장인 양 전화를 걸어 "신용이 낮아 대출이 어려우니, 다른 곳에서 대출을 받고 바로 갚아 상환 능력을 보여줘야 한다"고 부추긴다. 그리고 마지막 단계에선 피해자에게 대출받은 금액을 미리 준비한 범행 계좌로 송금하도록 한다. 기존 대출 때문에 힘들어 하던 서민들에게 또 다른 빚을 떠안기는 수법이었다.

윤씨는 '보이스 피싱 세계의 전설'이었다. 2014년 태국에서 처음 조직원 생활을 시작했다. 한번 전화기를 잡았다 하면 수백만, 수천만 원씩 실적을 쌓았다. 1년 만에 범행 수법을 완전히 익힌 윤씨는 중국으로 넘어가 자신의 조직을 차렸다. 여기서 '콜센터' 조직을 3개나 차렸다. 보이스 피싱 업계에 발을 들인 지 2년 만에, 20대 중반의 나이로 '총책' 자리에 오른 셈이다. 윤씨와 한 번

중국 옌지 보이스 피싱 조직원 감금 사건

이라도 같이 일해본 사람들은 "한번 문 건수는 절대로 놓치지 않는 프로 중의 프로"라며 혀를 내둘렀다. 윤씨는 천부적 재능을 가진 사기꾼이었다.

윤씨의 조직 운영은 혹독했다. 엇비슷한 보이스 피싱 조직 가운데 조직원들의 24시간을 통제하며 주말 외출까지 금지하는 곳은 그의 조직이 유일했다. 도망자들에겐 잔혹했다. 승훈씨는 감금된 지 일주일 만에 탈출하려다 붙잡힌 적이 있었고, 그때 광대뼈가 박살이 나도록 두들겨 맞았다. 앞서 2016년엔 비자 문제로 잠시 한국에 들어갔던 조직원 A씨가 잠적한 일이 있었는데, 윤씨는 집요한 추적 끝에 그를 찾아내서 모텔에 가두고 야구방망이로 무차별 구타했다. 남은 조직원들에겐 "도망치면 한국으로 조선족을 보내 부모 형제의 팔다리를 모두 자를 것"이라 협박했다. 커피포트에 팔팔 끓인 물을 얼굴에 끼얹는 등 고문도 서슴지 않았다. '경찰에 잡히면 배신한 조직원이 사장이라고 답하라' '도망가면 사람을 시켜서 반드시 죽인다' 같은 것들이 윤씨가 내린 행동 강령이었다.

승훈씨는 그래서 더욱 가만히 있을 순 없다고 생각했다. 한 번 실패했으니 이번에 잡히면 정말 죽을지도 몰랐다. 모처럼 회식을 가진 날 팀장까지 술에 취해 잠든 틈을 노려 2층에서 뛰어내렸다. 인근 고속도로에서 지나던 택시를 간신히 잡아 탈 수 있었고 그길로 근처 공안파출소를 찾아가 신고했다. 그 후 중국 공안의 도움을 받아 겨우 서울행 비행기에 오를 수 있었다. 3주 만의 해방이었다.

귀국하자마자 집 근처에 있는 경찰서부터 찾았다. 윤씨에게서 귀에 못이 박이도록 들었던 이름 '윤덕영 수사관'을 찾기 위해서였다. 윤씨는 입버릇처럼 말했다. "몇 년 동안 나를 끈질기게 쫓아온 경찰이 있어. 윤덕영이라고. 언젠가 내가 사람을 보내 죽일 거거든." 그 윤덕영 수사관이라는 사람은 만나자마자 얼굴이 찍힌 사진 한 장을 대뜸 내밀었다. "그 윤사장, 이 사람 맞습니까?" 승훈씨는 그 자리에서 윤씨의 진짜 이름을 알게 됐다.

경찰은 승훈씨의 진술을 토대로 윤씨의 보이스 피싱 조직을 캤다. 서울지방경찰청 지능범죄수사대 1팀 남철안 반장의 지휘 아래 중국 공안과 협조해 한국과 중국 내 조직원들 70여 명을 잡아들였고 그중 57명을 구속했다. 보이스 피싱 조직의 거점이 해외에 있어 수사해봐야 인출책 정도나 붙잡는 데 그치는 게 보통인데, 이례적으로 이번엔 핵심 조직원까지 검거하는 데 성공했다. 피해자만 312명, 피해 규모는 지금까지 밝혀진 것만 56억 원에 달했다.

승훈씨는 만신창이가 됐다. 애초 그를 팔아넘겼던 중학교 동창은 승훈씨에게 미안해하기는커녕 끝까지 "조선족을 시켜서 너 하나 죽이는 것은 일도 아니다"라고 협박했다. 동창은 1심에서 사기 혐의로 4년 6개월 형을 선고받았다. 강제에 의해 조직원 생활을 했던 이들도 1심에서 2년 안팎의 실형을 선고받았다. 남철

중국 옌지 보이스 피싱 조직원 감금 사건

보이스 피싱 범죄가 끊이지 않고 있는 가운데 최근 대면 편취가 늘어나자 경찰이 전철역 등에 예방 홍보 포스터를 부착하고 있다. 사진 경기남부지방경찰청

안 반장도 이런 점을 안타까워했다. "아무리 폭행이나 감금에 의한 행위였다고 해도, 범죄에 가담했다는 사실 자체는 성립되기 때문에 처벌을 피해갈 수는 없다. 애초에 범죄에 엮이지 않도록 유의할 필요가 있다."

적극적으로 탈출해 경찰에 제보하고 수사에 협조한 점 등은 인정받겠지만 승훈씨도 처벌 자체를 피할 수는 없다. 피해자이면서 피의자이기도 한 이들은 대부분 20대 청년이다. 남반장은 청년들에게 당부의 말을 건넸다. "요즘 취업난이 심하다 보니 해외 취업에 눈을 돌리는 젊은이들이 많은데, '고수익'을 보장할수록 보이스 피싱 조직일 확률이 높다는 사실을 주의해야 한다."

이 사건은 아직 '현재 진행형'이다. 주범 윤씨가 도주했기 때문이다. 2018년 3월 중국 공안에 붙잡혔으나 감시가 소홀한 틈을 타 홀연히 사라졌다. 남철안 반장은 다시 한 번 강조했다.

"반드시 따라가 잡을 것이다. 윤씨를 잡아 한국 법정에 세울 때까지 이 사건은 끝나지 않는다."

옌지 보이스피싱 조직원 감금사건 개요

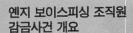

윤씨가 만든 중국 보이스피싱 단체 행동강령

1 휴대폰과 여권은 팀장이 별도로 관리한다
2 주말에 한 번씩 팀장 앞에서 전화통화 할 수 있다
3 통화할 때 보이스피싱 관련해서는 절대 말해선 안 된다
4 상담원끼리도 본명을 알려주지 말고 가명을 사용하라
5 경찰에게 잡히면 배신한 조직원이 사장이라고 답하라
6 도망가면 사람을 시켜서 반드시 죽인다

보이스피싱 조직으로부터 압수한 전화기

2016년 4월(현재 도주중)
새 콜센터 차려 운영, 총 3개 사무실 동시에 운영

③ 옌지

2015년 12월~2016년 3월
콜센터 운영

② 칭다오

중국

보이스피싱계 전설 윤모(29)씨 이동경로

태국

방콕

2014년 5월~ 2015년 6월
다른 조직에서 일하며 보이스피싱 수법 전수

①

윤씨가 만든 중국 보이스 피싱 단체 행동 강령

1. 휴대폰과 여권은 팀장이 별도로 관리한다.

2. 주말에 한 번씩 팀장 앞에서 전화 통화를 할 수 있다.

3. 통화할 때 보이스 피싱과 관련된 말을 절대 해선 안 된다.

4. 상담원끼리도 본명을 알려주지 말고 가명을 사용하라.

5. 경찰에게 잡히면 배신한 조직원이 사장이라고 답하라.

6. 도망가면 사람을 시켜서 반드시 죽인다.

보이스 피싱계 전설인 윤씨의 이동 경로

2014년 5월~2015년 6월: 태국 방콕에 있는 다른 조직에서 일하며 보이스 피싱 수법을 전수받았다.

2015년 12월~2016년 3월: 중국 칭다오에서 콜센터를 운영했다.

2016년 4월 이후(현재 도주 중): 엔지로 거점을 옮겨 새 콜센터를 차렸고 총 3개 사무실을 동시에 운영했다.

보이스 피싱

'설마 보이스 피싱일까?'
최근 3년간 1조 2908억 원 뜯겼다

2023년 금융감독원에 접수된 보이스 피싱(전화 금융 사기) 피해액은 1965억 원으로 2022년에 비해 35.4퍼센트나 늘어났다. 2023년 피해자 수는 1만 1503명으로 2022년보다 10.2퍼센트 줄었으나, 1명당 평균 피해액이 2022년 1130만 원에서 2023년 역대 최대인 1710만 원으로 51.3퍼센트나 불어나며 전체 피해액 증가를 이끌었다.

사기 유형은 자금 사정이 어려운 서민들에게 낮은 금리의 대출 상품을 권하며 대출금을 가로채는 '대출 빙자형'이 전체의 35.2퍼센트를 차지한다. 대출 빙자형은 신규 대출이나 저금리 전환 대출이 가능하다며 특정 계좌로 송금을 요구하는 전형적인 보이스 피싱 수법에 해당한다. 또 신용 등급이 낮은 피해자일수록 대출 빙자형에 취약했다. 최근에 카드론 신청이 쉬워지면서 이때 대출 이용 금융사가 대부업체에서 카드나 캐피털 등 여신 전문 금융사로 이동하는 추세를 보인다.

범죄에 연루되었다며 자산 보호 조치를 위해 송금을 요구하는 '기관 사칭형'이 뒤를 잇는다. 또 SNS나 모바일 메신저에서 가족이나 친구 등 지인을 사칭해 급히 금전을 요청하는 '메신저 피싱'도 기승을 부리고 있다. 보이스 피싱의 전형적인 수법에 대해 잘 알고 있는 사람도 당하기 쉬운 수법이라서 큰 폭으로 늘어나고 있다.

그런데 메신저 피싱은 해마다 4분기에 유독 많아지는 계절적인 경향을 보인다. 금융감독원 측은 이에 대해 겨울 추위에 인출책의 활동이 아무래도 움츠러들다 보니 간편하게 소액 이체가 가능한 메신저 피싱이 많아지는 것이라고 추정했다.

보이스 피싱은 사실 고단수 사기는 아니다. "나만큼은 그런 허술한 수법에 당하지 않을 것"이라는 안이한 마음가짐을 파고든다. 최근에는 피해자의 휴대폰에 악성 프로그램을 설치해 금융기관에 전화를 걸어도 보이스 피싱 조직으로 연결되도록 하는 수법까지 나오고 있다. 실제 2018년 9월엔 한 저축은행 직원에게서 '대출 전용 애플리케이션'을 설치하라는 문자메시지를 받고 앱을 깔았다가 수천만 원을 입금하라는 연락을 받고 해당 저축은행에 전화를 걸었더니 그 전화가 보이스 피싱 조직에게 바로 연결돼 꼼짝없이 사기당한 경우도 있었다.

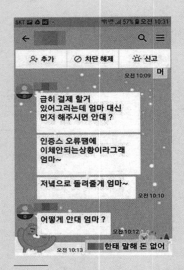

메신저를 통해 지인을 사칭해 돈을 요구한 사례. 사진 금융감독원

　보이스 피싱은 돈이 아닌 '사람'을 노리기도 한다. 범죄 조직임을 숨기고 '고수익 보장'을 내세우며 인출책과 조직원을 모집한다. 페이스북 등 SNS에서 '월 500만 원 보장, 해외 취업' 같은 문구를 내건 구인 광고를 보면 보이스 피싱 업체에서 조직원을 모집하는 것이 아닌지 의심해봐야 한다. 취업난에 시달리는 20대가 주요 타깃이지만 미성년자 또한 예외가 아니다. 범죄 조직인 줄 모르고 들어갔다가 강요에 의해 범행에 가담했더라도 나중에 처벌을 피하기는 어렵다. 지나친 고수익은 늘 덫일 가능성이 크다.

18

인천 공인중개사 전세 사기 사건

등기부등본과 집주인 얼굴까지 확인한 전세인데
"월세가 밀렸다고요?"

하 모(32세) 씨는 인천 중구의 C오피스텔에 원룸을 얻던 날을 아직도 생생히 기억한다. 내 집 마련이 꿈같은 이야기라면 전세방을 얻는 건 손에 확실히 잡히는 현실이었다. 매달 수십만 원씩 꼬박꼬박 내던 월셋돈을 아끼면 장사에 도움이 될 테고, 형편이 나아지면 가정도 꾸릴 수 있겠다는 희망이 자라났다. 2017년 9월 11일 하씨는 10년간 모은 5500만 원을 전세 보증금으로 넣었다.

계약금을 넣고 나흘 만에 잔금을 치렀다. 계약하면서 등기부등본은 물론 집주인의 얼굴도 직접 두 눈으로 보고 확인해야 한다는 '금과옥조'도 어기지 않았다. 그도 그럴 것이 방을 소개한 공인중개사 정 모(54세) 씨 본인이 집주인인 이상 별문제가 없는 물건이었다. 정씨는 오피스텔 건물의 1층 상가에서 10년 가까이 오피스텔 이름을 딴 C공인중개사를 운영해왔다고 했다. 정씨가 사무실 프린터에서 뽑아다 넘겨준 등기부등본을 확인해보니 소유자는 역시 정씨 본인이었다.

버스로 30분 거리에 있는 인하대 부근에서 자영업을 하던 하씨는 내친김에 운영하던 가게도 C오피스텔 근처로 옮길 생각을 하게 됐다. 마침 C오피스텔 상가에 곧 자리가 하나 난다는 소식이 들려왔다. 하씨는 다시 C공인중개사를 찾았고 이번에도 정씨의 중개로 계약을 맺었다. 그런데 정씨는 상가 주인과 자신이 오랫동안 잘 아는 사이라며 자신을 통해 월세를 내라고 했다. 하씨는 매월 가게 월세 145만 원을 정씨의 계좌로 넣었다.

하씨가 "월세가 밀렸다"는 말을 들은 건 전세 계약을 하고 9개월이 지난 2018년 6월 21일이었다. 오피스텔 건물의 2층 주차장에 위치한 관리사무소 앞을 지나는데 직원이 그를 불러 세웠다. "300호 월세가 세 달치 밀려서 집주인에게 전화가 걸려 왔다"고 했다.

"무슨 말씀이에요? 저는 전세로 살고 있는데….." 하씨는 한순간 머리가 멍해졌다. 9개월을 사는 동안 매일 지나가는 길에 인사를 주고받던 관리실 직원인데, 괜한 장난을 치거나 거짓말을 할 사람이 아니었다. 하씨는 당장 방으로 올라가 전세계약서를 챙겨 와서 직원에게 보여줬다. 상황은 관리실에서 등기부등본을 인쇄하고 나서야 비로소 명확해졌다. 집주인인 정씨의 이름은 4장짜리 등기부등본 어디에서도 찾을 수 없었다.

C오피스텔을 무대로 2년간 이어진 정씨의 사기 범행이 드러나는 순간이었다. 윤용석 C오피스텔 관리소장은 그때를 떠올렸다. "집주인과 입주한 상인들 사이에서 C공인중개사 사장이 좀 이상해졌다는 소문이 돌았는데 그때서야 소문의 진상이 드러났다." 정씨는 C오피스텔에서 오랜 기간 중개업을 하며 집주인들과 두터운 신뢰 관계를 쌓았다. 그런데 서너 달 전부터인가 돈을 빌려달라는 부탁을 주변에 하고 다니며, 무언가에 쫓기는 사람처럼 보인다는 얘기가 C오피스텔 관계자들 사이에서 돌았다.

하씨는 곧장 '가짜 임대인' 정씨의 사무실로 찾아갔다. '진짜 임대인' A씨도 곧장 정씨의 사무실로 뛰어와 그간 연락이 닿지 않던 임차인과 처음으로 만났다. 삼자대면을 하니 사실관계가 명확해졌다. 정씨가 A씨에게 월세 계약을 위임받아 놓고는 자신이 집주인인 척 행세를 하며 하씨에게 전세 보증금을 받아 챙긴 이중 사기였다.

정씨는 자기가 보유한 다른 C오피스텔 매물의 등기부에서 소유주 이름만 떼다가 붙이고는 이를 복사해 가짜 등기부등본을 만들었다. 하씨가 사무실을 찾을 때마다 갓 출력한 등기부등본인 양 건넸다. 출력 시점까지 적혀 있는 등기부등본에 하씨는 속을 수밖에 없었다. 여기에 한 가지 수법이 더해졌다. 범행용 휴대폰을 따로 만든 뒤 집주인 A씨에게 월세 임차인의 전화번호라고 알려주고, 월세가 밀린 석 달간은 A씨에게서 전화가 올 때마다 직접 받지 않고 '곧 입금하겠다'는 문자메시지만 보냈다.

경찰이 이 사건에 개입한 건 하씨나 A씨의 고소가 아니라 정씨 가족의 신고 전화 때문이었다. 궁지에 몰린 정씨가 가족에게 전화했는데, 가족은 정씨가 하씨 등에 의해 감금됐다고 오해해 경찰에 신고한 것이다. 하지만 이날 저녁 체포된 이는 정씨였다. 현장에 도착해보니 정씨가 사기를 저질러왔다는 얘기를 전해 들은 피해자들이 몰려들어 있었기 때문이다. 정씨의 범행은 한두 건이 아니었다.

정씨는 순순히 혐의를 인정했다. 당시 수사를 맡은 인천중부경찰서 경제범죄수사팀 고지연 경사는 정씨를 이렇게 기억했다. "아주 공손한 태도로 연신 죄송하다며 고개를 숙였고, 무척 선해 보이는 인상이었다. 등기부등본 또한 육안으로 봤을 때는 전혀 위조된 흔적이 보이지 않았다. '내가 세입자여도 속을 수 있었겠구나' 생각이 들었다."

조사해보니 정씨가 범행에 나선 건 선물거래를 하다가 무리한 투자로 큰돈을 잃은 후였다. 손실이 눈덩이처럼 커지자 이를 막은 돈이 필요했다. 궁지에 몰린 정씨는 자신이 가장 잘 알고, 주변 사람들이 자신을 가장 신뢰하는 분야인 부동산을 통해 이 손실을 메꿔야겠다고 결심했다. 그에게 도장을 맡겨놓은 집주인들도 있을 정도였으니 결심만 선다면 범행 수단 자체는 풍부한 상황이었다. 나중에 경찰이 계좌 추적을 해봤더니 세입자들에게 뜯어낸 돈은 정씨의 계좌로 들어간 뒤 곧바로 사라졌다. 검거할 당시 정씨의 계좌에 남은 돈은 10만 원이 채 되지 않았다.

충격에 빠진 오피스텔 피해자들은 입주민 대책회의를 열었지만 뾰족한 수는 없었다. 경찰 수사가 진행되면서 10억 원 정도 되리라고 예상했던 피해액은 어느새 24억 3600여 만 원에 이르렀다. 정씨에 대한 1심 판결문을 보면 2016년 4월 2일부터 2년여 기간 동안 피해를 입은 이들은 47명이었다. 이들 모두 C오피스텔의 전세 보증금으로 낸 돈을 6000만여 원씩 뜯긴 셈이다.

47건 중 31건은 하씨의 사례처럼 남의 오피스텔을 자기 소유인 것처럼 속여 전세 보증금을 뜯어내는 방식이었지만, 정씨 본인이 실제로 소유하고 있는 오피스텔을 이용한 사기도 12건에 달했다. 빚에 시달리던 상황이라 정씨의 오피스텔은 근저당권이 이미 전세 보증금 수준으로 설정된 '부실 매물'이었다. 그 상태에선 계약을 할 수 없었다. 정씨는 등기부등본의 근저당권 설정 현황을 통째로 지워버리고는 "설정된 물권이 전혀 없는 깨끗한 집"이라고 속였다.

정씨를 오랫동안 알아왔던 동네 사람들도 범행 대상이었다. 정씨는 이들을 상대로 '아파트를 분양받았는데 중도금이 필요해서' '급매로 싸게 나온 오피스텔을 구입할 자금이 필요해서' 등의 핑계를 대며 매물을 팔고 계약을 했다. 이때도 위조된 등기부 서류를 들이밀었다.

2019년 2월 1심을 맡은 인천지방법원은 사기와 공문서변조 등 혐의를 인정해 정씨에게 징역 7년을 선고했다. 법원은 중형을 선고한 이유를 이렇게 밝혔다. "피고인은 공인중개사라는 신분을 이용해 부동산 등기부등본을 변조하거나 임대차계약서를 위조하는 방법을 적극적으로 사용해 사기 범행을 하는 등 범행 수법이 매우 불량하다. 범행 기간이 2년 이상의 장기간이고, 피해자가 40여 명에 달하며, 피해 금액의 합계는 무려 25억 원의 거액인 점, 편취 금액의 대부분을 주식 투자에 탕진해 피해 회복의 가능성도 거의 없는 점에 비추어 엄중한 처벌이 불가피하다. 다만 범행을 시인하고 반성하는 점, 금고형 이상의 전과가 없는 점 등을 참작한다." 정씨는 형이 무겁다며 항소했으나 기각됐고, 2019년 7월 대법원에서 징역 7년 형이 최종 확정됐다.

이런 처벌과는 별개로 임차인들의 피해를 회복하는 것은 또 다른 문제였다. 피해 회복은 아직까지 전무한 상태다. 47세대에 달하는 피해자 중에는 인근 병원에서 일하는 간호사나 관공서에 다니는 공무원 같은 사회 초년생이 다수였으며 신혼부부도 있었다. 하씨의 경우 집주인 A씨의 배려로 여전히 C오피스텔에 살고 있지만 대다수의 피해자는 거처를 잃고 주변으로 흩어진 상태다. 정씨의 소개로 5500만 원 전세 계약을 맺었던 최 모 씨는 "사건 이후 진짜 집주인을 찾아가 월세 보증금 500만 원에서 정씨가 밀린 월세를 빼고 돌려받은 게 회복한 피해의 전부"라고 말했다.

임차인들이 정씨를 상대로 소송을 내 보증금을 받으라는 판결

C오피스텔에서 공인중개사 사무실을 운영했던 정씨는 2년간 47명을 속이고
24억 3600만여 원을 가로챘다. 사진 홍인택

이 났지만 정작 정씨의 주머니에 돈이 없으니 헛일이다. 몇 년을
기다려 모처럼 만든 목돈은 그렇게 사라졌다. 정씨는 전세로 나
온 오피스텔 매물은 귀한 반면 찾는 사람은 많다는 점을 노렸다.
집주인들이 대부분 월세를 원해 전세 매물이 드문 상황에서 경
제적 여유가 없는 서민들은 전세 오피스텔 매물이 나오면 기뻐
하면서 계약을 했다. 윤용석 관리소장은 피해 회복이 어려운 점
을 안타까워했다. "세입자 전체를 합쳐 받을 수 있는 공제액이
1억 원뿐이라 피해 구제에 한계가 있다. 피해자들 입장에선 겨우
모은 목돈일 텐데 이런 현실이 마음 아프다."

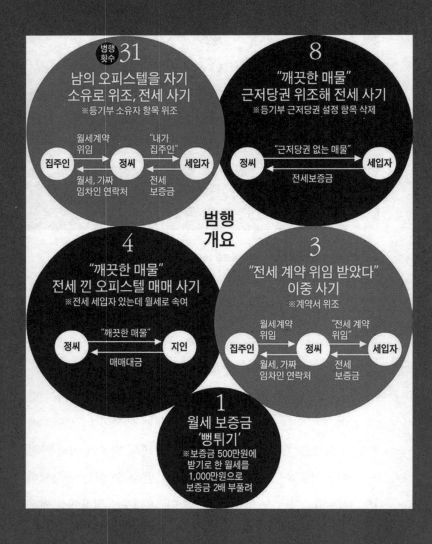

범행
개요

범행횟수 31

남의 오피스텔을 자기
소유로 위조, 전세 사기
※등기부 소유자 항목 위조

집주인 → 정씨: 월세계약 위임
정씨 → 세입자: "내가 집주인"
세입자 → 정씨: 전세 보증금
정씨 → 집주인: 월세, 가짜 임차인 연락처

8

"깨끗한 매물"
근저당권 위조해 전세 사기
※등기부 근저당권 설정 항목 삭제

정씨 → 세입자: "근저당권 없는 매물"
세입자 → 정씨: 전세보증금

4

"깨끗한 매물"
전세 낀 오피스텔 매매 사기
※전세 세입자 있는데 월세로 속여

정씨 → 지인: "깨끗한 매물"
지인 → 정씨: 매매대금

3

"전세 계약 위임 받았다"
이중 사기
※계약서 위조

집주인 → 정씨: 월세계약 위임
정씨 → 세입자: "전세 계약 위임"
세입자 → 정씨: 전세 보증금
정씨 → 집주인: 월세, 가짜 임차인 연락처

1

월세 보증금
'뻥튀기'
※보증금 500만원에
받기로 한 월세를
1,000만원으로
보증금 2배 부풀려

사건 일지

2016년 4월 2일	이때 정씨의 부동산 사기 범죄가 시작돼 2년여 동안 이어진다.
2017년 9월 7일	정씨가 하씨와 이중 전세 계약을 맺고 전세 보증금 5500만 원을 가로챈다.
2018년 6월 14일	47번째 피해자가 발생한다.
6월 21일	하씨가 사기를 당했다는 사실을 인지하고 공인중개사 사무실에서 진짜 집주인과 삼자대면을 한다. 경찰이 정씨를 긴급 체포한다.
6월 23일	법원이 정씨에 대한 구속영장을 발부한다.
2019년 2월 20일	인천지방법원은 정씨의 사기 등 혐의를 인정해 징역 7년을 선고한다.
7월 17일	대법원이 정씨의 상고를 기각하고 징역 7년 형을 확정한다.

범행 개요

남의 아파트를 자기 소유로 위조, 전세 사기 31건: 등기부에서 소유자 항목을 위조

집주인에게서 월세 계약을 위임받아놓고는 세입자에겐 자신이 집주인이라고 속였다. 세입자에게 받은 전세 보증금을 자신이 챙겨 그 돈으로 월세를 내고, 집주인에겐 세입자의 가짜 연락처를 줬다.

부실 매물을 '깨끗한 매물'로 위조, 전세 사기 8건: 등기부에서 근저당권 설정 항목을 삭제

등기부등본에서 근저당권 설정 항목을 삭제한 뒤 근저당권 없는 매물이라며 속여 계약했다. 세입자에게서 전세 보증금을 챙겼다.

'깨끗한 매물' 전세 낀 오피스텔을 월세 낀 오피스텔로 위조, 매매 사기 4건

전세 세입자가 있는데 월세라고 속이면서 '깨끗한 매물'이라고 지인에게 매매했다.

'전세 계약 위임받았다' 이중 사기 3건: 계약서 위조

집주인에게서 월세 계약을 위임받아놓고는 세입자에겐 전세 계약을 위임받았다고 속여 계약을 해 전세 보증금을 챙겼다. 집주인에게는 자신이 월세를 내고 세입자의 가짜 연락처를 전달했다.

월세 보증금 '뺑튀기' 1건

보증금 500만 원을 받기로 한 월세인데 보증금을 1000만으로 두 배로 부풀리고 차액을 자신이 챙겼다.

전세 사기

공인중개사도 못 믿을 세상에서 '전세 사기'를 피하려면

① 집주인을 만나 신분증, 주소지, 생년월일 확인

② 전세 대금은 주인 명의의 계좌에 직접 입금

③ 등기부등본은 앱 등으로 직접 뽑아 확인

중개인이 집주인에게서 월세 계약을 위임받고는 세입자에겐 전세 계약을 위임받았다고 속이고 중간에서 전세금을 떼먹는 게 '이중 전세 사기'다. 계약시 이를 조심하라는 주의에도 불구하고 전국적으로 기승을 부리고 있다. 피해를 막을 수 있는 방법은 의외로 간단하다. 집주인을 직접 만나 신원을 확인하고, 전세 대금은 집주인의 계좌로 직접 입금하며, 여기에 더해 등기부등본을 세입자 자신이 직접 떼어 확인해야 한다.

인천 전세 사기 사건을 담당한 인천중부경찰서 고지연 경사는 "세입자들이 등기부등본을 직접 뽑아서 확인하는 것이 비슷한 피해를 막을 수 있는 길이다"고 강조했다. 꼭 주민센터 등을 거치지 않아도 된다. '대법원 인터넷등기소' 애플리케이션을 활용하면 수수료 700원에 휴대폰으로 등기부등본을 떼어볼 수 있다. 계약을 하기 전에 등기부등본에서 소유권 항목과 근저당권 등 현황을 꼼꼼히 살펴야 한다.

다음 단계는 등기부등본에 기재된 집주인을 직접 만나는 것이다. 이중 전세 사기는 사기범이나 그 공범이 집주인을 사칭하는 경우가 많다. 2012년부터 2018년까지 공인중개사가 68억 원가량의 전세 보증금을 빼돌렸던 '창원 오피스텔 전세 사기'의 경우, 공범을 끌어들여 집주인이나 집주인 가족으로 행세하게 했다. 그러니 집주인을 만나 신분증을 보면서 등기부상 주소지나 생년월일 등 신원이 일치하는지를 확인해야 한다. 단순히 전화 통화를 하는 것만으로 확인 작업을 마쳤다고 안심해서는 안 된다. 2014년부터 2019년까지 공인중개사 등이 65억 원가량의 전세 보증금을 받아 가로챈 '안산 오피스텔 전세 사기 사건'에서 사기범은 자기 전화번호로 집주인인 것처럼 행세했다.

계약금 등은 다른 사람이 아닌 집주인 본인 명의의 계좌로 넣어야 한다. 최광석 법무법인 득아 대표변호사는 몇 가지 유의점을 특히 강조했다. "집주인 본인 명의의 계좌에 돈을 넣어야 전세 보증금 반환을 위한 민사소송 등에서 증거로 활용될 수 있다.

공인중개사 사무실에 아파트 매매 가격을 표시한 안내문이 붙어 있다. 사진 한국일보

또 중개 사고에 대해 '1억 원 이상'을 보장한다는 부동산 공제증
서는 중개인 한 명의 중개 사고에 대해 피해자들이 돈을 나눠 갖
는 개념이기 때문에 '보험이 있으니 안심하라'는 중개인의 말을
맹신해서는 안 된다." 한국공인중개사협회가 보증하는 1억 원
한도의 공제는 해당 부동산이 거래한 중개 전체에 대한 공제다.
즉 부동산 거래 한 건당 1억 원의 공제가 보증되는 게 아니라 해
당 부동산 한 곳에서 1억 원의 공제를 받을 수 있다는 얘기다.

인천 공인중개사 전세 사기 사건

19

홈친 미술품을 숨겨온 '장물 문화재 사기'

유명 불교미술박물관장의 비밀 창고 여니,
도둑맞은 문화재 3000여 점 와르르

"어째서 이 그림이 여기에 있을까…. 아이고아이고, 나무아미
타불 관세음보살."

2006년 어느 날 서울의 한 갤러리에서 그림 구경을 하던 스님
의 발걸음이 한쪽 벽면을 다 차지한 큼직한 탱화 한 점 앞에서
뚝 하고 멈췄다. 그림 아래쪽을 보니 화기畵記가 없었다. 그림 조
성 시기와 소장처 등을 적어두는 화기는 그 기록만으로도 작품
의 내력을 추적할 수 있어 '작품의 지문'이라 불린다. 그냥 없는
게 아니라 썩둑 잘려 나간 모양새였다. 도굴꾼의 소행임이 분명
했다. 스님은 거처로 돌아가는 대로 조계종에서 펴낸 〈불교문화
재 도난백서〉를 들췄다. 탱화의 정체가 드러났다. 1994년 전남

장성 백양사에서 도둑맞았다는 '아미타영산회상도'(1775년)였다.

이런 귀한 그림이 서울 시내 한복판에, 그것도 너무도 당당히 걸려 있는 이 희한한 풍경이란. 당시 서울지방경찰청 광역수사대 산하에 문화재범죄 전담수사반이 갓 만들어졌는데 여기 소속의 이영권 경감이 신고를 접하고 추적에 나섰다. 예상대로 소유주인 A불교미술박물관 권 모(당시 65세) 관장은 태연했다. "난 거리낄 게 없어요. 11년 전 인사동 고미술상에서 1억 2000만 원을 주고 샀으니 당연히 내 소유물이지요." 장물인 줄 모르고 구입했다는 것이다.

하지만 말도 안 되는 소리였다. 권관장은 1970년대부터 불교미술품만 들여다본, 이 분야에서 평판이 자자한 '선수 중의 선수'였다. 그런 사람이 장물인지 아닌지 못 알아봤을 리 없었다. '11년 전에 샀다'는 진술도 의심스러웠다. 당시 문화재 은닉죄 공소시효는 10년이었다. 장물을 구입해 딱 10년을 묵힌 뒤 세상에 내놨다는 게 너무도 뻔했다. 그래도 달리 환수할 방법이 없었다. 이경감은 두 달 동안 백방으로 뛰어다녔으나 '어쨌든 공소시효가 지나지 않았느냐'는 논리 앞에 무릎 꿇고 말았다. 다른 무엇보다 문화재 수사 1년차일 때라 수사 노하우가 부족하다는 점을 뼈저리게 느꼈다.

8년 뒤 또 한 번의 기회가 찾아왔다. 2014년 5월 이경감은 한 통의 제보 전화를 받았다. 서울 종로구 인사동의 한 경매장에 거

홍친 미술품을 숨겨온 '장물 문화재 사기'

액의 불교 고미술품들이 나왔다는 첩보였다. 정보를 입수하자마자 문화재 전문가들에게 연락했다. "이건 그냥 내다 파는 물건들이 아닌 것 같다" "딱 장물 같다"는 대답들이 나왔다. 도난 문화재 목록과 대조해보니 하나같이 도굴과 도난이 성행했던 1980년대 후반에서 1990년대 초반 사이에 사라졌던 작품들이었다.

일단 경매를 중단시키고 작품들을 내놓은 위탁자를 추적해보니 역시 권관장이 나왔다. 권관장이 미술품을 수집하는 데 욕심을 부리다 사채까지 빌려 썼는데, 상환 기일을 넘기자 채권자가 담보로 잡아둔 권관장의 그림을 내다 팔기로 한 것이다. 경매에 나온 작품들은 권관장의 명성에 걸맞게 모두 문화재급이었다. 경북 청도 용천사의 '영산회상도'(1744년)의 경우 경매 시작가가 3억 5000만 원, 추정가가 6억~7억 원에 달했다. 권관장이 보유했던 그림 5점의 예상 시가는 총 30억 원으로 추정됐다.

경찰 조사를 받으러 나온 권관장은 예전과 다름없이 자신은 떳떳하다고 버텼다. "장물인 줄 모르고 샀다" "나에겐 죄가 없다"는 말만 반복했다. 그래서 작품을 누구에게 샀느냐고 물어보면 이미 사망한 이들의 이름만 댔다. 문화재 사범들의 전형적 수법이었다. 변명은 한 가지 더 늘었다. "내가 이 그림들을 사지 않았다면 전부 해외에 반출돼버려 영영 행방을 알 수 없었을 것이다." 자신은 장물을 거래한 사람이 아니라 문화재 보호에 일조한 사람이라는 얘기였다.

작품의 조성 시기와 소장처가 적혀 있는 화기가 오려진 흔적. 봉안 장소를 확인할 수 있는 부분을
인위적으로 긁어낸 흔적이 보인다. 1989년에 도난된 보문사 '아미타회상도'의 하단 부분이다.
사진 서울지방경찰청

하지만 이경감은 이때 8년 전의 그 초짜 수사관이 아니었다.
8년여 동안 관련 데이터를 축적해온 문화재 전문가만 해도 2만
명에 이르렀다. 권관장의 '유물 카드'와 불교미술박물관의 '문화
재 대장' 등 기록을 대조하고 전문가들의 조언을 받아가며 빠진
문화재가 있는지 샅샅이 살펴봤다.

작업을 하던 중 한 단어가 이경감의 눈에 띄었다. 바로 지석이
었다. 죽은 사람의 일대기를 기록해 죽은 이와 함께 묻는 판석을
말한다. 바꿔 말해 이는 도굴하지 않는 이상 꺼낼 수 없는 유물이
다. 문화재 대장 기록과 달리 박물관 수장고에는 지석이 없었다.

보관된 곳이 따로 있다는 뜻이었다. 슬쩍 한번 찔러보니 권관장은 얼굴이 사색이 돼 오들오들 떨었다. 지석들은 박물관과는 별도의 장소, 경기 성남에 있는 권관장의 사설 창고에 따로 보관돼 있었다.

사설 창고는 장관이었다. 이중 철제문을 열고 들어가니 곰팡내가 진동했다. 첫날엔 수색조차 할 수 없을 정도였다. 대형 선풍기 등을 동원해 창고 내부를 환기부터 시켜야 했다. 온도와 습도, 조도 등을 24시간 적정 수준으로 유지해야 하는 박물관 수장고와는 사뭇 다른 모습이었다.

사설 창고 내부에 들어가니 350제곱미터에 달하는 공간에서 수천 점의 문화재와 유물이 끝없이 쏟아져 나왔다. 수억 원을 호가하는 불상과 탱화들이 아무렇게나 박스에 담기고 비닐에 싸인 채 방치돼 있다. 벽과 천장이 심하게 낡아 군데군데 부서져 있는 모습도 눈에 띄었다. 경찰 수색은 무려 9차례에 걸쳐 진행됐다. 당시 경찰이 권씨에게서 압수한 문화재 및 작품의 수는 3000여 점에 달했다. 지석도 500여 점이나 쏟아져 나왔다. 당시 전국 국공립 박물관에 보관돼 있는 지석을 모두 합친 것보다도 그 수가 많았다.

권관장은 자신을 '미친 사람'이라고 표현했다. 술도 마약도 아닌 고미술품에 중독됐다고 했다. 가산을 탕진하고 사채까지 얻어 쓰며 작품을 사들였다. 정식으로도 사들였고, 뻔히 장물인 줄 알면서도 사들였다. 장물 취득이 범죄라는 걸 잘 알면서도 그렇게 했다. 그렇게 모은 미술품으로 1993년 불교미술관을 만들었고, 나중엔 절 하나를 통째 사들여 불교박물관으로 꾸몄다.

권관장은 그 누구보다 예술을 사랑하는 사람이라고 자처했지만 그 사랑이 진정 아름다운 것이었을까. 경찰의 결론은 그렇지 않다는 것이었다. 그것은 종국엔 문화재를 해친, 문화재에 대한 빗나간 사랑이었다.

우선 성남 사설 창고의 문화재 보호 상태는 열악하기 이를 데 없었다. 권관장으로서도 어쩔 수 없었으리라. 남들에게 내보일 수도, 팔 수도 없었을 그 수많은 보물을 숨기고 살아야 했으니. 권관장의 30년 컬렉션이 모여 있다던 불교미술박물관의 수장고도 사정은 크게 다르지 않았다. 지하 1층의 '공식' 수장고는 그나마 나았다. 넘쳐나는 유물을 감당하지 못한 권관장은 자기 집 근처에 주택 3채와 컨테이너 2개를 사두고 '간이 수장고'로 썼다. 말이 수장고였을 뿐 그냥 창고나 마찬가지였다. 그곳의 미술품들 또한 보관되거나 보존돼 있다기보다는 그냥 어지러이 널브러져 있었다. 오래된 전통 미술품은 그 특성상 온도와 습도, 조도 등을 정밀히 조정해 보존해야 하는데도 그런 상식이 통할 수 없는 환경이었다. 이 때문에 권관장이 지닌 문화재들의 보존 상태는 처참한 수준이었다. 먼지가 수북한 것은 물론, 곰팡이가 군데군데 피어 있기 일쑤였다.

여기에다 권관장은 문화재를 적극적으로 훼손하기까지 했다.

수천 점의 도난 문화재가 보관돼 있던 권관장의 사설 창고. 온도와 습도, 조도 등을 24시간 적정 수준으로 유지해야 하는 미술관 수장고와는 사뭇 다른 모습이다. 수억 원을 호가하는 불상과 탱화들이 박스나 비닐에 아무렇게나 담긴 채 방치돼 있다. 벽과 천장이 심하게 낡아 군데군데 부서져 있는 모습이 눈에 띈다. 사진 서울지방경찰청

도난 사실을 숨겨야 했기에 화기를 긁어내거나 잘라내 버리는 일은 예사였다. 전문 도색공을 불러다 바래거나 없어진 부분을 새로 칠해 넣게 하는 일도 서슴지 않았다.

　정도가 심해 아예 작품을 뒤바꿔놓은 경우도 있어서, 도난 문화재를 찾아놓고도 이게 잃어버린 그 문화재인지 확인하는 데 애를 먹었다. 전북 전주의 서고사에서 도난된 '나한상'(1695년)은 원래 늙은 스님의 모습을 새긴 나무 불상이었는데 권관장은 이를 젊은 수도승의 모습으로 새로 칠하게 했다. '이게 그건가' 싶었던 경찰은 엑스레이 촬영까지 하고서야 동일 작품이라는 사실

을 확인할 수 있었다.

2015년 10월 서울중앙지방법원은 문화재보호법 위반 혐의로 기소된 권관장에게 징역 2년에 집행유예 3년을 선고했다. 2016년 5월 항소심 재판부는 "그간 개인의 자산을 내놓으면서까지 불교문화의 대중화에 기여한 점을 인정한다"며 징역 1년에 집행유예 2년으로 감형했다.

하지만 2016년 11월 또다시 권관장의 범죄가 드러났다. 빚에 시달리던 권관장의 아들이 따로 숨겨두었던 장물 문화재를 시장에 내놓았다가 경찰에 적발된 것이다. 이때도 전북 완주 위봉사의 '목조관음상'(1605년) 등 보물급 도난 불교문화재 11점이 27년 만에 회수됐다. 다시 기소된 권관장은 2018년 7월 서울중앙지방법원 1심에서 징역 1년 6개월에 집행유예 3년을 선고받았다. 숨겨진 문화재가 얼마나 더 있는지는 오직 권관장만이 안다.

조선 중기인 1764년에 제작된
경북 경주 금정사의 '지장시왕도'

불교미술
박물관

관장
권○○

불교미술박물관 관장의
장물 문화재 사기 사건

1993년　　권씨가 서울 종로구 원서동에 A불교미술박물관을 연
　　　　　다.

2006년　　권씨는 갤러리에 도난된 불교 미술품인 장성 백양사
　　　　　의 '아미타영산회상도'를 전시하다 문화재범죄 전담
　　　　　수사반에 적발된다. 하지만 권씨는 문화재 은닉죄의
　　　　　공소시효가 끝났다는 이유로 불기소 처분을 받는다.

2014년 5월　권씨는 서울 종로구 인사동 한 경매장에 시가 30억 원
　　　　　상당의 도난 불교 미술품 5점을 공개한다. 경찰이 제
　　　　　보를 받고 수사에 착수한 끝에 A불교미술박물관 인근
　　　　　의 창고 5채와 경기 성남 소재 사설 창고에서 유물 수
　　　　　천여 점을 찾아낸다. 곧 경찰은 권씨를 문화재보호법
　　　　　위반(문화재 은닉) 혐의로 검거하고, 경주 금정사의 '지
　　　　　장시왕도' 등 총 330여 점의 도난 미술품을 회수한다.

2015년 10월　법원은 1심에서 권씨에게 징역 2년에 집행유예 3년을
　　　　　선고한다.

2016년 5월　항소심 재판부는 권씨에게 징역 1년에 집행유예 2년
　　　　　을 선고한다.

11월 빚에 시달리던 권씨 아들이 별도로 장물 문화재를 시장에 내놓았다가 수사기관에 단속된다. 경찰은 전북 완주 위봉사의 '목조관음상' 등 보물급 불교문화재 11점을 회수한다.

2018년 7월 또 한 차례 문화재 은닉 사건으로 기소된 권씨는 이번에는 1심에서 징역 1년 6개월에 집행유예 3년을 선고받는다.

문화재 범죄

도굴꾼과 문화재 사범을 쫓아 1년의 절반은 출장, 수사관은 준전문가 수준

"그 순간 스님들의 얼굴에, 어르신들의 얼굴에 광채가 납니다. 그게 저를 움직이게 한 힘입니다."

1년의 절반은 '출장 중'이었다. 남들은 5년에 한 번 갈까 말까 한다는 타이어를 반년에 한 번씩 갈았다. 문화재 수사란 도굴꾼과 문화재 사범을 쫓아 전국의 문중과 사찰을, 그야말로 집도 절도 없이 떠돌아 다녀야 하는 과정이다. 2005년부터 2014년까지 햇수로 10년간 문화재 수사를 전담했던 이영권 경감(현 서울지방경찰청 광역수사대 소속)도 그렇게 살았다. 문화재를 찾아줬을 때 너무 기뻐하는 사람들의 표정이 이경감의 등을 떠밀었다.

문화재 수사는 참 어려운 분야다. 문화재 거래는 이른바 감식안을 가진 이들끼리 척하면 알아듣는 전문 용어를 써가며 알음

훔친 미술품을 숨겨온 '장물 문화재 사기'

알음으로 하는 거래다. 또 이렇게 서로를 알아보는 '선수'들끼리 수십 년간 지내오면서 나름대로 오래 축적된 두터운 신뢰 관계가 뒷받침된 거래이기도 하다.

이 틈을 비집고 들어가려면 수사관도 전문적 문화재 수집가들과 어깨를 나란히 할 정도의 준전문가가 되어야 한다. 또 더 깊이 들어가려면 맥락과 흐름까지 짚어낼 수 있어야 한다. 이를 위해 이경감은 2만 명에 달하는 문화재 전문가 '인물 사전'을 만들었다. 마치 한 편의 드라마에서 인물 관계도를 그리듯 사람 사이의 그물을 촘촘히 짜나갔다. 불교 미술품뿐 아니라 도자기나 동양화 등 다양한 분야에서 활동하는 수집가, 애호가, 판매상 등을 항목별로 분류해 정리했다. 한 번이라도 거래에 참여한 이들은 다 올렸다.

이런 노하우에 기초해 이경감은 2014년 권관장을 재판에 넘길 때 문화재와 관련된 참고 자료를 100장이나 준비할 수 있었다. 국가 지정 문화재의 경우는 '은닉죄의 공소시효가 정지된다'는 판례가 있었지만, 일반 문화재의 경우는 사정이 달랐다. 문화재보호법상 은닉죄에 대한 공소시효가 조금 늘었다고는 하지만, 2014년엔 여전히 15년이었다. 공소시효 만료에 걸려들지 않으려면 권관장이 도난 문화재임을 알고 사들인 뒤 자신의 창고에 계속 보관해왔다는 행위 자체가 모두 '범행 기간의 일부'에 포함된다는 점을 주장해야 했다. 다행히 법원이 이 논리를 받아들였다.

이경감은 문화재 범죄야말로 전문성이 가장 중요한 수사 영역

전북 전주 서고사에 봉안돼 있던 '나한상'. 원래 모습은 왼쪽과 같은 초로의 노승이었으나 권씨가 도색공을 고용해 젊은 수도승의 모습으로 바꿔놓았다. 사진 서울지방경찰청

이라고 말한다. 경찰은 2015년부터 문화재 전문 수사관을 뽑아 전국 지방경찰청에 배치하고 있다. 문화재청의 전문 교육 과정도 밟게 하고 있다. 하지만 이 정도로는 전문 지식을 습득하기가 힘들다. 이경감은 그 점을 지적했다. "문화재 범죄의 경우 신고도 많지 않을뿐더러, 설사 신고가 있더라고 늦는 경우가 많아 수사에 상당한 어려움을 겪을 수밖에 없다. 그럴수록 수사관 개인의 전문성이 중요한데, 지금 상황으로선 그런 자질을 개발하기가 쉽지 않은 상황이다."

20

악몽으로 변한 단꿈 '신혼여행 사기'

"지금 입금해야 할인" 132쌍 신혼여행 잔금까지 받고서
"죄송, 폐업"

"원하시는 방이 마침 하나 남아 있어요. 완납 기간은 지났지만
현금으로 바로 입금하시면 환율 우대로 싸게 해드릴게요."

김수정(31세) 씨가 신혼여행 전문 여행사인 H사로부터 이런
제안을 들은 때는 2018년 10월, 결혼을 두 달 앞둔 시점이었다.
4년간 연애하면서도 서로 일에 쫓겨 여행 한 번 함께 다녀오지
못했다. 이왕 가는 거 분위기도 낼 겸 몰디브의 리조트 중에서 가
장 좋은 방을 예약할 생각이었다.

국내외 여행 상품을 두루 비교하고, 사용자 후기를 꼼꼼히 검
색하고, 전화 상담도 하던 중 H여행사의 제안을 받았다. 신혼여
행 정도면 두 달 전쯤에는 예약이 끝나 있어야 한다는 얘기를 들

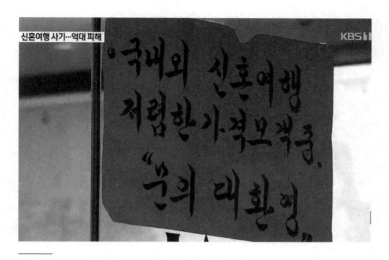

할인을 미끼로 현금 선결제를 유도하는 업체는 주의해야 한다. 사진 KBS 뉴스 화면 캡처

었던 터였다. 환율 우대로 싸게 해준다고 해봐야 다른 여행사보다 15만 원 싼 수준이었지만, 어떻게 구해볼 수 없을까 애태우던 방이 바로 눈앞에 있었다. 그날 바로 900만여 원을 입금했다.

10월 말 H사는 리조트 바우처를 보내왔다. 뭔가 이상했다. 예약 절차를 마치면 표기되기 마련인 방 호수가 없었다. '예약 완료'라는 표현을 비껴가려는 낌새가 역력했다. 확인하려고 수차례 전화를 해도 응답이 없더니 다음 달 초에야 H사에서 연락이 왔다. 담당 직원이 폐렴에 걸려 입원하는 바람에 이제야 확인했다면서 "원래 일단 그렇게 바우처만 나가고, 출국 일주일 전에 더 자세히 소개합니다"고 했다.

설마 무슨 일이 있으랴 싶었다. 그런데 결혼식을 열흘 앞두고

악몽으로 변한 단꿈 '신혼여행 사기'

여행사 쪽에서 전화가 왔다. "죄송합니다. 부도가 났습니다." 갑작스러운 소식에 어리둥절했지만 계약서도 받아뒀으니 예약 자체는 문제없을 것 같았다. 항공권과 리조트 예약은 달라지는 건 없지 않느냐고 따졌지만 여행사 직원은 "예약도 안 돼 있습니다"고만 하더니 탁 전화를 끊었다. 부랴부랴 몰디브 현지의 리조트에 전화를 걸어보니 데스크에서 "두 분의 이름으로 된 예약은 없다"는 대답이 돌아왔다. 그동안 여행사가 예약에 대해 한 말은 모두 거짓이었다. 한순간에 신혼의 단꿈은 악몽으로 변했다.

H여행사피해자모임에 가입한 뒤 들은 사건의 전모는 이랬다. 몰디브 현지의 리조트와 직거래를 하는 총판 격인 여행사가 있고, H사는 여행객을 모아 이 회사를 통해 몰디브 현지와 예약을 진행했다. 사건은 H사의 경영 사정이 악화되면서 벌어졌다. H사가 경영난을 타개할 방책으로 생각해낸 길은 여행객에게 '선결제'를 유도한 뒤 이 돈을 그에 앞서 예약받은 손님들을 위한 비용으로 쓰는 것이었다. 일종의 돌려막기인 셈이다.

몰디브와 칸쿤, 발리 등을 꿈꾸던 피해자들이 여행사한테서 들은 얘기는 얼추 비슷했다. 여행사는 예약금을 낸 이들에게 전화해서 "잔금을 미리 내면 선결제 프로모션 혜택에 따라 할인이 가능하다"고 꾀었다. 피해자들은 '어차피 낼 돈인데 할인이나 받자'는 생각에 응했다. 자기 돈이 앞선 여행객들의 여행비로 쓰일 줄은 생각도 못 했다.

피해자모임에서는 기이한 증언들이 흘러 나왔다. 신용카드 내역을 뒤늦게 확인해보니 자기 신용카드로 결제한 돈이 다른 여행객의 항공권 구매에 쓰였다거나, 이미 신혼여행지에 도착해 실컷 잘 놀고 퇴실할 때가 돼서야 리조트 비용과 왕복 항공권 결제를 요청받고 황당했다거나 하는 이야기들이었다. 손님들을 안심시키기 위해 H사가 보내온 리조트 바우처라는 것도 알고 보니 똑같은 디자인에 문구만 몇 자 고쳐서 자기들 마음대로 보낸 것이었을 뿐이다.

H사에 대한 경찰 수사에 따르면 2018년 초부터 시작된 사기 사건의 피해자는 신혼 부부 132쌍, 피해액은 7억 2000만 원에 달했다. 신혼의 단꿈을 꾸며 적게는 300만 원, 많게는 1300만 원에 달하는 상품을 예약한 경우도 있었다.

사실 이런 사건은 신혼부부에겐 충격일지 몰라도 경찰에겐 좀 뻔한 사건이었다. 중소 규모의 여행사들이 이런 방식으로 버티다 망하는 경우가 드물지 않아서다. H사 사건을 맡아 처리했던 홍영길 서울구로경찰서 경제2팀장도 피해자들이 한두 명씩 찾아오면서 어떤 기시감을 느꼈다.

수사도 고소 당시 예상했던 바대로 진행됐다. H사 사무실은 이미 폐쇄된 뒤였고, 계좌를 압수수색해 들여다보니 돌려막기가 뻔히 보였다. 7억여 원의 범죄 수익금을 갖고 이전 예약자의 상품을 결제하고 업체와 업체 대표의 빚을 갚는 데 쓰인 내역을 확인했다.

사기 행각이었다는 것은 이들이 애초에 사업을 지속적으로 운영할 능력이 없었다는 것을 보더라도 알 수 있다. H사의 직원은 대표 김 모(38세) 씨와 영업이사 김 모(47세) 씨 단둘이 전부였다. 2014년에 함께 여행사를 차렸다가 2016년에 이미 자본금 9000만 원을 날려먹은 상태였다. 2018년 4월부터는 사무실 임대료도 내지 못하는 형편이 됐다.

이런 구조에서는 경영이 어려질 때마다 더욱 파격적인 할인가를 내세워 적극적으로 현금 확보전에 돌입할 수밖에 없었다. 시간이 갈수록 피해 규모가 눈덩이처럼 불어날 것이 뻔했다.

서울남부지방법원은 2019년 7월 사기 혐의를 인정해 김이사에게 징역 3년, 그의 지시를 받아 실무를 맡은 김대표에게는 징역 2년의 실형을 선고했다. 유죄 판결이 났더라도 피해를 보상받는 것은 또 다른 문제다. H사가 그나마 여행보증보험과 기획보증보험 등에 가입해 있었지만 보증 한도가 2억 3000만 원이라 총 피해액에 미치지 못했다. 그러자 피해자들끼리 뭉쳐서 형사 배상명령 신청에 나섰다. 하지만 두 사람의 재산 규모가 마땅히 확인되지 않으면서 배상받을 길이 요원해졌다.

피해액이 얼마인가를 떠나 마음에 상처를 입은 사람들도 생겼다. 900만여 원을 날렸던 김수정 씨는 결국 다른 여행사를 통해 700만 원을 다시 들여 애초 목적지인 몰디브로 신혼여행을 다녀오기는 했다. 신혼여행을 망칠 수 없어 어쩔 수 없이 그렇게 한 것이지만 그 여행이 달가울 리 없었다. "결혼을 눈앞에 두고 당한 일이라 '결혼 못 할 것 같다'며 한참을 울기도 했고, 결혼식 당일까지 제정신이 아니었다. 결혼에 대한 기대로 한참 설레야 할 때인데, 남편이나 나나 H사를 고소하기 위해 휴가를 낸 뒤 필요한 서류를 떼러 여기저기 다녔던 기억밖에 없다."

사건이 터지면서 신혼여행을 포기한 이들도 있다. 이민우(33세) 씨에게 그때의 기억은 허니문이 아니라 트라우마로 자리 잡았다. "H사 사건을 겪은 뒤 소규모 여행사를 믿을 수 없어서 총판 업체라는 곳을 통해 직접 예약했다. 그런데 재수 없게도 얼마 후에 그곳마저 폐업했다. 연거푸 고소하고 보상 신청을 내는 데에 지쳐 신혼여행을 갈 엄두가 나지 않았다."

하지만 이런 수법은 여행업계의 '관행'이라는 게 대체적인 평이다. 이 사건을 수사한 홍팀장도 "H사 사람들은 처음부터 작정하고 사기를 치려 한 사기범이라기보다 평범한 여행업계 사람들로 봐야 한다"고 평가했다. 중소 업체가 난립하는 여행업계의 특성상 자본금이 충분하지 않은데도 무리한 운영을 하는 이들이 있게 마련이고, 그러다 보면 '현금을 바로 입금하면 할인해주겠다'는 식의 영업 방식을 꺼내 들고 어느 순간 범죄의 나락으로 떨어진다는 얘기다.

실제 H사 사건 같은 경우는 비교적 흔한 편이다. H사의 영업이사 김씨는 이 사건 이전에도 이미 비슷한 방식으로 영업을 하다 처벌받은 전력이 있다. 다른 신혼여행 전문 여행사의 운영자 김 모(36세) 씨도 유사한 방식으로 신혼부부들의 돈을 가로챘다가 2019년 11월 15일 수원지방법원에서 징역 2년을 선고받았다. 2018년 5월부터 2019년 3월까지 수원과 안산 등지의 웨딩박람회 등을 통해 모집한 신혼부부 54쌍에게서 여행 경비 1억 7000만여 원을 받아 빼돌린 혐의다. 이 사건에서도 여행사가 쓴 수법은 돌려막기였다. 2019년 11월 제주 지역의 한 여행사 대표 김 모(42세) 씨도 고객들이 여행 상품의 예약금으로 맡긴 돈을 숙박업체나 렌터카 회사 등 자신들의 거래처에 밀린 미수금을 갚는 데 쓰다가 구속됐다.

영세한 중소 여행사들 사이에서 신혼여행 상품이 범죄의 주요 대상이 되는 건 상품의 특성에서 기인한다. 예비부부들이 결혼식 두세 달 전에 예약금을 내면서 실제 여행사가 납부할 때까지 몇 달씩 유용할 틈이 생기고, 거기에다 신혼여행이라 비교적 비싼 액수라 해도 거부감 없이 받아들이는 경우가 많은 점을 노리는 것이다.

그래서 피해를 입은 신혼부부들로서는 더더욱 관례라고 넘어갈 수가 없다. 신혼여행 사기의 경우 개인에겐 치명적이지만 소액 사건일 때가 많아 법정까지 가지 않고 유야무야 넘어가기도 한다. H사 사건의 피해자 중 한 명이자 피해자모임의 대리인을 맡았던 변호사 이 모 씨는 대책을 촉구했다. "신혼여행이기 때문에 다소 부담스러운 거금일지라도 감수하고 내는 것인데, 여행 업계에서는 그게 관행이라고 변명한다. 보증보험 강화 등 실질적인 대처 방안이라도 좀 나왔으면 좋겠다." 다른 피해자들도 관행으로 치부하고 넘어가서는 안 된다고 입을 모았다.

한편 여행사를 신중히 고르기 위해선 그동안 소비자의 불만 사항이 있었는지 확인할 필요가 있다. 실제 한국소비자보호원 자료를 보면 2018년 폐업한 탑항공 등 4개 여행사의 경우 폐업하기 직전 이미 소비자들의 불만 사항이 전해에 비해 세 배 이상 접수된 상태였다.

악몽으로 변한 단꿈 '신혼여행 사기'

신혼여행 사기 사건

사건 개요
신규 예약자로부터 선결제 명목으로 현금을 받아
이전 예약자 여행상품을 결제

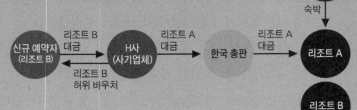

이전 예약자
(리조트 A)

↓ 숙박

신규 예약자
(리조트 B) → 리조트 B 대금 → H사 (사기업체) → 리조트 A 대금 → 한국 총판 → 리조트 A 대금 → 리조트 A

리조트 B 허위 바우처 →

리조트 B

※총 신혼부부 132쌍, 약 7억 2,000만원 피해

여행업 업체 현황 (단위:개)

2만5,000

2만 - 2만2,620

1만8,175

1만5,000 -

1만 - 1만3,981

2011   2015   2019년

자료:한국관광협회중앙회

폐업직전 여행사 관련 소비자불만 증가 현황 (단위:건)

탑항공
(2018년 10월 1일 폐업) — 76

더좋은여행
(2018.9.5 폐업) — 18
59

e온누리여행
(2018.9.3 폐업) — 0
24

싱글라이프투어
(2018.9.28 폐업) — 2
6

● 2017년 1~9월
● 폐업직전 2018년 1~9월

684

자료 : 한국소비자원

사건 일지 _____

2014년 4월 4일	대표 김씨와 영업이사 김씨가 신혼여행 전문 여행사 H사를 개업한다.
2016년	H사는 등록할 당시 갖고 시작한 자본금 9000만 원을 소진한다.
2017년 12월	H사를 통해 신혼여행을 예약한 첫 피해자가 나온다.
2018년 4월	H사는 사무실 임대료를 연체할 정도로 쪼들린다.
11월 25일	H사가 폐업을 공지한다.
2019년 1월	경찰은 김대표와 김이사를 사기 혐의로 구속하고, 기소 의견으로 송치한다.
7월 24일	서울남부지방법원은 사기 혐의를 인정해 김이사에게 징역 3년, 김대표에게는 징역 2년의 실형을 선고한다.

악몽으로 변한 단꿈 '신혼여행 사기'

여행사 사기

여행사 설립이 쉬운 구조, 여행사 폐업 피해로 이어져

H사 사건에서 눈길을 끄는 점은 7억 원을 넘긴 피해액 규모다. 대부분 소액 사건에 그치는 신혼여행 사기 가운데서는 제법 피해 규모가 큰 사건으로 꼽힌다. 신혼여행 사기 사건도 이제 점차 대형화될 기미가 보인다.

전문가들은 여행사 관리 체계를 갖춰나가야 한다고 지적한다. 시장 활성화를 위해 규제를 완화하는 분위기를 타고 여행업 등록시 자본금 기준(최소자본금)이 계속해서 완화됐다. 이처럼 여행사 설립이 쉬워지면서 부도를 내 사라졌다가 금방 다시 생겨나는 일이 반복되고 있다. 그만큼 시장에선 과다 경쟁이 치열해진다. 무엇보다 해외 온라인 여행사들이 한국 시장에 대거 진출한 이후 여행사들의 매출 규모는 더욱 줄어들었다. 서울시관광협

몰디브 푸바물라의 해변

회의 자료에 따르면 2019년 여행사 폐업으로 생긴 피해 신고는 17건에 달한다. 지금도 한 달에 한 곳 이상의 여행사가 폐업하면서 그만큼 피해자가 생겨나고 있는 셈이다.

김남조 한양대 관광학부 교수는 "시장이 위축될 우려가 있어 등록제를 다시 강화하기 어렵다면, 정부에서 선정하는 '우수업체 인증제' 같은 제도라도 도입해야 한다"고 말했다. 또 여행사가 해외 패키지 여행(기획여행) 상품을 팔려면 2억 원의 기획여행 보증보험에 들도록 한 제도도 실제 현장에서 제대로 지켜지는지 점검해야 한다.

하지만 이런 제도적 대안이 골고루 갖춰지기 이전에는 결국 소비자들이 여행사를 주의 깊게 고르는 길밖에 없다. 한국여행

악몽으로 변한 단꿈 '신혼여행 사기'

업협회의 한 관계자는 이렇게 당부했다. "정부나 제도가 개입할 수 있는 부분은 한계가 있을 수밖에 없다. 소비자들이 여행사의 보험 가입 여부를 꼼꼼히 따지고 할인을 미끼로 현금 선결제를 유도하는 업체를 주의하는 등 소비를 합리적으로 하는 태도를 견지해야 한다."

최근 보도된 여행사 사기 사건들

2019년 7월 24일: 서울남부지방법원은 신혼여행 전문 여행사인 H사의 대표 김씨와 영업이사 김씨에게 특정경제범죄법상 사기 혐의로 각각 징역 2년, 3년을 선고했다.

2019년 11월 15일: 수원지방법원은 신혼여행 전문 여행사인 A사의 실제 운영자인 김 모 씨에게 사기 혐의로 징역 2년을 선고한다. 신혼부부 54쌍이 여행 경비 1억 7000만여 원의 피해를 보았다.

2019년 11월 28일: 제주동부경찰서는 사기 혐의로 여행사 B사의 대표 김 모 씨를 구속했다. 그는 피해자 260여 명에게서 2억 2000만 원가량의 예약금을 받아 거래처에 밀린 미수금 등을 갚는 데 썼다.

21

팬들의 지갑 터는 '매크로 암표'

논밭 창고에 콘서트표 17장 배달, 처음 꼬리 밟힌
'매크로 암표 조직'

"뭐야, 11만 원짜리 티켓을 28만 원에 파는 거야?" 2018년 9월 7인조 아이돌 그룹의 팬 김선영(27세) 씨는 가슴이 덜컹 내려앉았다. 그토록 바라던 '최애' 그룹의 연말 공연 티켓이 예매처가 아닌 온라인 사이트에서 버젓이 거래되고 있었기 때문이다. 예매 개시 시간에 맞춰 1분 뒤에 접속했어도 실패를 맛본 김씨를 우롱하듯 판매자들은 너도나도 티켓을 양도하겠다는 글을 올려놨다.

판매자들이 제시한 티켓 가격은 구역과 좌석에 따라 천차만별이었다. 정가 11만 원짜리 티켓의 '몸값'이 보통 20만 원대로 훌쩍 올라갔다. 심지어 50만 원을 부르는 이도 있었다. 정가보다 훨

썬 비싼 값이었지만 액수는 상관없다는 듯 '판매 완료' 딱지가 곳곳에 붙어 있었다.

예매 성공률을 높여주겠다는 솔깃한 제안도 눈에 띄었다. 반복 작업 명령어를 묶어 자동화한 '매크로Macro'가 포함된 컴퓨터 프로그램을 구입하라는 얘기였다. 매크로 프로그램은 정밀도에 따라 적게는 5000원에서 많게는 2만~3만 원에 거래됐다.

마음이 급해진 김씨는 한 판매자에게 쪽지를 보냈다. 예매처는 암표 방지를 위해 일인당 2매로 구입 수량을 제한했지만 해당 판매자는 여러 장도 양도할 수 있다며 티켓 '인증샷'을 보내왔다. "여러 명이 동시에 문의를 하고 있어서 결정이 지체되면 이마저도 금세 동날 것"이라는 독촉에 다급했던 김씨의 마음이 움직였다. 결국 김씨는 정가보다 두 배 이상 비싼 28만 원을 송금하고 티켓을 넘겨받았다.

2010년대 초반에 등장해 지금까지 활개를 치고 있는 온라인 암표상들은 정확히 김씨 같은 이들을 노린다. 돈의 액수는 따지지 않고 오로지 공연 티켓만 손에 넣기를 간절히 원하는 팬들 말이다. 몇 해 전부터는 반복 작업을 자동화한 매크로 프로그램을 활용해 재빨리 티켓을 선점한 뒤 고가에 되파는 수법으로 진화했다.

좀처럼 정체가 드러나지 않던 '매크로 암표상'이 처음 수사기관에 포착된 때는 2019년 11월이다. 수사를 펼친 경북지방경찰청 사이버수사대는 매크로 프로그램을 이용한 암표 판매 조직 22명을 잡아들였다. 경찰은 이들 중 총책 A씨(29세)와 매크로 프로그램 개발자 B씨(29세)를 구속했고, 22명 모두를 기소 의견으로 검찰에 송치했다. 경찰이 매크로 프로그램을 이용한 온라인 암표상을 구속해 검찰에 송치한 첫 사례다. 검찰이 22명 전원을 기소해 곧 법원의 판결도 나올 예정이다.

경찰에 따르면 A씨 일당은 2016년 5월부터 2019년 8월까지 3년여 동안 타인의 아이디 2000여 개를 도용해 방탄소년단이나 워너원 등 아이돌 그룹의 공연 티켓 9173장을 구매한 후 되팔아 공연 기획사 및 예매처의 업무를 방해한 혐의(정보통신망법 위반 및 업무방해)로 기소됐다. 티켓 값을 열 배 이상 높여 판매한 일당은 3년여간 무려 7억 원을 챙겼다.

이들의 꼬리를 잡는 데 결정적 단서를 제공한 것은 티켓 수령지였다. 경찰은 예매처 방침에 따라 일인당 2매까지 구매할 수 있는 아이돌 그룹의 공연 티켓 17장이 한꺼번에 경북 경산의 한 주소지로 배달된 점을 수상히 여겼다. 범죄 정황이 있다고 보고 직접 주소지로 찾아간 수사팀은 놀랄 수밖에 없었다. 주소지를 입력한 내비게이션이 끝없이 펼쳐진 논밭의 한복판을 가리켰기 때문이다.

현장에 도착해보니 상황은 더욱 황당했다. 마을 주민 몇 사람이 아니면 길조차 찾기 힘든 곳에 있는 2층 규모의 조립식 건물이 주소지였다. 사람이 살던 흔적이나 티켓 예매를 위한 컴퓨터 등 이렇다 할 장비도 없었다. 경찰은 곧장 그곳으로 배달된 티켓 17장의 구매자 아이디를 추적했다. 오금식 경북지방경찰청 사이버수사대장은 이유를 이렇게 설명했다. "자신들의 신원이 특정되기 쉬운 지인들의 주소지를 피하다 보니 인적이 드문 농가의 창고를 고른 것이다."

사건의 실체를 파면 팔수록 한두 명이 시작한 어리숙한 범죄가 아니라는 것이 분명해졌다. 경찰이 애초에 예상한 것보다 훨씬 치밀한 조직이었다. 예매를 주도하는 총책부터 프로그램 개발자, 아이디 섭외자, 티켓 운반책, 자금 모집책 등 역할 구분이 명확했다. 심지어는 적절한 배송지를 물색하는 담당자까지 따로 뒀다. 일당 22명이 거주하는 지역도 서울과 대구 등 전국에 분산돼 있었다.

범행의 핵심엔 매크로 프로그램이 있었다. 경찰에 따르면 프로그래머 B씨가 제작한 매크로 프로그램은 마우스 커서가 미리 설정해둔 온라인 사이트로 이동한 뒤 로그인부터 티켓 구매에 이르기까지 적절한 위치에서 자동 클릭하는 방식으로 작동한다. 온라인 사이트의 예매 화면을 하나의 좌표로 봤을 때 특정 좌석이나 예매 버튼의 위치에 해당하는 X값, Y값을 지정해둠으로써 자동으로 마우스를 해당 값으로 옮기게 한 것이다. 손으로 일일이 커서를 옮겨 예매할 경우 1분이 걸리는 일을 매크로 프로그램은 5초 안팎에 끝낼 수 있다. 암표상 일당은 이런 식으로 순식간에 표를 대량으로 구매했고, 이를 위해 타인의 아이디 2000여 개를 이용했다.

매크로 프로그램은 예매처의 보안 절차도 무너뜨렸다. 티켓 예매 사이트들은 주로 로그인 이후 사용자가 사람인지 기계인지 구분하는 자동 계정 생성 방지 기술인 '캡차'(CAPTCHA)를 심는다. 특정 문자나 이미지를 보여주고 로그인 당사자가 그대로 쓰거나 같은 이미지를 클릭하게 하는 것이다. 일당은 각 예매처가 사용하는 캡차 문자와 이미지 꾸러미를 미리 매크로 프로그램에 입력해놨다가, 특정 문자나 이미지가 뜨면 프로그램이 자동으로 꾸러미에서 가장 유사한 것을 찾아 단 1초, 2초 만에 보안 절차를 무장 해제하도록 했다.

암표상 일당의 치밀성은 아이디를 수집하는 과정에서도 드러났다. 매크로 프로그램에 적용할 아이디를 끌어모으는 데 C씨(23세) 등 무려 11명이 뛰어들었다. 가족과 친구, 후배 등 지인들의 아이디만 수집했다. 무작위로 아이디를 빌렸다가 티켓을 수령한 뒤 잠적할 수 있다는 점을 꼼꼼히 챙겼다. 물론 대가도 지급했다. 아이디를 1년간 빌려 쓰는 조건으로 10만 원을 제공하고, 1년이 되는 시점에 성과급 형식으로 10만 원을 추가로 주는 방식이다. 사이버수사대에 따르면 암표를 열 배 넘는 값에 되팔다 보니 아이디 대여금 정도는 충분히 충당할 수 있었다. 투자금을 모으고 자금을 관리하는 인물도 주도면밀하게 움직였다.

2019년 11월 경북지방경찰청 사이버수사대가 검거한 매크로 온라인 암표상 22명이 티켓 수령지로 쓴 경북 경산의 한 조립식 건물이 포털 사이트의 지도에 표시돼 있다. 인적이 드문 논밭 한가운데에 있는 창고였다. 사진 경북지방경찰청

　총책인 A씨는 C씨 등에게서 받은 아이디와 투자금에 토대해 매크로 프로그램을 돌리면서 많게는 수백 장의 티켓을 한 번에 구매했다. 경찰에 따르면 티켓 예매 사이트 중 5곳에서 3년간 8억 4000만 원어치를 샀다. 일당은 이렇게 확보한 티켓을 온라인 커뮤니티와 SNS 등을 통해 홍보하고 판매했다. 13만 원에 사들인 유명 아이돌 가수의 콘서트 티켓을 팬심을 이용해 150만 원에 파는 식이니 수익은 금세 수억 원대로 불었다.

　국내 팬들뿐 아니라 중국인 등 외국인에게 티켓을 판매하는 해외 판매 담당자 D씨(29세)가 포함됐다는 점도 놀라운 대목이다. 서울에서 게스트하우스를 운영하던 D씨는 부업 삼아 암표를

팔았다. 경찰 조사에 따르면 처음엔 자신의 게스트하우스에 묵는 손님들을 상대로 티켓을 판매하다가 차츰 규모를 늘렸다. 해외 팬들에게 입소문이 퍼지자 또 여행사를 통하는 방식으로 바꿔 판매량을 늘렸다. 해외 팬의 경우 티켓 값을 높여 부르기가 더욱 쉽다는 점을 십분 활용했다.

경찰청은 이 사건을 포함해 2019년 초 아이돌 그룹의 공연 티켓을 판매한 자료를 분석한 결과 티켓 2652매가 142곳으로 배송된 사실을 파악했다. 일인당 2매까지 구매할 수 있다는 것을 감안하면 적어도 1326곳의 배송지가 있어야 하지만 실제로는 10분의 1에 불과했다. 아이디는 달라도 배송 연락처가 같은 구매자도 다수였다. 경찰청의 정보를 넘겨받은 12개 지방경찰청은 각각 내사 및 수사에 착수했다. 구체적 혐의가 잡히는 대로 수사를 확대할 계획이다.

경찰청과 문화체육관광부 등 정부 기관이 2019년부터 온라인 암표상들을 집중 단속하면서 성과가 하나둘 나오고 있지만, 명확한 규제 장치가 없다는 점은 근절에 큰 걸림돌이 된다. 오프라인 암표상은 그나마 경범죄처벌법으로 단속할 수는 있는데 온라인 암표 거래는 단속을 위한 법적 근거가 없다. 경북지방경찰청이 매크로 암표상 일당 22명에게 공연기획사와 예매처에 대한 업무방해, 아이디 도용으로 인한 정보통신망법 위반 혐의를 적용하는 데 그친 것도 이 때문이다. 온라인 암표상을 근절하기 위

팬들의 지갑 터는 '매크로 암표'

한 정보통신망법 개정안 등 관련 법안이 여러 차례 발의됐으나 여전히 국회에 계류돼 있다.

법의 사각지대가 공공연히 드러나면서 매크로를 악용하는 범위는 점차 넓어지고 있다. 아이돌 공연 티켓뿐 아니라 스포츠 경기 티켓, 불꽃 축제 같은 전국 행사의 티켓 등도 매크로 암표상들의 먹잇감이다. 매크로 프로그램을 활용해 인터넷상에서 댓글을 조작하거나 음원을 사재기하는 사례도 등장하고 있다. 19대 대통령 선거 전 '드루킹' 김동원 씨가 네이버에 올리는 댓글을 조작해 파문을 일으킨 '킹크랩'도 매크로 프로그램의 일종이다. 2019년 8월 항소심은 김씨의 증거 조작 혐의에 대해 유죄 판단을 유지해 징역 3년의 실형을 선고했고, 2020년 2월 대법원은 원심을 확정했다.

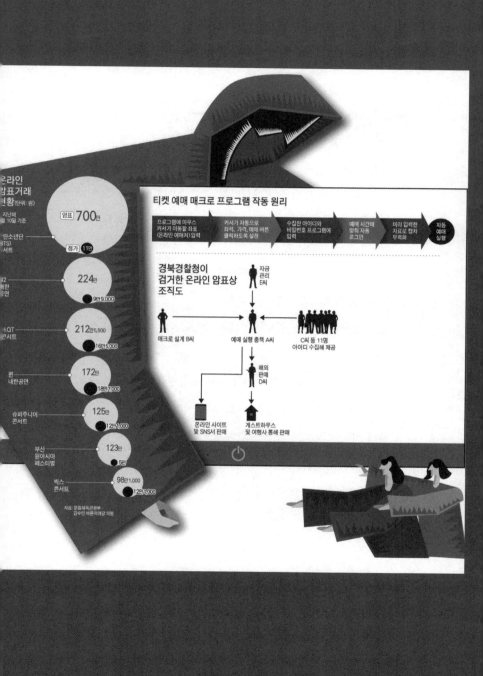

온라인
암표거래
현황 (단위: 원)
지난해
월 10월 기준

암표 700만

정가 11만

탄소년단
(TS)
서트

224만
9만9,000

2
한
연

QT
콘서트

212만5,500
16만5,500

퀸
내한공연

172만
18만2,000

슈퍼주니어
콘서트

125만
12만1,000

부산
원아시아
페스티벌

123만
5만

빅스
콘서트

98만1,000
12만1,000

자료: 문화체육관광부·
김수민 바른미래당 의원

티켓 예매 매크로 프로그램 작동 원리

프로그램에 마우스
커서가 이동할 좌표
(온라인 예매처) 입력
→
커서가 자동으로
좌석, 가격, 예매 버튼
클릭하도록 설정
→
수집한 아이디와
비밀번호 프로그램에
입력
→
예매 시간에
맞춰 자동
로그인
→
미리 입력한
자료로 캡차
무력화
→
자동
예매
실행

경북경찰청이
검거한 온라인 암표상
조직도

자금
관리
E씨

매크로 설계 B씨 → 예매 실행 총책 A씨 ← C씨 등 11명
아이디 수집해 제공

해외
판매
D씨

온라인 사이트
및 SNS서 판매

게스트하우스
및 여행사 통해 판매

온라인 암표상 조직도

· A씨는 예매 실행 총책으로서 확보한 티켓을 온라인 커뮤니티와 SNS를 통해 판매했다.

· B씨가 매크로 프로그램을 설계했다.

· C씨 등 11명이 아이디를 수집해 제공했다.

· D씨는 해외 판매 담당자로서 처음엔 게스트하우스에서 손님들을 대상으로 티켓을 판매했다가 나중엔 여행사를 통해 판매했다.

· E씨가 자금 관리를 맡았다.

티켓 예매용 매크로 프로그램의 작동 원리

1. 프로그램에 마우스 커서가 이동할 좌표(온라인 예매처)를 입력한다.

2. 커서가 자동으로 좌석, 가격, 예매 버튼을 클릭하도록 설정한다.

3. 수집한 아이디와 비밀번호를 프로그램에 입력한다.

4. 예매 시간에 맞춰 자동 로그인하게 한다.

5. 미리 입력한 자료를 이용해 캡차를 무력화한다.

6. 자동으로 예매를 실행하게 한다.

온라인 매크로 암표상

정보통신망법상 처벌 규정을 다듬고, 본인 확인 절차를 더 까다롭게

　자주 쓰는 여러 명령어를 키 하나에 묶은 매크로를 사용하는 것은 그 자체로는 범죄가 아니다. 일상에서 접하는 컴퓨터 프로그램이나 문서 작성 도구 등에도 매크로가 활용되는데 범죄에 악용되는 게 문제다. 2019년 경북지방경찰청이 검거한 온라인 암표 조직이 대표적인 사례다. 이 조직은 매크로 프로그램을 돌려 공연 티켓을 싹쓸이한 뒤 간절한 이들에게 웃돈을 얹어 판매하는 수법으로 부당이득을 챙겼다.

　전문가들은 무엇보다 법의 공백을 해소하는 일이 시급하다고 입을 모은다. 김현걸 한국사이버보안협회 이사장은 이렇게 지적했다. "예를 들자면 현재의 정보통신망법은 빵을 훔친 경범죄와 강도 같은 강력범죄를 같은 수준에서 처벌한다. 지능화하는 사

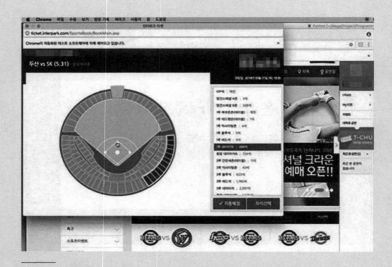

한국사이버보안협회가 온라인 매크로 암표상 근절 대안을 마련하기 위해 구성해본
프로야구 경기 티켓 매크로 프로그램 시연 장면. 인터넷 창을 켜는 것에서 로그인, 좌석 선택,
최종 예매까지 7초가 걸린다. 사진 한국사이버보안협회

이버 범죄를 예방하고 근절하려면 정보통신망법부터 세밀히 다
듬어야 한다." 김승주 고려대 정보보호대학원 교수도 새로운 법
을 제정하기보다는 기존의 법망을 보완하는 쪽으로 조언한다.
"굳이 매크로라는 단어를 삽입해 새로운 법을 만들지 않더라도
업무방해 등 지금도 적용할 수 있는 법령들을 강화하면 될 것 같
다. 처벌 수위를 부당히 얻은 이익보다 높게 조정하는 방식이 현
실적이다."

　매크로 프로그램을 악용할 때 첫 번째 관문이 되는 온라인 티
켓 예매처의 보안을 강화해 선제적으로 대응할 필요도 있다. 로
그인 당사자가 사람인지 기계인지 구분하는 기술 '캡차'의 문자

및 이미지 조합 경우의 수를 주기적으로 업데이트하는 것도 한 가지 방법이다. 김현걸 이사장도 이 점을 강조했다. "기술적으로는 보안 문자 입력이나 휴대폰 인증 문자까지도 여러 기술로 무너뜨리는 게 가능하다. 예매처 등이 보안 프로그램의 문자 및 이미지 풀을 지속적으로 바꾸거나 퀴즈 형식으로 지능화하려는 현실적 고민이 뒤따라야 한다. 물론 보안 시스템을 강화할 의무를 업체들에만 지울 게 아니라 보안 당국이 경각심을 갖고 적절한 지원을 해줘야 한다."

암표를 구매하려는 소비자 개개인도 주의할 필요가 있다. 경찰청 관계자는 "티켓 가격을 정가보다 너무 높게 올려서 판매한다면 일단은 경계부터 해야 한다. 2020년 초부터 마련하는 온라인 암표 신고 창구 등도 적극적으로 활용해달라"고 당부했다.

22

검사 사칭 대출 사기

자동차동호회서 검사로 알고 지낸 형
"금융수사 위해 위장 대출 받아달라"

"선배, 뭐 하시는 거예요? 성실히 국가에 봉사하는 사람을 그렇게 모욕하다간 큰일 나요." 2016년 1월 14일 경기 성남 판교테크노밸리의 한 정보·통신 기업에 다니는 신지석(30세) 씨는 회사 선배 김윤수 씨에게 버럭 화를 냈다. 신씨는 전날 김씨에게 2년 넘게 알고 지낸 '검사 형님'을 소개하고 함께 저녁식사를 했다. 그런데 다음날 갑자기 김씨가 "너, 다 속은 거다"라며 경찰에 검사 형님을 신고하겠다고 하는 게 아닌가.

흥분하며 신고를 말리는 신씨에게 김씨는 휴대폰을 열어 통화 기록을 내보였다. "황동훈 수원지방검찰청 안산지청 금융범죄3부 검사라고? 내가 대검찰청에 전화해 물어봤는데 그런 사람

없다더라. 그 사람이 양복 가슴팍에 검사 배지라고 달고 다니는 것도 실은 변호사 배지야."

그제야 신씨는 곰곰이 생각해봤다. 황씨와 호형호제하는 사이 이지만 그동안 이상한 점이 없었던 것은 아니다. 머릿속에서 의심이 솔솔 피어올랐지만 신씨는 어떻게든 밀어내려 했다. 의심이 사실이 되는 순간 나락으로 떨어지는 이는 다름 아닌 자신이라는 것을 신씨는 알고 있었다. 그땐 이미 황씨에게 수천만 원을 빌려주고 빚더미에 올라앉은 뒤였다.

사건의 발단은 2년 3개월 전으로 거슬러 올라간다. 신씨는 명문대 졸업생도 고전을 면치 못하던 취업 한파를 뚫고 대학 졸업과 동시에 직장을 잡았다. 2013년엔 승용차도 장만했다. 꿈에 그리던 슈퍼카는 아니어도 새내기 직장인의 첫 차로는 손색없는 국산 중형 세단이었다. 차의 이곳저곳을 튜닝하는 재미도 쏠쏠해 그해 10월부터 같은 취미를 공유하는 온라인 차량 동호회의 분당 지역 모임에 나갔다.

동호회 사람들과는 대화가 척척 통했다. 특히 두 살 위라는 황씨와는 금세 친해졌다. 남들이 망설이는 튜닝을 과감히 시도하는 모습이나 검사라는 신분에 호기심이 생겨 동호회 활동 이외에도 사적으로 연락을 주고받았다.

황씨도 신씨가 마음에 들었는지 평일 퇴근길에 종종 불러내 밥을 사줬다. 검사답게 늘 말끔한 양복 차림으로 나타났고, 가슴

왼편엔 천칭이 그려진 배지를 달고 있었다. 때때로 황씨의 직장인 안산지청 1층에서 만나 근처 식당으로 가기도 했다. 황씨 차의 조수석에 놓인 빨간 경광봉과 무전기를 보며 신씨는 영화 속 검사들이 범인을 추적하는 장면을 떠올렸다. 그에겐 황씨의 모든 것이 멋있었다.

만난 지 다섯 달 정도 됐을 때 신씨는 대학 동창인 이영아 (28세) 씨에게 황씨를 소개했다. 번듯한 직업에 180센티미터가 넘는 훤칠한 키, 선 굵은 외모, 재치 있는 입담까지 갖춘 황씨에게 여자친구가 없는 게 다행이라 생각했다. 둘은 마음이 잘 맞았는지 알콩달콩 연애를 지속했다. 2015년 말에는 결혼을 준비 중이라는 소식까지 전해왔다.

2년여의 시간 동안 신씨와 황씨가 만나 나눈 대화는 취미 얘기가 대부분이었다. 황씨는 간혹 자신이 맡은 수사 얘기를 하기는 했지만 신씨가 의심할 구석은 한 군데도 없었다. 그러던 황씨가 2015년 11월 4일 신씨에게 처음 손을 내밀었다. 2년여 만에 본색을 드러내는 순간이었다.

그날도 둘은 안산지청에서 만나 800미터쯤 떨어진 일식집으로 향했다. 황씨는 "한국에서 무분별하게 시장을 확장 중인 일본계 캐피털 회사(저축은행과 대부업체 등)들의 개인정보 유출을 단속하고 있다"며 도와달라고 했다. 신씨가 고객으로 위장해 A캐피털에서 대출을 받은 다음 그 정보가 어디로 흘러가는지 추적

황씨 사건의 피해자 중 한 명이 한국일보 기자를 만나 당시 황씨가 달고 다니던 '검사 배지'를 찍은 사진을 보여주고 있다. 사진 김정원

해보자는 말이었다. 또 대출받은 금액을 자신에게 송금하면 매달 내야 하는 이자는 대신 내주고 수사가 끝나는 대로 대출 원금을 돌려주겠다고 했다. 수사 과정에 사비가 필요할 리 만무했지만 신씨로서는 손해를 볼 게 없어 보였다.

신씨는 그해 11월 5500만 원가량을 A캐피털에서 대출받아 황씨에게 넘겼다. 나중에야 알았지만 황씨와 결혼을 준비하던 이씨도 같은 이유로 수차례 '대출 대행'에 동원돼 2014년 7월부터 8회에 걸쳐 대출받은 총 8000만 원을 황씨에게 송금했다.

황씨는 2016년 1월에 이르러 적극적으로 추가 타깃을 찾았다. "수사가 커지는데 더 도움을 주실 분 없을까?"라는 황씨의 급한 부탁을 받은 뒤 신씨는 주변 사람들에게도 황씨와 만나볼 것을 권했다. 그는 정의로운 수사를 돕기 위한 일이라고 철석같이 믿었다.

이즈음 신씨의 제안을 받은 사람 중 한 명이 회사 선배 김씨였다. 판교테크노밸리에서 신씨와 함께 김씨를 만난 황씨는 또다시 일본계 캐피털 업체 수사를 언급하며 4000만 원 대출 및 송금을 요구했다. 성이 같은 황교안 당시 국무총리와 자신의 집안 어른이 아는 사이라며 "황총리도 관심을 갖는 수사이니 도와주면 나중에 큰 보상이 갈 것"이라고도 했다.

그런데 황씨가 '사기 100단'이었다면 김씨는 '의심 100단'이었다. 김씨는 황씨가 과도하게 튜닝이 된 중형 세단을 몰고 온 순간부터 검사답지 않다는 생각에 한 번, 명함을 요구하자 "오늘은 안 가져왔다"며 대화 주제를 돌린 점에 또 한 번 황씨의 정체를 의심했다. 평소 각종 수사물과 사기 사건 보도를 즐겨보던 김씨는 황씨의 자랑인 검사 배지가 원래 변호사들의 배지일 뿐 아니라 검사들은 통상 배지를 착용하지 않는다는 것도 알고 있었다.

이튿날 김씨가 대검찰청 인사부에 신원 확인을 요청하면서 황씨의 사기극은 들통이 났다. 안산지청엔 황씨가 소속돼 있다는 금융범죄3부라는 조직 자체가 없었다. 물론 황씨와 이름이 같은 검사도 없었다.

김씨의 신고를 받고 수사에 착수한 경기 분당경찰서 지능범죄수사팀은 초기엔 신씨의 공범 가능성까지 염두에 뒀다. 그만큼 신씨는 황씨에게 정신을 완전히 정복당한 상태였다.

사기인 것을 깨닫고 나서야 신씨는 수사에 협조했다. 우선 황씨의 실체를 파악하기 위해 평소처럼 그를 만났다. 경찰은 잠복해 있다가 신씨와 헤어진 황씨의 뒤를 밟았지만 거처가 쉽게 드러나지 않았다. 열흘 가까이 잠복한 끝에 경기 안산에서 황씨의 집을 포착할 수 있었다. 그런데 집에 도착한 황씨를 맞이하는 가족은 뜻밖에도 부인과 어린 자녀 둘이었다. 그는 두 자녀를 둔 유부남이라는 사실을 감쪽같이 숨긴 채 이씨에게 다가가 결혼을 약속하고 철저히 이용했던 것이다.

수사는 그 뒤로 두 달간 이어졌다. 동선이 불규칙했던 황씨는 집 인근에 '작전용' 개인 사무실을 두고 있었다. 2016년 3월 29일 이곳에 경찰이 들이닥치고 나서야 그의 사기극은 막을 내렸다. 신분을 확인해보니 황씨는 신씨와 이씨보다 손위가 아니라 두 살 손아래였다. 2012년까지 C캐피털에서 일했고 이후엔 다른 대부업체에서 대출 모집 업무를 담당했다.

수사팀이 은행 계좌를 압수수색하면서 황씨의 사기 행각이 줄줄이 드러났다. 범행은 여기서 그치지 않고 26명의 피해자가 더 있었다. 모두 안산 지역에서 함께 자란 황씨의 초·중학교 동창들이었다. 그들은 황씨를 이름만 대면 알 만한 은행에서 일하는 팀장으로 알고 있었다. 황씨는 2013년 11월부터 학창 시절 친구 등에게 "과장으로 진급하려면 실적이 필요하다"며 일인당 3000만 원씩 대출을 받으라고 요구했다. 마찬가지로 대출금을

자신한테 보내면 석 달 후 원금을 갚고, 실적 수당으로 나오는 돈
도 주겠다고 했다. 20대 중반이었던 피해자들은 2016년 3월까지
C캐피털 같은 고금리 업체에서 대출을 받으면서도 기꺼이 8억
1200만 원가량의 대출금을 맡겼다.

황씨는 이렇게 자신의 신분을 검사와 은행원으로 속여 가로챈
대출금을 돌려막기에 사용했다. 친구 A씨의 대출로 청구된 고액
의 이자는 B씨가 준 돈으로 내고, B씨의 이자는 C씨의 돈으로 막
는 식이었다. 신씨와 이씨에게서 받은 돈도 이런 돌려막기에 들
어갔다. 황씨는 남은 돈을 가족 생활비에 쓰거나, 외제차를 장기
임차하고 명품 옷을 사고 사무실 임대료를 내는 등 사기 행각에
사용했다.

신씨는 동창인 이씨에게 어떻게 진실을 말해야 할지 고민스러
웠다. 수사가 물밑에서 진행되는 사이 이씨는 이미 부모님을 모
시고 황씨 측과 상견례까지 한 상태였다. 상견례에는 황씨가 돈
을 주고 고용한 가짜 부모가 동원됐다. 차마 입이 떨어지지 않는
신씨를 대신해 경찰이 이씨에게 사건의 전말을 알렸다. 분당경
찰서 지능범죄수사팀 수사관은 당시 황망했던 기억을 다시 떠올
렸다. "사건의 자초지종을 말했는데도 이씨는 한참이나 믿으려
하지 않았다. 황씨의 범죄 행각을 사실로 받아들인 뒤에야 비로
소 몇 시간 동안 울면서 패닉 상태에 빠졌다."

황씨는 경찰 조사에서 검사를 사칭한 이유에 대해 "대접받고

싶어서"라고 진술했다. "검사라고 하면 다들 '검사님, 검사님' 하면서 나를 바라보는 눈빛부터 달라졌다. 사기를 칠수록 우월감을 느꼈다." 황씨는 20대 초반에 경찰관을 사칭해 불법 마사지업소 등을 단속하다 걸려 벌금형(공무원자격사칭죄)을 받은 전력도 있었다.

수원지방법원은 2016년 7월 황씨의 사기 및 사기미수 등 혐의를 인정해 징역 5년을 선고했다. 재판부는 범행 규모가 28명의 피해자에게서 9억 4750만여 원에 이르는 거액인 점, 피해자들이 높은 이자율의 채무를 고스란히 떠안게 돼 고통을 호소하고 있는 점을 고려했다고 밝혔다. 피해 금액을 일부라도 변제받은 이는 5명에 불과했다.

보이스 피싱이나 SNS 등을 통한 비대면 사기 범죄가 일반화하는 가운데 황씨는 대면 사기라는 고전적 수법으로 피해자들의 의심을 피해간 셈이다. 분당경찰서 관계자는 이렇게 조언했다. "수사기관은 자체 예산을 마련해 수사를 하므로 절대 외부에 수사 자금 등을 요구하지 않는다. 특히 동호회 같은 사회 모임에서는 별도의 신분 확인 절차가 없으므로 회원 간 돈 거래에 대해선 우선 의심부터 하고 보는 게 안전하다."

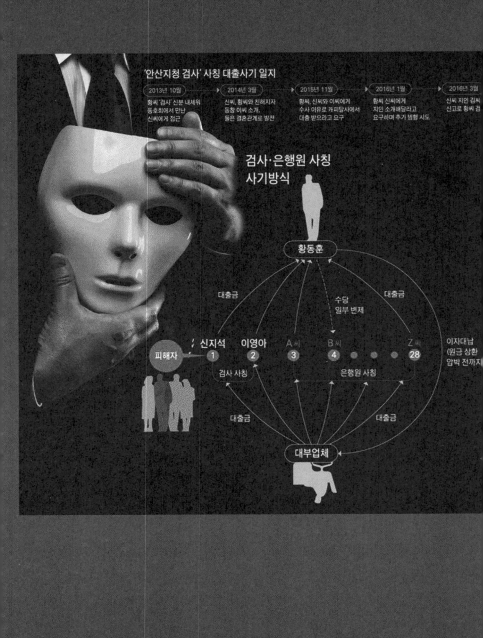

'안산지청 검사' 사칭 대출사기 일지

2013년 10월	2014년 3월	2015년 11월	2016년 1월	2016년 3월
황씨 '검사' 신분 내세워 동호회에서 만난 신씨에게 접근	신씨, 황씨와 친해지자 동창 이씨 소개. 둘은 결혼관계로 발전	황씨, 신씨와 이씨에게 수사 이유로 캐피탈사에서 대출 받으라고 요구	황씨 신씨에게 지인 소개해달라고 요구하며 추가 범행 시도	신씨 지인 김씨 신고로 황씨 검

검사·은행원 사칭
사기방식

황동훈

대출금   수당   대출금
              일부 변제

피해자 ← 신지석   이영아   A씨   B씨   Z씨   이자대납
         ①   ②   ③   ④   ㉘   (원금 상환
         검사 사칭   은행원 사칭   압박 전까지)

대출금   대출금

대부업체

끊이지 않는 공무원 사칭 사건

2017년 6월 국정원 직원이라고 사칭한 이 모(48세) 씨가 하도급 업체 대표에게 STX조선해양으로부터 받지 못한 대금을 받아주겠다며 3억 700만 원을 가로챘다. 징역 2년 형을 선고받았다.

2017년 10월 박 모(38세) 씨가 인천지방검찰청 검사 행세를 하면서 여자친구와 여자친구 아버지 등에게 검찰 매점 사업에 투자하라며 속여 1억 5000만 원을 편취했다. 징역 2년 6개월을 선고받았다.

2017년 12월 김 모(77세) 씨가 박근혜 전 대통령의 상임특보라면서 청와대에 취업을 청탁해준다며 7300만 원 상당의 금품을 수수했다. 징역 8개월에 집행유예 2년을 선고받았다.

2018년 2월 B씨가 한국토지주택공사에 파견된 국정원 산업기밀보호센터 직원이라면서 동창들에게 상가에 투자하라며 속여 7000만 원을 편취했다. 징역 8개월에 집행유예 2년을 선고받았다.

2018년 11월 박 모(61세) 씨가 청와대 비공식 조직인 정책국의 책임자라고 사칭하면서 대통령의 승인을 받고 지하 자금을 양성한다며 한 사람에게 1억여 원을 갈취했다. 징역 1년을 선고받았다.

2019년 5월 장 모(59세) 씨가 전직 검사라고 사칭하면서 50대 여성에게 접근해 연애를 하며 부동산 개발사업비 명목으로 4억 원을 갈취했다. 징역 4년을 선고받았다.

2019년 10월 경찰이라고 사칭한 A씨가 전국을 다니면서 행인 20여 명에게서 수사 명목으로 현금 3600만여 원을 갈취했다.

검사 사칭 대출 사기

사건 일지 _____

2013년 10월 황씨가 검사 신분을 내세우며 동호회에서 만난 신씨
에게 접근한다.

2014년 3월 신씨는 황씨와 친해지자 미혼이라던 황씨에게 동창
이씨를 소개한다. 이후 두 사람은 결혼을 약속하는 사
이로 발전한다.

2015년 11월 황씨는 신씨와 이씨에게 수사에 필요하다는 이유를
대면서 캐피털사에서 대출을 받으라고 요구한다. 이어
서 대출받은 돈을 자신에게 송금하면 수사가 끝난 뒤
대출 원금을 돌려주겠다고 한다.

2016년 1월 황씨가 신씨에게 지인들을 좀 더 소개해달라고 요구
하며 추가 범행을 시도한다.

3월 신씨의 회사 선배인 김씨가 황씨의 검사 신분을 의심
하게 되면서 범행이 들통 나고, 가면이 벗겨진 황씨는
결국 경찰에 검거된다.

공무원 사칭 사기

특정 공무원 신분을 내세워 돈을 요구하는 순간,
모든 게 가짜라는 신호

"공무원 사칭 사기는 전형적인 후진국형 사기다. 이런 사기가 여전히 통한다는 건 그만큼 한국 사회가 투명하지 않다고 보는 국민이 많다는 증거다."

이봉한 대전대 경찰학과 교수는 공무원 사칭 사기가 여전히 줄을 잇는 배경에 대해 이같이 말했다. 공무원 사칭 사기는 권력기관의 직원임을 내세워 금전 등을 요구하는 경우가 많은데, 군사정권 시대에나 통할 법한 이런 사기가 여전한 건 국민들 사이에 여전히 권력기관은 무소불위라는 인식이 깔려 있기 때문이라는 분석이다. 이교수는 이렇게도 꼬집어 말했다. "사칭범들은 자신이 엄청난 부를 좌지우지할 수 있는 것처럼 행세하는데 많은 국민이 어린 시절부터 권위에 길들여져 있다 보니 이를 의심하거나 따지지 못한다."

실제 문재인 정부에서도 청와대 사칭 사기가 잇따르며 '청와대 사기주의보'가 내려지기도 했다. 당시 '대통령비서실장이 뒤를 봐주는 대규모 투자'·(대통령비서실) 총무비서관이 돕는 해외 불법자금 인출' 등이라는 명목하에 금전 사기가 잇따르자, 이례적으로 대통령까지 나서 "도저히 이해하기 어려운 터무니없는 일이 벌어졌다. 국민께 소상히 알리라"고 특별 지시를 내리기도 했다.

공무원 사칭 사기를 당하지 않으려면 어떻게 해야 할까. 이교수는 다음과 같은 점을 조언했다. "특정 공무원 신분을 내세워 '이거 비밀인데 당신만 알고 있어라'는 식으로 꾀며 돈을 요구하는 순간은 모든 게 가짜라는 신호나 다름없다. 사칭범들은 피해자의 판단력을 흐리게 하려고 주로 자신을 정부 기관 내 비밀 조직 요원이거나 지하 자금 등 은밀한 프로젝트와 관련한 인물이라고 속인다."

이교수는 공무원 사칭 사기에 대해선 정부 차원의 대응이 필요하다고 주장했다. "국정원이 국가 안보 신고 전화(111)를 통해 직원 사칭에 관한 신고를 받듯 기관별로 사칭 사실을 편리하게 확인할 채널을 만들어야 한다. 공무원 사칭 사기범들은 재범률이 높은데 재범을 저지른 범죄자에 한해 신상을 공개하는 방안도 검토할 필요가 있다."

이런 행동을 하는 공무원, 일단 의심해보세요

- 공무원 신분을 내세우며 특정 업무를 해결해준다고 제안하는 사람
- 비밀 조직이나 특수 임무 등을 맡고 있다면서 수사에 쓸 돈이라며 도움을 요청하는 사람
- 공무원만 아는 고급 정보라며 고수익을 보장하는 투자 상품이라고 제안하는 사람
- 공무원증이나 상장 등을 보여주면서 직무에 도움을 준다는 식으로 접근하는 사람

검사 사칭 대출 사기

23

친인척 상대 여행상품권 환매 사기

"여행상품권 장당 14만 원 차익"
가족이라서 믿었던 꿈같은 수익률

"내 친구가 큰 여행사에 다니는데 여행상품권을 싸게 판대. 한 장을 사서 되팔 때마다 14만 원을 벌 수 있거든. 너도 해볼래?"

2018년 1월 전업 주부 A씨는 사촌 언니 B씨에게서 솔깃한 제 안을 받았다. B씨의 친구에게 100만 원짜리 상품권을 78만 원 에 사서 서울 강남고속버스터미널의 티켓나라에서 92만 원에 환 매하면 장당 14만 원이 남는 투자였다. 한 달간 수익률이 무려 18퍼센트에 이르는 단기 고수익 투자인 데다 어릴 때부터 친한 사촌 언니의 말이니 금방 관심이 갔다. B씨는 "장당 78만 원을 보내주면 14만 원을 얹어 92만 원을 돌려주겠다"고 했다.

A씨가 2000만 원을 입금하고 한 달이 지났다. A씨의 통장엔 B

씨의 말대로 투자 원금과 이익금을 합친 2498만 원이 찍혔다. 수익률은 거의 25퍼센트에 달했다. 애초 약속한 18퍼센트보다 7퍼센트포인트나 높았다.

그렇게 거래가 몇 차례 이어지던 무렵 B씨는 새로운 제안을 했다. "네 주변의 아는 사람들을 더 모아줄 수 있을까?"

정해진 날짜에 꼬박꼬박 투자금과 수익을 받았던 A씨는 친오빠의 아내 C씨에게 여행상품권 투자를 권유했다. 올케인 C씨 역시 가족 모임을 통해 남편의 사촌 동생인 B씨와 알고 지내던 사이였다. 시누이인 A씨가 어떤 식으로 돈을 벌었는지도 전해 들었다. C씨는 A씨의 제안을 수락했다. 2018년 1월부터 넉 달간 A씨와 C씨는 B씨에게서 10억 7000만여 원 상당의 여행상품권을 구입했다. '가족 사기극'이 탄로 나기 불과 한 달 전이었다.

서울양천경찰서 강명수 수사관은 2년 전 자신이 수사한 이 사건을 똑똑히 기억하고 있었다. 큰 여행사에 다니는 친구, 장당 14만 원을 남길 수 있는 여행상품권, 강남고속버스터미널에 있다는 티켓나라까지 하나같이 B씨가 지어낸 거짓말이었다. 온갖 사기 사건을 해결한 베테랑 수사관에게도 평범한 주부가 자신의 남편과 어머니까지 상대로 벌인 가족 사기극은 황당한 사건이었다.

'월 수익률 18퍼센트의 단기간 고수익 보장.' 길거리나 지하철역 화장실에서 흔히 볼 수 있는 전단지에나 나오는 꿈같은 얘기 같지만 그 허황된 말이 가족의 입을 통해 나올 때는 현실이 된다.

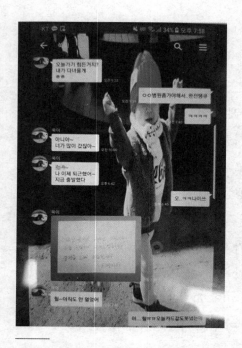

B씨가 듀얼넘버 서비스를 이용해 휴대폰 한 대로 조작한 가상의 친구와의 대화 내용.
사진 서울양천경찰서

경찰에 따르면 B씨는 그야말로 평범한 주부였다. 20대 중반에 결혼해 가정을 꾸리고 아이도 키웠다. 남편도 보통의 회사에 다니는 평범한 직장인이었다. 가족들 사이에서도 B씨는 유난히 조용하고 내성적인 성격으로 알려졌다. 학창 시절부터 말썽 한 번 일으킨 적 없는 모범생이었고 범죄 경력은 당연히 없었다. B씨가 누군가에게 사기를 칠 이유는 전혀 없었다. 적어도 2013년 2월 밀린 카드 대금 청구서가 날아들기 전까지는 말이다.

평범한 주부는 어떻게 6년간 260억 원대의 사기를 칠 수 있었

나. 사건은 단순한 거짓말에서 시작됐다. 경찰 조사에 따르면 B 씨의 첫 사기 대상은 여섯 살 많은 친언니였고 수법은 여행상품권 사기 때와 같았다. 처음엔 그저 밀린 카드 대금만 막고 말 생각이었는지 몰라도 목돈을 만진 뒤에도 범행을 이어갔다. 이후 가족은 B씨에게 가장 든든한 돈줄이 됐다. B씨의 손길은 어머니와 남편, 친척들에게로 뻗쳤다.

범행이 거듭되면서 수법도 대담해졌다. B씨는 투자한 가족들에게 전화를 걸어 수익금만 받고 원금은 다음 달에 재투자하라고 권유했다. 이번엔 78만 원을 받아서 14만 원을 돌려주고 64만 원은 고스란히 자기 몫으로 챙겼다.

이런 수법으로 2013년부터 2018년까지 12명에게 1066차례에 걸쳐 263억여 원을 받아 챙겼다. 피해자들은 평균적으로 21억여 원을 B씨에게 보냈다. 제일 많은 돈을 보낸 피해자는 2015년부터 거래를 시작한 B씨의 지인 D씨였다. D씨는 총 67억여 원어치의 여행상품권을 구입했다.

B씨는 범행 수익을 대부분 생활비로 탕진했다. 서울 양천구의 한 아파트를 구입할 때도 범행 수익에서 나온 돈 8500만 원을 보탰다.

여행상품권 사기를 시작하고 6년차에 접어들었을 때 B씨가 관리해야 할 돈은 무려 50억 원이 넘었다. 초범이 감당하기엔 꽤나 큰 액수였다. 누구한테 얼마를 받아왔고 누구에게 얼마를 줘야 하는지 철두철미하게 관리하지 않는 한 정확한 액수를 맞추기가 쉽지 않았다. 그래도 2018년까지는 별문제 없이 원금 상환이 이뤄졌다. 누군가 원금을 돌려달라고 하면 다른 사람이 투자한 돈으로 돌려 막았다.

주먹구구식으로 버텼지만 2018년부터 원금을 돌려달라는 요구가 부쩍 늘어나자 문제가 생겼다. 6년이라는 긴 시간 동안 피해자 7명의 원금으로 돌려 막은 탓에 통장은 메말라 있었다. 사촌 동생인 A씨와 그의 올케 C씨 등 5명이 B씨의 사기 행각에 말려든 것도 이 무렵이다. 새로운 피해자들이 생긴 2018년 1월부터 4월까지 매달 적게는 1억 원에서 많게는 8억 5000만여 원까지 총 16억여 원이 B씨의 계좌로 들어왔다.

그래도 원금 상환 요구를 모두 틀어막을 수는 없었다. 가족들의 성화가 높아지자 처음엔 아이가 아파서 이번 주는 일을 못 하게 됐다거나, 일회용 비밀번호 생성기(OPT)가 고장 나는 바람에 인터넷뱅킹을 하지 못했다고 둘러댔다. 강남고속버스터미널 티켓나라 사장이 상을 당해 장사를 하지 않는다는 구실을 만들기도 했다. 물론 티켓나라는 B씨가 만들어낸 허구의 가게였다. 가족의 의심을 달래기 위해 불이 꺼진 상점 하나를 골라 자신이 만든 공지문을 앞에 붙인 뒤 사진을 찍어서 보내기도 했다.

허술한 방식으로 의심을 피하는 것도 한두 번이었다. 특히 사기극이 절정에 치달았을 때 투자금을 건넨 C씨는 원금 지급 기일이 계속 밀리자 본격적으로 따지기 시작했다. 여행사 직원인

친구가 진짜로 존재하는지, 원금은 갖고 있는지 증명하라고 요구했다.

B씨는 휴대폰 한 대로 두 개의 전화번호를 사용할 수 있는 듀얼넘버 서비스를 이용해 여행사 친구와의 가상 대화를 만들어 보여주기도 했다. 가상의 인물이 '오늘은 (티켓나라에) 가기 힘든 거지? 내가 다녀올게ㅎㅎ'라고 하면 B씨가 'OO병원을 좀 가야 해서… 완전 땡큐ㅋㅋ'라고 답하는 식이었다. 심지어 통장 잔고를 찍은 이미지를 포토샵 작업을 통해 수정하기도 했다. 숫자 '0'을 몇 개 덧붙이는 방식으로 그럴듯하게 꾸며냈다.

가족이 원수가 되는 건 한순간이었다. B씨의 해명에도 원금 지급 기일이 차일피일 미뤄지자 피해자들의 인내심이 폭발했다. 사촌 동생 A씨가 2018년 5월 B씨를 잡아끌고 은행으로 갔다. 대기 번호표까지 뽑고 나니 그제야 B씨가 통장에 돈이 없다고 실토했다. 이번에는 여행사 친구가 돈을 주기로 약속했는데 연락이 안 된다고 핑계를 대며 휴대폰 문자메시지를 보여줬다. 하지만 가족들이 확인해보니 없는 전화번호였다.

속이 타들어가는 가족들이 다시 연락했지만 B씨는 만남을 회피했다. 찾아가도 불을 끈 채 집 안에 없는 척했다. 가족들이 이틀간 잠복 수사를 하듯 집 주변을 지킨 뒤에야 B씨를 만날 수 있었다. 가족들은 그를 대동하고 서울양천경찰서에 가서 고소장을 제출했다. 6년간 이어진 가족 사기극이 막을 내리는 순간이었다.

B씨는 피해자 12명에게서 263억여 원을 받아 18억여 원을 미지급한 것으로 드러났다. B씨의 남편과 어머니는 고소장을 제출하지 않아 피해자로 분류되지 않았다.

가장 큰 피해자인 사촌 오빠의 아내 C씨는 3억 7000만여 원을 날렸다. B씨가 허술히 돈을 관리한 탓에 돈을 번 사람도 3명이나 됐다. 가장 많이 번 사람은 9억여 원을 가져갔다. 엑셀 등을 이용해 돈 관리를 체계적으로 하지 않고 그때그때 상황을 모면하기 위해 원금을 지급하다 보니 피해자들 간에 피해액의 차이도 상당했다.

경찰은 B씨 남편과 어머니에 대한 공범 여부 수사도 진행했다. 가족을 상대로 한 사기라 최소한 그들은 알고 있지 않았겠느냐는 피해자들의 주장을 그냥 넘길 수 없었기 때문이다. 하지만 조사해보니 남편도 친구들에게서 돈을 빌려 7억 원가량 투자했다가 대부분 회수하지 못한 상태였다. 어머니도 8000만여 원의 손해를 입었다.

서울남부지방법원은 2018년 8월 B씨의 사기 혐의를 인정해 징역 4년을 선고했다. 재판부는 "편취한 돈을 생활비 등으로 소비하고 다른 사기 범행을 하지 않고는 원금 및 이익금을 지급할 수 없음을 잘 알고 있었는데도 범행을 계속한 점, 피해자들을 안심시키기 위해 적극적으로 거짓 사실과 정보를 고지해 피해를 가중시킨 점을 고려했다"고 밝혔다. 항소가 기각돼 1심 판결이 그대로 확정됐다.

B씨 사기 수법

A. 처음 몇차례는 투자금과 수익금 돌려주며 신뢰를 얻은 후

대형
여행사
친구

허구의 인물

① 100만원짜리
여행상품권을 78만원에
구입했다고 거짓말

범인
B씨

투자
②
③
장당 92만원에 팔았다며
수익금 송금
(장당 14만원 수익)

가족·
친척·
지인

↓

B. 투자금을 제외하고 새로운 피해자의 원금으로 돌려막기하며 수익금만 돌려줌

새로운
피해자

새로운 피해자가 투자한
원금으로 돌려 막기

범인
B씨

수익금만 돌려주고
원금 재투자 유도
④
⑤
원금재투자

가족·
친척·
지인

의심 받는 상황

| OTP가 고장 나 인터넷 뱅킹을 못했다 | ▶ 사실은 통장 잔고가 바닥 |

| 여행사 친구와의 메신저 대화 조작 | ▶ 듀얼넘버 기능으로 혼자 1인 2역 |

범인 A씨가 피해자들을
안심시키기 위해 휴대폰 한 대로
두 개의 전화번호를 사용할 수 있는
듀얼넘버 서비스를 이용해
만들어낸 허구의 인물과의 대화

| 통장 잔고 이미지 조작 | ▶ 포토샵으로 0을 몇 개 붙임 |

| 거래소 사장이 상 당해 거래 불가 | ▶ 무관한 상점에 공지문 붙이고 사진 촬영 |

B씨의 사기 수법

1. 처음 몇 차례는 투자금과 수익금을 돌려주며 신뢰를 얻는다. 범인 B씨는 허구의 인물인 대형 여행사에 다니는 친구에게서 100만 원짜리 여행상품권을 78만 원에 구입했다고 거짓말하면서 가족과 친척 등 지인들에게도 투자하라고 권한다. 이후 투자받은 돈으로 산 여행상품권을 장당 92만 원에 환매했다며 장당 14만 원의 수익금과 함께 돌려준다.

2. 이제 B씨는 가족과 친척들에게 수익금만 돌려주면서 원금은 재투자하라고 유도한다. 원금을 상환해달라는 요구가 들어오면 새로운 피해자에서 받은 투자금으로 돌려 막는다.

의심받은 상황

1. OTP가 고장 나 인터넷뱅킹을 하지 못했다. → 사실은 통장 잔고가 바닥난 상태였다.

2. 여행사 친구와의 메신저 대화 내용을 보여주었다. → 듀얼넘버 서비스에 가입해 혼자 1인 2역을 한 것이다.

3. 통장 잔고 이미지를 보여주었다. → 사실 포토샵으로 이미지에 0을 몇 개 붙여 조작했다.

4. 티켓나라 사장이 상을 당해 환매를 하지 못했다. → 아무 관련 없는 상점에 공지문을 붙이고 사진을 찍어 보냈다.

친족 대상 사기

가족이라도 비상식적인 투자 권유를 받으면 의심해야, 최악의 사태는 가족 해체

"가족 간에는 금전 거래를 하지 말라는 옛말도 있습니다. 친족 사이에 투자나 금전 거래를 할 때는 제3자와 거래할 때보다 더욱 신중히 접근해야 합니다."

서울양천경찰서 경제4팀 강명수 수사관은 2018년 평범한 주부가 저지른 260억 원대 여행상품권 환매 사기 사건을 떠올리며 이같이 조언했다. 그는 친족 사기 사건을 비롯한 각종 지능범죄와 강력범죄 사건까지 두루 다뤄본 16년차 베테랑 수사관이다.

강 수사관은 가족 사기 사건의 가장 큰 특징으로 사건 인지가 어렵다는 점을 꼽았다. 어릴 적부터 유대 관계를 맺어온 사이라서 쉽게 범행을 의심하지 못한다는 것이다. "가족 간의 사기는 일반 사기 사건들과 달리 믿음으로 형성된 특별한 신뢰 관계가

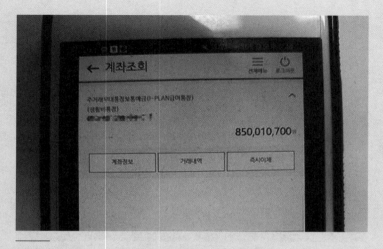

B씨가 피해자들을 안심시키기 위해 포토샵으로 숫자 '0'를 덧붙여 조작한 통장 잔고 이미지.
사진 서울양천경찰서

범행의 바탕이라 피해자는 당하면서도 인지하지 못하거나 나중에 알았다 해도 어떻게든 범행을 덮으려 하는 경향이 있다."

이런 특성으로 인해 피해자 수가 잘 파악되지 않고 시간이 가면서 피해 규모가 커지기도 한다. "사건 인지가 늦어지면 1차 사기 피해자가 2차 피해자를 낳는 식으로 피해가 확대된다. 결국엔 가족들 간의 신뢰가 무너진 뒤에야 범죄임을 인식하고 서로가 서로를 공범으로 의심하게 되는 경우까지 생긴다."

이번 여행상품권 환매 사기도 마찬가지였다. 가족뿐 아니라 그들의 지인들까지 줄줄이 범죄에 말려들었고, 수사가 시작된 이후에 피해자들은 피의자의 남편과 어머니가 공범일 가능성도 제기했다.

경찰청 통계에 따르면 최근 5년(2014~2018년)간 친족 대상 사기 범죄의 피해자는 매년 400명 이상씩 발생하고 있다. 피해자가 가족인 사기범을 지키려고 아예 신고 자체를 하지 않은 경우를 감안하면 실제 피해 규모는 더 커질 수 있다.

가족 간 사기가 의심되거나 피해를 입었다면 최대한 빨리 수사기관에 문의해야 한다. 피해가 확대되기 전에 멈추게 해야 가족 해체라는 최악의 사태를 막을 수 있다. 강수사관은 "아무리 가족이라고 해도 상식적이지 않은 투자 권유를 받으면 일단 의심부터 하는 게 무엇보다 중요하다"고 당부했다.

이런 경우 가족 사기를 의심해보세요

- 상식적인 범위를 넘어서는 수준의 단기간, 고수익 투자를 제안할 때
- 검증된 회사를 통하지 않고 개인이 중개하는 방식의 투자를 유도할 때
- 직접투자가 아닌 간접투자 형태로 투자자를 모집할 때
- 투자금에 대한 구체적 공시가 없는 투자 형태의 경우

24

피시방 패보기 사기도박

'컴퓨터 46만 대에 악성코드를 심어 상대 패 보며 게임'
전국 피시방을 해킹

'이 피시방에만 오면 왜 이렇게 쉽게 지는 걸까? 내 패를 훤히
아는 거 같다.' 2013년 40대 A씨는 충북의 한 피시방을 이용할
때마다 이런 의문을 떨치지 못했다. 포커와 섰다(화투장 두 장의 끗
수가 가장 높은 사람이 돈을 따는 노름)를 주로 했던 A씨의 게임방에
는 패를 전부 아는 듯한 참가자가 꼭 한 명씩 있었기 때문이다.
'일팔 광땡'(두 번째로 높은 패)이 들어와 판돈을 잔뜩 올리면 갑자
기 '암행어사'(광땡만 잡는 특수 패)를 꺼내는 식이었다.

한두 판이면 그러려니 했겠지만 몇 주째 같은 패턴이 반복되
자 A씨는 '패보기 도박'이 아닌지 의심하게 됐다. 당시엔 상대방
의 컴퓨터에 패를 볼 수 있는 악성코드를 심어놓고 온라인 사기

도박을 벌인다는 소문이 돌았다.

의심이 들어도 피시방 주인의 설명을 들어보면 도무지 있을 수 없는 일이었다. 해당 피시방은 일주일에 한 번 이상 백신 프로그램을 돌려 악성코드를 걸러낸다고 했다. 그렇다고 A씨가 피시방의 특정 컴퓨터만을 사용하는 것도 아니었다. 그날그날 빈자리가 나는 대로 아무 곳이나 앉았다. 누군가가 며칠 간격으로 USB를 들고 다니며 피시방의 모든 컴퓨터에 일일이 악성코드를 심지 않는 한 패보기 도박은 현실성이 없어 보였다.

그러나 A씨의 생각과 달리 해킹에는 한계가 없었다. 불가능해 보이던 '온라인 패보기 사기도박'의 실체는 3년 뒤 경찰 수사에서 드러났다. 주범 양 모(39세) 씨와 이 모(40세) 씨는 2013년 4월부터 전국의 피시방 7459곳의 컴퓨터 46만여 대에 악성코드를 유포한 혐의로 잇따라 법정에 섰다. 이들이 온라인 사기도박으로 벌어들인 돈은 40억 원에 달했다.

이들이 악성코드를 설치한 컴퓨터 46만여 대는 당시 피시방 전체 컴퓨터의 66퍼센트에 해당하는 규모였다. 2009년 북한의 디도스DDoS(분산 서비스 거부) 공격 당시 피해를 본 컴퓨터 27만 대를 가뿐히 뛰어넘었다. 고도로 훈련된 북한의 정예 해커들의 공격보다도 더 광범위한 악성코드 유포가 단 두 명의 주도하에 이뤄졌다.

경찰청 사이버테러수사팀과의 인터뷰와 주범 두 사람에 대한

법원 판결문 등을 종합하면 둘은 2010년에 게임 개발자와 투자자로 처음 만났다. 이씨는 16년차 개발자였지만 그리 성공적인 커리어를 갖고 있지 않았다. 게임 개발 회사 여러 곳에서 일한 후 자신의 회사를 차렸는데 고전을 면치 못했다. 단단한 외모를 가진 양씨는 대부업으로 수십억 원을 벌어들이며 자수성가한 사업가였다.

돈이 생기면 명예가 탐난다고 했던가. '정보·기술 분야 벤처 사업가'라는 직함을 갖고 싶었던 양씨는 지인을 통해 이씨를 소개받았고, 곧 이씨의 게임 회사에 8억 원을 투자했다.

투자자와 개발자 사이라는 합법적 관계는 그리 오래가지 않았다. 이씨가 사업에 실패하는 바람에 2013년 1월쯤 양씨의 투자금은 거의 바닥나게 됐다. 투자금은 어느새 '빚'으로 둔갑해 있었다. 양씨는 이씨에게 투자금을 상환하라며 으름장을 놨다. '빚 독촉'에 폭력이 동원된 건 아니었지만 단순한 개발자였던 이씨로선 큰 부담을 느꼈다.

양씨는 그런 이씨에게 온라인 사기 도박장을 운영하자고 제안했다. 안 그래도 투자금 상환 압박을 받고 있던 이씨로서는 거절하기 힘들었다. 이씨가 해야 할 일은 크게 두 가지였다. 상대 패를 보여주는 악성코드를 제작하는 것과 이를 유포하는 것이었다.

16년차 개발자였던 이씨에게 악성코드 제작은 일도 아니었다. 한 달도 채 걸리지 않아 상대방의 도박 게임 화면을 캡처해 실시간으로 자신의 피시에 전송하는 프로그램을 만들었다. 혹시 모

일당은 피시방 관리 프로그램 업체를 인수해 악성코드를 전국의 피시방에 유포했다.
사진 YTN 뉴스 화면 캡처

를 단속을 피하기 위해 캡처 사진을 전송하는 데 쓰이는 서버는 해외에 뒀다. 투박하지만 확실한 해킹 프로그램이었다.

문제는 악성코드를 유포할 방법을 찾는 일이었다. 악성코드를 개발했어도 표적 컴퓨터에 심을 수 없다면 모든 게 허사였다. 악성코드 유포는 모든 해커들이 가장 어려워하는 작업이다.

이씨가 보기에 피시방을 일일이 돌아다니며 악성코드를 하나씩 컴퓨터에 심는 방법은 너무 비효율적이었다. 품이 많이 들 뿐 아니라 애써 깐 악성코드가 백신 프로그램에 걸려 삭제되면 똑같은 작업을 반복해야 했다. 더 확실하고 세련된 방법을 찾아야 했다.

여기서 이씨의 아이디어가 반짝였다. 이씨는 양씨에게 '피시방 관리 프로그램' 업체를 인수하자고 제안했다. 모든 피시방 컴퓨터에는 컴퓨터를 관리하는 프로그램이 설치돼 있다. 요금을 계산하거나 게임을 업데이트할 때 쓴다. 특정 파일을 컴퓨터에 설치하는 것도 가능하다. 이 프로그램만 장악하면 언제든 버튼 하나로 관련 피시방의 모든 컴퓨터를 감염시킬 수 있다. 합법적 사업에는 실패한 이씨인데 애꿎은 타이밍에 '대담한 발상'이 나왔다.

2013년 3월쯤 양씨는 5억 원에 피시방 관리 프로그램 업체 P사를 인수했다. 오랫동안 게임 회사를 운영한 이력 덕에 인수 과정에서 어떤 의심도 받지 않았다. 피시방 관리 프로그램 업계가 과열 경쟁에 들어가기 직전이라 P사의 점유율은 상당했다. 전국 피시방의 40퍼센트 정도가 P사의 프로그램을 사용했다. '국내 최대 규모의 악성코드 유포'가 가능했던 배경이다.

이후 '사업'은 순탄히 흘러갔다. 어떤 피시방 주인도 관리 프로그램 업체가 악성코드를 유포하리라고는 상상조차 못 했다. 양씨와 이씨는 악성코드를 심은 뒤에 '패보기 도박장'을 여러 곳 만들었다. 100제곱미터(30평) 남짓한 공간에 컴퓨터 수십 대를 들여놓고 30대, 40대 남성으로 이뤄진 '선수들'을 고용했다. 선수들이 벌어들인 게임 머니는 '암환전'을 통해 현금화했다. 짜고 치는 다른 게이머에게 일부러 져서 대량으로 게임 머니를 넘긴 뒤 대포통장을 통해 현금으로 바꾸는 수법이었다.

이씨와 양씨에게 처음 위기가 찾아온 건 2014년 7월쯤이다. 서울서대문경찰서 수사팀이 패보기 도박장 중 한 곳을 덮친 것이다. 도박장 운영자와 선수 등이 체포됐지만 이때까지만 해도 사건의 전체 윤곽이 드러나지 않았다. 수사는 도박장 한 곳을 진압한 데서 멈췄다. 이후 양씨는 손을 털었다. 오랜 기간 그 바닥에서 사업을 해온 감각으로 '빠져야 할 때'가 됐음을 눈치 챘다.

반면 이씨는 욕심이 생겼다. 조금만 더 벌면 게임 회사를 다시 세울 수 있을 것이라고 봤다. 무엇보다 수법 자체가 교묘해 걸릴 가능성이 없다고 생각했을 수 있다. 결국 이씨는 1억 원을 주고 양씨에게서 P사를 넘겨받았다. 어느새 이씨는 게임 개발자에서 범죄의 총책으로 변신해 있었다.

이씨는 직접 함께 일할 선수들을 찾아 나섰다. 프로그램 시연까지 해가며 안정된 사업이니 함께 하자고 설득했다. 더 나아가 악성코드를 하드디스크에 영구 저장하는 방식에서 피시방 관리 프로그램을 업데이트할 때마다 개별 컴퓨터의 휘발성 메모리(램)에서 악성코드가 자동으로 활성됨으로써 아예 기록조차 남기지 않는 방식으로 개량했다. 유포 경로도 확장했다. 그렇게 도박장 두 곳을 운영하며 2년간 6억 원 정도를 벌어들였다.

꼬리가 길면 밟힌다는 옛말은 틀리지 않았다. 2015년 10월 경찰청 사이버테러수사팀에 제보가 들어왔다. 컴퓨터를 전공하는 한 대학생이 충북의 한 피시방 컴퓨터가 이상하다고 신고한 것이다. 김진환 수사팀장은 팀원 한 명과 해당 피시방을 찾아갔다. 겉보기엔 이상할 것 없는 컴퓨터였지만 분석 툴을 쓰자 특정 데

이터를 해외에 보내는 게 포착됐다. 3년간 숨어 있던 해킹 프로그램이 드러나는 순간이었다.

해킹을 확인한 경찰도 이씨의 치밀한 범행 탓에 전모를 파헤치기는 쉽지 않았다. 데이터 전송 서버가 해외에 있는 것이 가장 큰 난관이었다. 피시방 컴퓨터로부터 도박 게임 화면 사진을 전송받은 서버가 그 데이터를 다시 어디로 보내는지 파악하는 게 문제였다. 경찰이 서버가 있는 국가에 공조 수사를 요청했지만 이렇다 할 답변이 오지 않았다. 악성코드와 유포자를 잇는 다리가 끊긴 셈이었다.

경찰은 피시방 컴퓨터의 내부에서 거꾸로 추적해 올라가는 수사로 선회했다. 특히 주목한 건 백신 프로그램이었다. 백신 업체엔 앞선 3년간 악성코드를 찾아내 삭제하고, 악성코드가 재설치된 기록이 어딘가에 남아 있을 것이라고 생각했다. 피시방 컴퓨터들에 악성코드를 설치한 프로그램이 무엇인지 확인만 하면 유포자를 추정할 수 있다는 판단이었다.

경찰은 다수의 백신 업체에 협조를 요청해 관련 기록을 모을 수 있었다. 피시방 컴퓨터 46만여 대에 셀 수 없이 많이 설치된 악성코드들이 가리키는 건 단 하나, P사의 관리 프로그램이었다. 경찰은 P사가 악성코드 유포의 주범이라는 것을 확신했다.

2016년 1월 5일 김팀장과 수사관 20명은 서울과 인천 등의 패보기 도박장, 양씨와 이씨의 자택 등에 대한 대대적인 압수수색에 나섰다. 경찰이 들이닥쳤을 때까지도 이씨 일당은 사기도박에 열중하고 있었다.

그해 8월 서울중앙지방법원은 정보통신망법 위반 등 이씨가 총책을 맡은 시기의 범행에 대해 이씨에게 징역 2년 6월을 선고했다. 이듬해 항소심에서는 징역 2년으로 형량이 줄었다. 도주했던 양씨가 검거되고 2019년 1월 열린 1심에서 재판부는 양씨에게 징역 3년을, 양씨가 총책을 맡은 시기의 이씨의 범행에 대해 이씨에게 징역 6월을 선고했다. 이후 양씨는 "형이 너무 무겁다"고 항소했고, 항소심에서는 징역 1년 6월로 감형됐다.

이 사건은 외형상 패보기 사기도박이지만 핵심은 대규모 악성코드 유포에 있다. 게다가 평범한 개발자가 너무나 손쉽게 7000곳이 넘는 피시방의 컴퓨터 46만여 대에 악성코드를 깔았다. 만일 양씨와 이씨가 보고 싶었던 게 상대의 패가 아닌 피시방 이용자의 개인정보였다면 어땠을까.

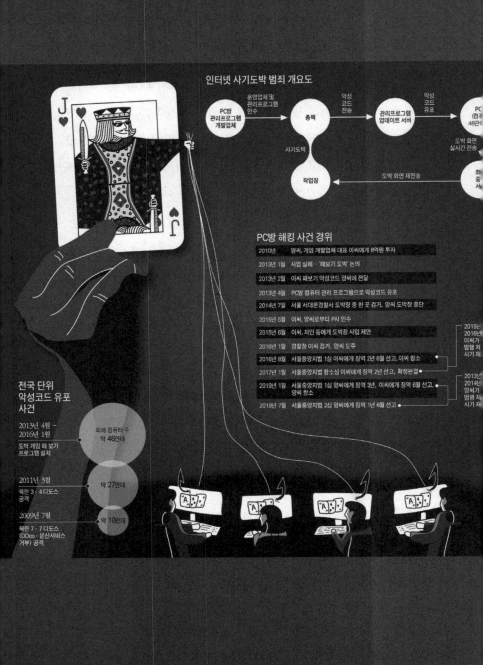

인터넷 사기도박 범죄 개요도

PC방 관리프로그램 개발업체 → 운영업체 및 관리프로그램 인수 → 총책 → 악성코드 전송 → 관리프로그램 업데이트 서버 → 악성코드 유포 → PC (도박 46만대)

총책 → 사기도박 → 작업장

작업장 ← 도박 화면 재전송 ← 화중 서

PC → 도박 화면 실시간 전송 → 화중 서

PC방 해킹 사건 경위

2010년	양씨, 게임 개발업체 대표 이씨에게 8억원 투자
2013년 1월	사업 실패… '패보기 도박' 논의
2013년 2월	이씨 패보기 악성코드 양씨에 전달
2013년 4월	PC방 컴퓨터 관리 프로그램으로 악성코드 유포
2014년 7월	서울 서대문경찰서 도박장 중 한 곳 검거, 양씨 도박장 중단
2015년 5월	이씨, 양씨로부터 P사 인수
2015년 6월	이씨, 지인 등에게 도박장 사업 제안
2016년 1월	경찰청 이씨 검거, 양씨 도주
2016년 8월	서울중앙지법 1심 이씨에게 징역 2년 6월 선고, 이씨 항소
2017년 1월	서울중앙지법 항소심 이씨에게 징역 2년 선고, 확정판결
2019년 1월	서울중앙지법 1심 양씨에게 징역 3년, 이씨에게 징역 6월 선고, 양씨 항소
2019년 7월	서울중앙지법 2심 양씨에게 징역 1년 6월 선고

2015년 2016년 이씨가 범행 저 시기 재

2013년 2014년 양씨가 범행 저 시기 재

전국 단위 악성코드 유포 사건

피해 컴퓨터 수

2013년 4월 ~ 2016년 1월
도박 게임 패 보기 프로그램 설치
약 46만대

2011년 3월
북한 3·4 디도스 공격
약 27만대

2009년 7월
북한 7·7 디도스 (DDos·분산서비스 거부) 공격
약 10만대

전국 단위 악성코드 유포 사건

2013년 4월부터 2016년 1월까지 도박 게임 패보기 프로그램 설치.
46만여 대 컴퓨터 피해

2011년 3월 4일 북한의 디도스 공격. 27만여 대 컴퓨터 피해

2009년 7월 7일 북한의 디도스 공격. 10만여 대 컴퓨터 피해

사건 일지 _____

2010년 양씨가 게임 개발 업체 대표인 이씨에게 8억 원을 투자한다.

2013년 1월 이씨가 사업에 실패하자 양씨가 자신의 투자금을 상환하라고 압박하는 한편 패보기 도박을 제안한다.

2월 이씨가 상대 패를 보여주는 악성코드를 제작해 양씨에게 전달한다.

4월 두 사람이 피시방 컴퓨터 관리 프로그램을 통해 악성코드를 유포한다.

2014년 7월 서울서대문경찰서가 패보기 도박장 중 한 곳을 찾아내 덮친다. 양씨는 이 일을 계기로 사업에서 손을 뗀다.

2015년 6월 이씨가 양씨로부터 컴퓨터 관리 프로그램 업체인 P사를 인수한다.

2016년 1월 경찰청이 이씨를 체포하고, 도주한 양씨는 놓친다.

8월 서울중앙지방법원이 1심에서 이씨에게 그가 총책을

맡은 시기(2015년 5월부터 2016년 1월까지)의 범행에 대해
징역 2년 6월을 선고한다.

2017년 1월   서울중앙지방법원이 항소심에서 이씨에게 징역 2년을
선고하고, 형이 확정된다.

2019년 1월   서울중앙지방법원이 1심에서 양씨에게 그가 총책을
맡은 시기(2013년 1월부터 2014년 6월까지)에 대해 징역
3년을, 같은 시기의 이씨의 범행에 대해 이씨에게 징
역 6월을 선고한다. 양씨는 항소한다.

7월   서울중앙지방법원은 항소심에서 양씨에게 징역 1년
6월을 선고한다.

인터넷 사기도박 범죄 개요

1. 총책이 피시방 관리 프로그램 업체를 인수한 뒤 관리 프로그램
을 받는다.

2. 이후 관리 프로그램 업데이트 서버에 악성코드를 전송한다.

3. 관리 프로그램을 통해 전국의 피시방에 악성코드를 유포한다.

4. 피시방에서 온라인 도박 당사자가 게임을 시작하면 도박 화면
이 실시간으로 화면 중계 서버에 전송된다.

5. 화면 중계 서버는 도박 화면을 사기도박 작업장에 재전송한다.

6. 작업장에 모인 '선수'들이 이렇게 전송된 화면을 보면서 사기
도박을 벌인다.

인터넷 사기도박

피시방 컴퓨터에선 개인정보 필요한 작업은 자제해야

"피시방이 무대인 범죄가 끊이지 않는다." 김진환 경찰청 사이버수사과 사이버테러수사팀장은 이렇게 조언했다. 김팀장은 컴퓨터공학을 전공한 뒤 관련 일을 하다가 사이버수사 특채로 경찰이 된 컴퓨터 전문가다. 전국 7459개 피시방의 컴퓨터 46만여 대에 악성코드를 심은 이번 '패보기 사기도박' 사건을 수사했다. 김팀장은 "패보기 사건을 단순한 사기도박으로 봐선 안 된다. 이면에 있는 악성코드 유포 방법과 규모에 주목해야 한다"고 강조했다.

피시방 관리 프로그램을 이용해 악성코드를 퍼뜨리는 사건은 계속 반복되고 있다. 2016년 11월 전남지방경찰청 지능범죄수사대는 전국 피시방 5200여 곳의 컴퓨터 41만여 대에 패보기 악성

서울의 한 피시방. 피시방에선 개인정보가 유출되지 않도록 유의해야 한다.

코드를 유포한 뒤 온라인 포커 도박을 통해 40억여 원을 가로챈 일당을 구속했다. 이때는 관리 업체를 통째로 사들이지는 않았지만 관련 프로그램을 해킹하는 것만으로도 악성코드를 유포할 수 있음을 보여준 사건이다. 많은 피시방이 컴퓨터 본체에 저장 장치를 두지 않고 전문 업체의 메인 서버를 통해 수백 대를 통합 관리하는 점을 노려 피시 수십만 대를 손쉽게 감염시킨 것이다.

2020년 2월 13일 서울동부지방검찰청 사이버수사부가 구속 기소한 피시방 관리 프로그램 개발 업체 대표 A씨 일당은 피시방 이용자들의 개인정보를 노렸다. 이들은 프로그램에 악성코드를 심어 피시방 이용자들의 인터넷 포털 사이트 아이디와 비밀번호 56만 개를 해킹한 뒤 한 건당 1만 원에 판매한 혐의를 받고 있다. 김팀장은 피시방에선 개인정보가 유출될 위험이 크다며 각별히 유의할 것을 당부했다.

"우려한 대로 개인정보를 빼내는 사건까지 발생했지만 아직까지 피시방 관리 프로그램 사업자를 검증할 만한 수단이 없다. 공공 기관에 쓰는 컴퓨터 관리 프로그램은 국가보안기술연구소 산하의 IT보안인증사무국 등에서 시행하는 평가·인증(CC인증)을 받아야 하지만, 소규모의 민간 업체인 피시방 관리 업체에는 이런 규제가 적용되지 않는다. 그런 곳에선 개인정보가 필요한 작업을 피해야 한다."

25

꿈을 짓밟은 '축구 입시 사기'

위장 전지훈련에 가짜 전용버스,
그들은 정식 축구부가 아닌 축구 동아리였다

"마침 내년에 수도권 대학에서 축구부를 새로 창단합니다. 아 드님이 지방에서 축구를 하기엔 아까운 실력이라고 들어서 이렇 게 말씀을 드리는 겁니다." 김순자(61세) 씨가 중·고등학교 축구 부 감독을 오랫동안 했던 A씨(60세)에게서 이런 제안을 들은 건 2010년 11월이었다. A씨는 학원 축구계에서 나름 이름이 난 노 령의 감독이었다. 그는 곧 경기도의 한 대학에서 새롭게 축구부 를 창단한다고 했다. A씨는 대한축구협회 로고가 박혀 있는 수 첩을 흔들면서 "이런 기회는 없다"며 김씨를 유혹했다.

당시 축구밖에 몰랐던 이대성(18세) 군은 홀몸인 김씨가 금지 옥엽으로 키운 하나뿐인 아들이다. 김씨는 축구선수가 되고 싶다는 아들의 꿈을 응원하고 싶었다. 매달 수십만 원이 넘는 훈련비에 명절 때마다 감독에게 줄 '떡값'까지 챙기느라 등골이 휘어져도 아들을 보며 버텼다.

A씨의 말을 전해 들은 이군의 마음은 흔들렸다. '지방대가 아니라 서울 근교 대학에서 축구를 계속하다 보면 다른 감독의 눈에 띄어 실업팀이라도, 운이 좋으면 하부 리그라도 갈 수 있겠지.' 이군은 꼭 박지성이나 이영표가 되지 못해도 좋았다. 프로축구팀 유니폼을 입을 수 있기를, 축구를 계속할 수만 있기를 바랐다. 그만큼 절박했다.

이듬해 3월 이군은 2011학번 P대학 스포츠경영학과에 입학해 새내기가 됐다. 감독인 A씨는 선수들과의 첫 만남에서 "우리 대학 축구부의 창단 멤버라는 자부심을 가져야 한다"고 큰소리를 쳤다. 이제 대학 축구부의 정식 선수가 된 만큼 적당히 할 생각은 버리라는 얘기였다. 학비를 대느라 고생하는 홀어머니를 생각하면서 이군은 더욱 두 주먹을 불끈 쥐었다. 축구를 하기 위해선 등록금 이외에도 매달 합숙비와 훈련비 명목으로 100만 원이 넘게 들었다.

입학식 전인 그해 1월 감독과 축구부 신입생 10여 명은 전남 해남으로 전지훈련을 다녀왔다. 새로 맞춘 파란색 상의와 흰색 하의로 이뤄진 유니폼을 받은 신입생들은 '정말 대학 선수가 됐구나' 하는 생각에 들떴다. 화려한 대학교 로고가 큼지막하게 박힌 축구부 전용버스도 있었다. 같은 곳으로 훈련을 온 다른 대학 축구부와의 연습 경기 스케줄도 빽빽이 잡혔다. 버스에 오른 신입생들은 "창단 멤버인 우리가 전국대회에서 사고 한번 치자"며 흥분을 감추지 못했다.

3월부터 본격적인 '캠퍼스 라이프'가 시작됐다. 수업과 훈련이 병행됐다. 전국대회에도 당당히 출전하고 여학생들과 미팅도 했다. 그즈음 이상한 점들이 하나둘 눈에 들어왔다. 다른 과 학생들과 다르게 축구부 신입생들만 별관에서 수업을 듣거나 숙소가 따로 없어 학교 근처에서 자취방을 구해야 했다. 가끔 경비업체에서 일하는 아르바이트도 가야 했다. 감독은 각종 행사에 선수들을 동원하며 "용돈을 챙겨주겠다"는 이유를 댔다. 이군을 비롯한 동기들은 의심을 거두지 못했지만 '축구부 생활이 다 이런 거겠지'라며 스스로를 위로했다.

치밀한 사기의 실체가 드러난 건 2011년 하반기였다. 난데없이 교육과학기술부가 P대학에 대한 감사에 돌입했다. 온종일 경비업체에서 아르바이트를 했다는 이야기를 들은 한 축구부원의 학부모가 미심쩍이 생각되어 교육과학기술부에 신고를 한 것이다. 감사 결과를 들은 이군과 동기들은 처음엔 귀를 의심했다. 알고 보니 그들은 P대학의 정식 입학생이 아닌 계약학과 교육생 신분이었다.

계약학과는 기업은 근로자 재교육을 위해 대학과 업무 협약을 체결하고 대학은 과정을 이수한 근로자에게 교육과학기술부의

2014년 8월 경찰이 공개한 축구 입시 사기 증거들. 피의자들이 선수의 부모를 속이기 위해 사용했던 대한축구협회 수첩, 금융거래내역서 등이 망라돼 있다. 사진 경기남부지방경찰청

승인 없이도 학사 학위 등을 부여하는 산학협력법상의 제도다. 대학은 정원 외 학생을 받아 재정을 채우고 해당 기업은 근로자를 재교육하라는 게 제도의 취지였다.

A씨는 이 점을 교묘히 이용했다. 경비업체 대표 B씨(42세)와 꾸며 우선 학생들을 직원으로 위장 취업시킨 뒤 대학에 계약학과를 개설해달라고 요구한 것이었다. 본래 업무인 경비와는 아무런 관련이 없는 스포츠경영학을 전공할 수 있도록 요청했고 대학은 이들의 요청을 받아들였다. 이를 통해 B씨는 경비원 수를 크게 늘리게 됨으로써 대형 계약을 따낼 수 있었고, A씨는 합숙비와 훈련비, 회비 등을 개인적으로 유용했다.

이군은 대학의 정식 축구부가 아닌 계약학과의 축구 동아리원이었던 셈이다. 대한축구협회에 정식으로 등록된 대학 선수도 아니었다. 유니폼을 맞춰 입고 전용버스를 이용하는 것 모두 A 씨가 꾸민 자작극이었다.

1년도 안 돼 P대학 스포츠경영학과는 폐지됐다. 황당한 일이 었다. 대학은 뒷말이 무성해질 것을 우려해 갈 곳 없는 학생들에 게 "다른 전공으로 전과해 졸업할 수 있도록 해주겠다"는 구제 안을 내놨다. 하지만 실망한 이군은 "축구가 아니면 의미가 없 다"며 군 입대를 선택했다. 아들의 꿈이 사그라지는 걸 지켜본 김씨는 "한순간의 실수로 아들의 인생을 망친 것 같아 하늘이 무 너지는 줄 알았다"고 당시의 심정을 표현했다.

나중에 드러나지만 A씨는 이후에도 비슷한 수법의 사기를 이어갔다. 다른 두 대학에서 같은 방식으로 계약학과를 개설해 2013년 10월까지 피해자 55명에게서 8억 1000만 원을 챙겼다. 1년마다 다른 대학으로 넘어가 계획을 꾸미는 '갈아타기'식 범행 이었다. 일부 학부모는 "이번엔 진짜 정식 축구부"라는 A씨의 말 에 세 번 연속으로 속기도 했다. 부모들 대부분은 A씨의 입김에 자식의 장래가 막힐까 봐 경찰에 신고도 하지 못하고 혼자서 끙 끙 앓았다. 경찰 수사가 대대적으로 진행돼 범행의 전모가 확인 된 때는 P대학 사건이 발생하고 4년이 지난 2014년이다.

당시 사건을 수사했던 고혁수 경기남부지방경찰청 광역수사 대장(당시 강력2팀장)은 2014년 체육계를 발칵 뒤집었던 축구 입 시 비리를 이렇게 되짚었다. 그해 1월 들어온 한 건의 제보로 내사가 시작되었다.

"Q대학 축구부 감독이 제가 모시는 감독님으로 바뀌는데, 아드님을 특기생으로 선발할 수 있답니다. 그러려면 대학 이사장도 만나고 해야 하니 떡값 명목의 돈이 필요합니다."

축구선수 출신의 브로커 C씨(32세)가 대학 축구부 감독 내정자라는 D씨(52세)를 선수들 부모에게 이렇게 소개하며 뒷돈을 요구했다는 제보였다. D씨는 대학 설립자의 사위인 E씨(83세)를 보증인으로 내세웠다. 전형적인 축구 입시 사기였다.

이 사건에 엮인 피해자는 확인된 사람만 24명이었다. 더 나아가 경찰이 브로커 C씨를 추적해보니 범행이 한두 건이 아니었다. 그동안 숨겨져 있던 '사기의 고리'가 고구마 줄기처럼 줄줄이 드러났다.

C씨는 인맥을 이용해 프로구단에 입단시켜주겠다며 입단비 명목으로 금품을 받아 챙긴 현직 대학교수 F씨(60세)에게 선수를 소개하기도 했다. 계약학과를 악용한 A씨의 사기도 그중 하나였다. 경찰이 C씨를 검거하면서 별개로 보였던 A씨, D씨, F씨가 연루된 세 갈래 사기들이 거대한 퍼즐로 완성됐다.

사건은 눈덩이처럼 커졌다. 피의자만 19명에 공식 수사 기간은 7개월을 넘겼다. 피해자는 총 81명에 피해 금액은 20억 원에 달했다. 피해자들은 서울부터 부산까지 광범위하게 흩어져 있었다. 진술을 모으기 위해 수사관들은 전국 방방곡곡을 돌아다녔다. 선수 부모와 브로커가 만난 카페들을 수소문해 금품을 주고

받은 정황을 입수하고, 압수수색에 나서 대포통장을 확보함으로써 증거를 쌓았다.

수사관들은 피해자들의 억울한 사연을 하나하나 접하는 동안 "패씸해서라도 꼭 잡겠다"는 의지를 불태웠다. 하반신 장애를 가진 한 어머니는 아들만은 성공했으면 하는 마음에 이들에게 넘어가 1억 5000만 원을 날리기도 했다. 친형제가 같은 수법에 당해 둘 다 축구를 포기한 경우도 있었다. 사기를 당한 충격에 부모와 자녀 모두 정신과 치료를 받는 일은 비일비재했다.

물론 경찰의 끈질긴 설득에도 진술을 거부하는 학부모들도 적지 않았다. 자녀 앞에 장밋빛 미래가 펼쳐져 있다고 믿고 있다가 갑자기 나타난 경찰이 전부 사기라고 하니 선뜻 받아들이기 어려웠다. 수사에 협조했다가 축구계에서 그대로 '매장'되는 것 아닌지 앞뒤로 재보기도 했다. 피의자 대부분이 축구계 선후배이자 사제 간이어서 끈끈한 인맥을 이루고 있었기 때문이다. 주범인 브로커 C씨도 감독 내정자 행세를 한 D씨나 현직 교수인 F씨의 제자였다. 일부 학부모들은 범죄에 연루돼 수사를 받아도 선수 출신 감독과 브로커들의 '영향력'이 여전하리라고 생각했다. '우리도 입시 비리의 공범'이라는 죄책감에 처음부터 진술을 거부한 학부모도 있었다. 고대장에 따르면 당시 추산한 피해자가 200명 가까이 됐지만 그중 절반 이상이 수사에 협조하기를 거부했다.

피해자들이 여러 사정상 입을 닫을수록 피의자들은 더욱 뻔뻔하게 나왔다. 경찰 조사에서 하나같이 "아이들을 축구선수로 만들기 위해 최선을 다했다" "빌린 돈일 뿐 갚을 생각이었다"고 입을 맞춰 진술했다. 그러곤 뒤에서 부모들을 따로 만나 "곧 다른 대학의 체육특기생 자리를 꼭 알아봐주겠다"는 식으로 회유했다.

경찰 수사의 막바지에 이것도 당장 빠져나가기 위한 거짓말로 드러났다. 피해를 입은 선수 중 대학이나 프로구단에 정식 입학하거나 입단한 선수는 한 명도 없었다. 심지어 D씨는 '남의 자식'의 꿈을 판 돈으로 독일에서 유학 중인 자신의 아들에게 매달 유학비 250만~300만 원을 송금하기도 했다.

수원지방법원은 2014년 10월 사기 혐의로 기소된 C씨 등 3명에게 각각 징역 1년 6월에서 2년까지를 선고했다. 당시 재판부는 "피고인들이 잘못을 뉘우치고 있지만 범행 액수가 크고 아직 복구되지 않은 피해가 많아 실형 선고가 불가피하다"고 양형 이유를 밝혔다. 2015년 11월 대학교수 F씨에겐 집행유예가 선고됐다. 3년간 학부모 9명에게서 19회에 걸쳐 3억 1950만 원을 챙겼지만 피해자들이 처벌불원서를 제출한 점이 인정돼 실형을 피했다.

사건 이후 대학의 계약학과 제도는 개선됐다. 2015년 11월 교육부는 계약학과가 위장 취업에 악용되는 것을 막기 위해 기업에 9개월 이상 재직한 근로자만 입학이 가능하도록 자격 요건을 강화했다. 고대장은 "축구 입시 사기는 선수와 부모의 꿈을 인질로 삼는 아주 질이 나쁜 범죄"라고 강조했다.

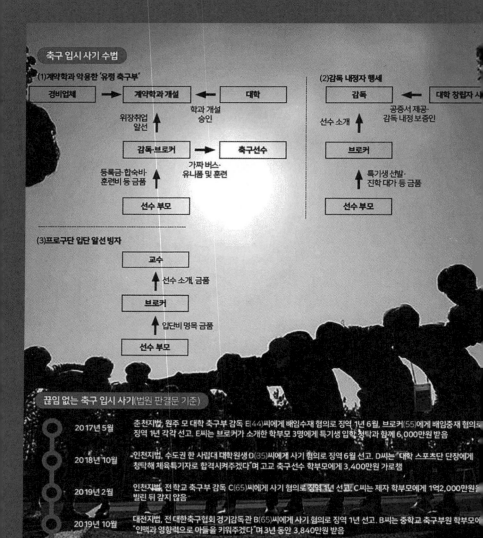

축구 입시 사기 수법

(1)계약학과 악용한 '유령 축구부'

경비업체 → 계약학과 개설 ← 대학

학과 개설 승인

위장취업 알선 ↑

감독·브로커 → 축구선수

등록금·합숙비· 훈련비 등 금품 ↑　가짜 버스· 유니폼 및 훈련

선수 부모

(2)감독 내정자 행세

감독 ← 대학 창단자 사○

공중서 제공· 감독 내정보증인

선수 소개 ↑

브로커

↑ 특기생 선발· 진학 대 등 금품

선수 부모

(3)프로구단 입단 알선 빙자

교수

↑ 선수 소개 금품

브로커

↑ 입단비 명목 금품

선수 부모

끊임없는 축구 입시 사기 (법원 판결문 기준)

2017년 5월	춘천지법, 원주 모 대학 축구부 감독 E(44)씨에게 배임수재 혐의로 징역 1년 6월, 브로커(55)에게 배임중재 혐의로 징역 1년 각각 선고. E씨는 브로커가 소개한 학부모 3명에게 특기생 입학 청탁과 함께 6,000만원 받음
2018년 10월	인천지법, 수도권 한 사립대 대학원생 D(35)씨에게 사기 혐의로 징역 6월 선고. D씨는 "대학 스포츠단 단장에게 청탁해 체육특기자로 합격시켜주겠다"며 고교 축구선수 학부모에게 3,400만원 가로챔
2019년 2월	인천지법, 전 학교 축구부 감독 C(65)씨에게 사기 혐의로 징역 1년 선고. C씨는 제자 학부모에게 1억2,000만원을 빌린 뒤 갚지 않음
2019년 10월	대전지법, 전대한축구협회 경기감독관 B(65)씨에게 사기 혐의로 징역 1년 선고. B씨는 중학교 축구부원 학부모에게 "인맥과 영향력으로 아들을 키워주겠다"며 3년 동안 3,840만원 받음
올해 1월	서울동부지법, 대구 한 사립대 축구부 전 감독 A(67)씨에게 사기 혐의로 벌금 700만원 선고. A씨는 고교 축구선수 학부모에게 체육특기생 입학이 가능하다고 속여 4,000만원 챙김

끊임없는 축구 입시 사기(판결문 기준)

2017년 5월: 춘천지방법원은 원주에 있는 한 대학의 축구부 감독 E씨에 대해 배임수재 혐의를 인정해 징역 1년 6월을, 브로커에겐 배임중재 혐의로 징역 1년을 각각 선고했다. E씨는 브로커가 소개한 학부모 3명에게 체육특기생 자격으로 입학시켜준다며 그 대가로 6000만 원을 받았다.

2018년 10월: 인천지방법원은 수도권 한 사립대의 대학원생 D씨에 대해 사기 혐의를 인정해 징역 6월을 선고했다. D씨는 "대학 스포츠단 단장에게 청탁해 체육특기자로 합격시켜주겠다"며 고교 축구선수 학부모에게 3400만 원을 받아 가로챘다.

2019년 2월: 인천지방법원은 전 학교 축구부 감독 C씨에 대해 사기 혐의로 징역 1년을 선고했다. C씨는 제자를 통해 만난 학부모에게 1억 2000만 원을 빌린 뒤 갚지 않았다.

2019년 10월: 대전지방법원은 전 대한축구협회 경기감독관 B씨에 대해 사기 혐의를 인정해 징역 1년을 선고했다. B씨는 중학교 축구부원 학부모에게 "인맥과 영향력을 동원해 아들을 키워주겠다"며 3년 동안 3840만 원을 받았다.

2020년 1월: 서울동부지방법원은 대구의 한 사립대 축구부 전 감독 A씨에 대해 사기 혐의를 인정해 벌금 700만 원을 선고했다. A씨는 고교 축구선수 학부모에게 체육특기생 입학이 가능하다고 속여 4000만 원을 챙겼다.

체육계 입시 사기

'고등학교 축구부는 감독이 왕'
폐쇄적인 구조에 싹트는 입시 비리

대학에 체육특기생으로 입학시켜주겠다고 빙자해 선수 부모에게 금품을 뜯어내는 축구계 입시 사기는 잊을 만하면 반복된다. 서울동부지방법원은 2020년 1월 수년간 경북의 한 사립대 축구팀 감독을 지낸, 유명 골프선수의 부친에게 벌금 700만 원을 선고했다. 특기생으로 선발해준다고 고교 선수 학부모를 속여 4000만 원을 챙긴 혐의(사기)다. 2018년 10월에는 수도권의 한 사립대 대학원생이 비슷한 수법으로 3400만 원을 받아 징역 6월에 처해졌다. 같은 해 2월 인천지방법원도 뇌물 혐의로 기소된 전 인천대 교수에게 징역 5년과 벌금 1억 원을 선고하고 5000만 원 추징을 명령했다. 당시 이 교수는 인천의 모 고교 축구선수의 아버지에게서 두 차례에 걸쳐 5000만 원을 받았다.

체육계 입시 사기가 반복되는 건 폐쇄적인 학원 축구 시스템과 경기 실적만을 평가해 신입생을 뽑는 체육특기자 제도의 폐단이 맞물린 탓이다. 중·고등학교 축구팀에서는 선수 출전 여부를 결정하는 감독이 무소불위의 권력을 휘두른다. 전국대회에서 몇 분을 뛰었느냐가 대입 당락에 결정적이라 선수부터 부모까지 감독의 요구를 무시할 수 없다.

1972년에 학교 현장에 도입된 체육특기자 제도에는 이른바 '감독 티오TO(일정 규칙으로 정한 인원)'도 존재한다. 대학 감독이 임의로 선수를 선발할 권한을 갖는 것이다. "어느 대학 감독이랑 친하다"는 브로커의 유혹에 학부모들이 흔들리는 것은 이 때문이다. 고혁수 경기남부지방경찰청 광역수사대장도 이런 구조를 지적했다.

"체육특기자 전형은 거의 선수의 전국대회 성적과 출전 시간만 보고 판단하는 경향이 강하다. 그 때문에 막강한 권한을 가진 고등학교 감독의 눈 밖에 나지 않기 위해 학부모는 그들이 요구하는 금품과 향응을 울며 겨자 먹기로 제공할 수밖에 없다."

대학교수와 감독, 지역 축구협회 회장 등이 모두 축구계 선후배인 까닭에 사기 행위가 좀처럼 수면 위로 드러나지 않는 점도 부인할 수 없다. 학부모들은 피해 사실과 진실을 숨기고 싶어 숨기는 게 아니다. 자식이 축구를 포기하고 다른 삶을 살지 않는 이상 계속해 불이익을 받을 것이라고 짐작하고 노심초사하다가 끝내 자질 없는 감독에게 고개를 숙이는 것이다. 학부모들이 보기

폐쇄적인 학원 체육 시스템과 체육특기자 제도의 폐단이 맞물리면서 체육계 입시 비리가 반복되고 있다.

에, 수억 원대의 축구부 운영비를 횡령하고 학부모를 성폭행한 혐의로 구속돼 서울중앙지방법원에서 재판을 받고 있는 정종선 전 한국고등학교축구연맹 회장의 사건도 이런 폐쇄적 구조의 연장선에 있다.

체육계는 2017년 정유라 씨의 대학 부정 입학 사건을 계기로 자정 노력에 나섰다. 체육 분야 구조를 혁신하기 위해 발족된 스포츠혁신위원회는 2019년 6월 경기 실적 중심의 체육특기자 진학 시스템을 경기력과 내신 성적, 출결, 면접 등이 반영된 종합 시스템으로 전환하는 권고안을 발표했다. 체육특기자가 고등학교에 진학할 때 최저학력제를 적용하고, 경기 실적만으로 선수를 선발하는 사전 스카우트 제도를 금지할 것도 촉구했다. 대한축구협회는 2014년 4월 비윤리적 행위를 근절하는 방편으로 온라인 신문고를 설치해 각종 비리 행위에 대한 신고를 받고 있다.

26

진돗개 숭배 집단 살인 사건

"애가 귀신 들려 진돗개님이 짖어"
비정한 모정 뒤엔 사이비 교주의 착취가

"아들을 잃어버렸어요."

2014년 8월 14일 오후 1시 182경찰민원콜센터에 아동이 실종
됐다는 신고가 들어왔다. 당시 세 살배기였던 김 모 군을 잃어버
렸다는 최선미(39세) 씨는 182에 신고한 직후 서울강서경찰서 형
사과 실종수사팀으로 찾아왔다. 실종수사팀 수사관은 혈육을 잃
고 흐느끼는 최씨를 보면서 '뭔가 이상하다'고 생각했다. 그해
7월 12일에 아들을 잃어버렸다는 것부터가 그랬다. 무려 한 달이
지난 뒤에 신고한 것이다. 실종 신고를 늦게 한 이유를 묻자 최씨
는 "충분히 혼자 찾을 수 있을 것 같았다"고 했다. 게다가 182에
신고한 것도 최씨 여동생의 권유에 따른 것이었다.

노련한 수사관들에게는 의문투성이로 보였어도 실종 신고인 만큼 김군의 행방을 찾는 게 급선무였다. 최씨가 말한 실종 장소에서 주변에 설치된 CCTV부터 뒤졌다. 최씨나 김군이 찍힌 영상은 나오지 않았다. 수사관들은 최씨의 가족과 지인들을 탐문하고 경기 지역의 아동보호 시설 140여 곳에 전단지를 돌렸지만 김군의 흔적은 찾을 수 없었다.

닷새 뒤 사건이 실종수사팀에서 강력4팀으로 넘어가면서 전담팀이 변경됐다. 이후 5개월간 김군의 행방을 계속 찾았어도 단서 하나 발견되지 않았고, 결국 2015년 1월 19일 김군 실종 사건은 미제 사건으로 전환됐다. 나중에 드러난 사실이지만 애초부터 경찰이 김군을 찾는 일은 불가능했다. 최씨가 잃어버렸다고 신고하기 전 김군은 이미 이 세상 사람이 아니었다.

2016년 2월 15일 서울강서경찰서는 장기실종아동 점검회의에서 김군 사건에 대한 수사를 재개하기로 결정했다. 운명의 장난인지 사건은 강력3팀에 배당됐다. 1년여 전 김군의 실종에 의문을 품었던 김민성(현 서울강서경찰서 강력1팀장) 실종수사팀장이 당시 강력3팀을 맡고 있었다. 최근 서울강서경찰서에서 만난 김팀장은 당시를 이렇게 회고했다. "최씨의 실종 신고가 늦었고, 참고인들의 진술에 일관성이 없었다. 김군을 둘러싸고 범죄가 발생했을 것 같은 느낌이 들었다."

베테랑 형사의 직감만으로 수사에 착수할 수는 없었다. 김팀

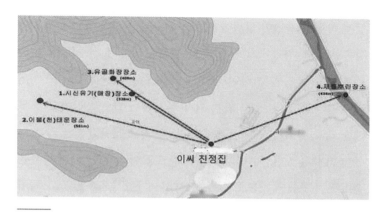

진돗개 숭배 집단이 김군의 시신을 유기하고 화장한 전주의 야산 일대. 사진 서울강서경찰서

장은 우선 서울지방경찰청 소속 프로파일러에게 과거 실종수사 팀에서 수집한 최씨와 주변 인물들의 진술서를 보내 자문을 구했다. 아니나 다를까 김팀장의 직감이 맞았다. 프로파일러는 최씨가 주장한 김군 실종 일시가 불명확하고 주변 인물들의 행적도 질문에 따라 달라졌다고 분석했다.

확신을 얻은 경찰은 본격적으로 수사에 뛰어들었다. 우선 최씨가 아들을 잃어버렸다는 날을 전후해 보름치 통화 내역을 분석했다. 최씨가 전화를 한 이들에게서는 한 가지 공통점이 발견됐다. 모두 강서구의 한 다가구주택에 모여 사는 공동체 소속이었다. 이 공동체는 전북 전주에서도 진돗개 수십 마리를 키우고 있었다.

경찰은 진돗개를 키우는 이 공동체의 실체를 파악하려 했지만 베일에 싸인 그들의 정체는 좀처럼 드러나지 않았다. 한때 공동체에 속했거나 이미 탈퇴한 이들을 1년 넘는 시간 동안 끈질기게 접촉한 끝에 경찰에게 기회가 찾아왔다. 서울과 전주의 공동 숙소를 오가며 잡일을 하던 평신도 박화순(69세) 씨의 딸이 "어머니가 아파서 일을 할 수 없게 되자 쫓겨나듯 집으로 돌아왔다"고 전한 게 실마리가 됐다. 경찰은 바로 박씨를 찾아갔지만 입은 쉽게 열리지 않았다. 10여 차례 방문하고 딸이 설득한 끝에 박씨는 "2014년 7월쯤 폭행으로 죽은 아이의 시신을 매장했다"고 털어놨다.

박씨의 진술을 확보한 경찰은 2017년 4월 7일 김군의 친모 최씨를 검거했다. 이틀 뒤엔 공동체의 우두머리인 김하순(51세) 씨 등 일당도 순차적으로 붙잡았다. 김군 실종 신고가 접수된 지 3년쯤 만에 사건의 전모가 밝혀졌다. 이들의 공동체는 진돗개를 숭배하는 사이비 종교였고, 김씨가 교주였다.

경찰 수사에 따르면 최씨는 2014년 2월 6년간의 결혼 생활을 청산하고 여섯 살짜리 딸과 김군을 데리고 집을 나왔다. 최씨의 수중에는 남편에게서 이혼할 때 받은 위자료 3000만 원과 매달 입금될 예정인 양육비 100만 원이 전부였다. 당장 오갈 데가 없던 최씨에게 한 통의 전화가 걸려왔다. 과거 다른 종교 단체에 속했을 때 중간 관리자로 활동하던 김하순 씨였다.

김씨는 평신도였던 최씨의 입장에선 우러러보던 존재였다. 그런 김씨가 새로 만든 '왕국'으로 오라는 제안을 했다. 최씨는 일

말의 고민도 없이 아이 둘을 데리고 김씨의 진돗개 숭배 집단에
들어갔다.

김씨는 마음이 맞는 이전 종교 단체 신도들을 모아 2012년 공
동체 생활을 시작했다. 수십 마리의 진돗개를 "진돗개님"이라고
부르며 영물로 떠받들었다. 공동생활을 하는 집의 옥상에 진돗
개 사당을 만들었고, 진돗개를 유모차에 태워 다녔다. 진돗개를
업어 키우는 것도 이들에게는 일상이었다.

김군의 죽음도 진돗개를 숭배하는 비상식적인 생활에서 비롯
됐다. 진돗개들이 김군을 향해 짖자 김씨는 "애가 귀신이 들려
진돗개님이 짖는다"며 학대하기 시작했다. 처음엔 밥을 굶기는
수준이었지만 나중엔 효자손이나 파리채, 주걱 등으로 폭행하는
등 학대의 정도가 심해졌다.

2014년 7월 7일 김군은 온몸에 멍이 든 상태로 세상을 떠났다.
전날부터 하루 종일 굶으며 잠도 자지 못했던 아이에게 김씨는
오전 9시부터 11시 10분 사이 또 모진 매를 퍼부었다. 키는 1미
터가 안 됐고 몸무게는 12킬로그램에 불과했던 김군의 몸은 축
늘어졌다. 옆에서 말없이 지켜만 보던 어머니 최씨는 그제야 김
군을 안아 방에 뉘였다. 최씨가 미음을 먹이려 했지만 아이는 그
후 2시간 만에 눈을 감았다. 참혹한 죽음이었다.

김군의 사망일과 암매장 경위가 확인되자 경찰이 의문을 품었
던 마지막 퍼즐도 맞춰졌다. 최씨가 김군의 실종 날짜를 사망한

날보다 닷새나 늦춰 신고한 이유는 결국 시신 처리 때문이었다. 그 닷새 동안 김군의 흔적은 세상에서 완전히 사라졌다.

아이가 숨지자 김씨는 최씨와 공동체 일원인 이민(44세) 씨를 불러 "전주에 가서 애를 묻자"고 제안했다. 이씨는 김씨와 함께 관리자 역할을 하면서 서울의 집과 전주의 친정집도 공동 숙소로 제공한 인물이다. 이씨의 친정집이 야산 근처에 있어서 진돗개 수십 마리를 기르는 이들의 공동 숙소가 됐다.

최씨와 이씨가 동의하자 김씨는 당시 전주에 있던 박화순 씨에게 전화해 "지난번 야산에 염소를 묻었던 자리를 다시 파놓아라"고 명령했다. 김씨는 최씨, 이씨와 함께 김군의 시신을 차 트렁크에 싣고 전주 야산으로 내려갔다. 이들은 김군의 시신을 이미 매장했던 염소 옆에 나란히 놓고 흙을 덮은 뒤 땅을 평평히 다졌다.

김군이 사망하고 사흘이 지나 김씨 일당에게 예상치 못한 일이 발생했다. 전주에서 진돗개를 기르던 이씨의 남편 안무수 씨에게서 전화 한 통이 온 것이다. 안씨는 시신을 묻었던 곳에 멧돼지가 나타나 이웃 주민이 경찰에 신고했다고 다급히 전했다.

김씨 일당은 부랴부랴 전주의 야산으로 달려가 김군의 시신을 파낸 뒤 현장에서 2시간 동안 불법 화장을 했다. 유골과 재는 전북 임실의 섬진강에 뿌렸다. 이렇게 김군의 존재를 세상에서 지워버린 날이 7월 12일이다. 이날을 기점으로 경찰이 아무리 찾아도 김군의 흔적은 나올 수가 없었다. 김군은 죽어서도 엄마에게 버림받은 셈이었다.

김군 사건은 최씨가 솔직히 밝혔다면 해결하는 데 3년이나 걸릴 사안이 아니었다. 하지만 아들의 죽음을 외면한 최씨는 다른 신도들과 함께 시신을 없앴고 경찰에서는 거짓 진술을 해 수사에 혼선을 줬다. 온갖 강력사건을 경험한 경찰들까지 혀를 내두르게 만든 비정한 모정 뒤에는 오랜 세월 최씨를 뼛속까지 지배한 사이비 종교가 자리 잡고 있었다.

경찰 수사와 법원 판결문 등을 종합하면 최씨는 20대 초반에 동생 둘을 데리고 전남 함평에서 상경한 뒤 다단계 사업에 빠져들었다. 사업은 잘 안 돼서 수천만 원을 갚지 못했다. 끊임없는 빚 독촉에 시달리던 최씨에게 김씨가 손을 내밀었다. 김씨는 아픔을 어루만지듯 항상 최씨 곁을 맴돌았다.

점차 최씨는 김씨의 사이비 종교에 빠져들었다. 결혼을 한 뒤에도 집에서 종교 서적을 공부하는 등 열성적으로 믿고 받들었다. 이런 모습을 남편은 모른 체했다. 한국일보와의 전화 인터뷰에서 전 남편은 "걱정은 됐지만 섣불리 종교 문제를 언급했다가 가정이 깨질지 몰라 두려웠다"고 말했다.

그래도 파국을 막을 수는 없었다. 아이 둘을 낳고 살던 어느 날 20만 원씩 1분 단위로 총 200만 원이 결제됐다는 문자메시지가 남편에게 날아왔다. 최씨가 김씨의 지인이 운영하는 가게에서 신용카드를 긁은 것이었다. 최씨는 어떤 물건도 구매하지 않고 결제만 하는 '카드깡' 방식으로 김씨에게 돈을 헌납했다. 이런 생활이 되풀이되자 남편도 견디지 못했다. 위자료와 두 아이의 양육비를 지급하기로 하고 갈라섰다. 전 남편은 "돌아보면 이혼을 명령한 것 역시 김씨의 소행이었다"고 했다.

김씨는 최씨가 받은 이혼 위자료도 액땜 비용이나 '정성금' 명목으로 가져갔다. 이후엔 네일아트 일을 시작한 최씨에게서 월급까지 착복했다. 심지어 김군 사망의 책임도 "네가 모든 걸 감수해야 한다"며 최씨에게 덮어씌웠다. 착취로 점철된 사이비 종교의 수렁은 깊고 깊었다.

진돗개 숭배 집단의 다른 일원들도 최씨의 처지와 비슷했다. 종교의 탈을 쓴 엄격한 규율을 한 꺼풀 벗겨내면 착취와 노예 생활의 민낯이 드러났다. 공동체에서 무일푼으로 주방 일을 했던 남성은 사채 등으로 3000만 원을 빌려 헌납했고, 잡일 담당이었던 박씨는 노령연금까지 갖다 바쳤다.

서울남부지방법원은 2017년 6월 폭행치사와 사체은닉 등 혐의를 인정해 김씨에게 징역 13년, 최씨에게 징역 10년을 선고했다. 이씨는 징역 3년, 안씨와 박씨는 각각 징역 2년에 집행유예 3년을 받았다. 김씨와 최씨, 이씨는 판결에 불복했지만 이후 항소와 상고가 모두 기각돼 결국 1심 판결이 확정판결이 됐다.

진돗개 숭배 종교의 실체

구성원 (가명, 괄호 안은 당시 나이)

이름	역할	형량
김하순 (51)	진돗개 숭배 종교 창설, 규율 유지 및 신도 관리	징역 13년
최선미 (39)	평신도이자 숨진 김모(3)군 친모	징역 10년
이민 (44)	김씨와 함께 관리자 역할, 서울의 공동체 숙소 및 전주 친정집 제공	징역 3년
안무수 (53)	이민의 남편, 전주에서 진돗개 양육	징역 2년 집행유예 3년
박화순 (69)	서울과 전주 오가며 잡일 담당	징역 2년 집행유예 3년

진돗개 숭배 방식
- '진돗개님'으로 호칭
- 공동숙소 옥상에 진돗개 사당 설치
- 진돗개용 별도 방 마련
- 진돗개를 등에 입고 산책
- 이동 때는 진돗개를 유모차에 태움

진돗개님

김군 살해 사건 일지

2014년 2월 최선미씨 이혼 뒤 딸·아들과 함께 김하순씨 공동체 입주

7월 7일 김씨, 최씨 아들 김군 살해 뒤 신도들과 함께 전주 야산에 매장

7월 10일 김씨 일당 김군 시신 파내 불법 화장

8월 14일 최씨, 서울 강서경찰서에 아들 실종신고

2015년 1월 19일 경찰, 김군 실종사건 미제처리

2016년 2월 15일 김군 실종사건 재수사

2017년 4월 3일 박화순씨, 경찰에 김군 살해 및 시신 유기 진술

4월 6~8일 경찰, 최씨와 김씨 등 일당 전원 체포영장 발부 및 긴급체포

6월 23일 서울남부지법 1심 선고

10월 11일 서울고법 항소 기각

12월 1일 대법원 상고 기각

사건 일지 _____

1. 최씨는 20대 초반에 동생 둘과 전남 함평에서 상경한 뒤 다단계 사업에 빠져들었다. 이때 빚 독촉에 시달리던 최씨에게 김씨가 손을 내밀었다.

2. 점차 최씨는 김씨의 사이비 종교에 빠져들었다. 결혼을 한 뒤에도 열성적이었고 이후 카드깡 방식으로 김씨에게 돈을 헌납했다.

3. 견디지 못한 남편이 위자료와 양육비를 지급하기로 하고 갈라섰다. 이때 최씨에게 이혼을 명령한 것도 김씨였다.

4. 2014년 2월 결혼 생활을 청산하고 아이 둘을 데리고 집을 나온 최씨에게 김씨의 전화가 걸려왔다. 최씨는 일말의 고민도 없이 아이 둘을 데리고 김씨의 진돗개 숭배 집단에 들어갔다.

5. 2014년 7월 6일 김씨는 귀신 들렸다는 이유로 하루 종일 굶기고 잠을 안 재운 아이에게 또 모진 매를 퍼부었다. 어머니 최씨는 옆에서 말없이 지켜만 봤다. 다음날 아이는 온몸에 멍이 든 상태로 세상을 떠났다.

6. 김씨는 공동체 일원인 이씨를 불러 "전주에 가서 묻자"고 제안했다. 야산 근처에 있는 이씨의 친정집이 진돗개 수십 마리를 기르는 이들의 공동 숙소였다. 최씨와 이씨가 동의하자 김씨는 이들과 함께 김군의 시신을 차 트렁크에 싣고 야산으로 가, 아이의 시신을 이미 매장했던 염소 옆에 나란히 묻었다.

7. 7월 12일 김씨 일당은 김군의 시신을 다시 파내 불법 화장을 했다. 이로써 김군의 존재는 세상에서 완전히 지워진다. 친모 최씨는 한 달쯤 지난 뒤인 8월 14일이 돼서야 경찰에 아들을 잃었다며 실종 신고를 했다. 하지만 경찰이 단서 하나도 찾지 못하면서 2015년 1월 19일 김군 실종 사건은 미제 사건으로 처리된다.

8. 2016년 2월 15일 경찰은 김군 실종 사건을 재수사하기로 결정한다. 문제의 공동체에 대한 수사를 끈질기게 진행한 끝에 2017년 4월 3일 평신도 박씨에게서 김군의 시신을 유기했다는 진술을 확보한다. 곧바로 4월 6일부터 8일까지 최씨와 김씨 일당을 전원 체포한다.

진돗개 숭배 방식

호칭을 진돗개님으로 부르고, 공동 숙소의 옥상에 진돗개를 위한 사당을 설치했다. 진돗개가 쓰는 별도의 방을 마련했고, 산책을 나갈 때는 진돗개를 등에 업고 다녔다. 이동할 때는 진돗개를 유모차에 태우고 다녔다.

사이비 종교 피해

**"가족이 관심과 애정을 쏟아야
사이비 종교서 탈출시킬 수 있어"**

"사이비 종교에 한번 빠지면 자신들의 교리가 사이비라는 생각을 절대로 못 합니다."

2017년 세상을 경악하게 만든 진돗개 숭배 집단 살인 사건을 해결한 김민성 서울강서경찰서 강력1팀장은 사이비 종교의 위험성을 이같이 경고했다. 각종 강력범죄를 다룬 31년차 베테랑 형사에게도 사이비 종교는 특히 까다로운 사건이다. 폐쇄적으로 운영되고 신도들이 외부로 노출되는 것을 극도로 꺼리기 때문에 그 안에서 일어나는 사건은 인지하는 것부터 어렵다. 김팀장은 "금전적으로, 육체적으로 착취를 당해도 당사자가 자발적으로 연락하거나 신고하지 않으면 가족들조차 그곳이 어디인지 파악하지 못한다"고 설명했다.

2017년 4월 김군의 시신이 암매장됐다는 진술을 확보한 경찰이 전주의 야산을 수색하고 있다.
원이 암매장 장소로 지목된 곳이다. 사진 서울강서경찰서

　이런 특성으로 인해 사이비 종교에 당한 피해자가 우후죽순 늘어나고 피해 규모도 계속 커지고 있다. 피해는 신도 한 사람 선에서 그치지 않고 가족에까지 미친다. "신도 본인뿐 아니라 그 가족들에게까지 빚 독촉장이 날아오는 등 피해가 꼬리를 물고 확대된다. 한 사람의 종교생활이 가족 구성원 모두의 삶을 파탄에 이르게 할 수도 있다."

　진돗개 숭배 집단 살인 사건도 마찬가지였다. 사이비 종교에서 형성된 주종 관계는 교주의 폭행으로 숨진 세 살배기 아들의 어머니를 살인 사건의 공범으로 변모하게 만들었다. 아이 어머니는 등을 떠밀려 뒤늦게 신고를 했고 경찰에서는 거짓 진술을 했다. 이 때문에 아이의 죽음은 오랜 시간 드러나지 않았다.

　진돗개 숭배 집단 살인 사건

김팀장은 한 사람을 사이비 종교에서 탈출시키려면 옆에서 가족들이 관심을 갖고 끊임없이 노력을 기울여야 한다고 강조했다. "과거 사이비 종교에 빠진 뒤 행방불명된 사람을 무사히 데려온 적이 있는데, 그때는 가족과 이웃들이 지속적으로 도왔기에 가능했던 일이다." 오랜 경험에서 나온 조언이다. 다만 김팀장은 "사이비 종교를 믿는 이에게 '이단이니 그곳에서 나와야 한다'는 식으로 접근하면 역효과를 부를 수 있으니 주의해야 한다"고 당부했다.

덜미,
완전범죄는 없다 3

: 지능범죄, 당신을 노린다

2024년 5월 8일 1판 3쇄 발행
2020년 9월 14일 1판 1쇄 발행

지은이 한국일보 경찰팀
디자인 Sangsoo   편집 임후성 김삼수
본문 사진 한국일보, 경찰청 및 각 지방경찰청과 경찰서

펴낸곳 북콤마
등록 제406-2012-000090호
주소 (413-756) 경기도 파주시 문발동 파주출판단지 534-2 201호
전화 031-955-1650 팩스 0505-300-2750
이메일 bookcomma@naver.com
블로그 bookcomma.tistory.com

ISBN 979-11-87572-26-8   04300
    979-11-87572-14-5   (세트)

, BOOKcomma